本书系2016年度吉林省教育科学规划项目"创新发展理念下师范类高校《体育哲学》教材内容体系重构"（项目批准号：GH16014）课题成果。

本书出版受到东北师范大学"哲学社会科学优秀学术著作出版资助"计划项目的支持。

光明社科文库
GUANGMING DAILY PRESS:
A SOCIAL SCIENCE SERIES

·政治与哲学书系·

体育哲学在中国

——回顾与前瞻

关景媛 | 著

光明日报出版社

图书在版编目（CIP）数据

体育哲学在中国：回顾与前瞻 / 关景媛著. -- 北
京：光明日报出版社，2021.6
ISBN 978 - 7 - 5194 - 6087 - 7

Ⅰ.①体… Ⅱ.①关… Ⅲ.①体育—关系—哲学—研
究—中国 Ⅳ.①G80 - 05

中国版本图书馆 CIP 数据核字（2021）第 087647 号

体育哲学在中国：回顾与前瞻

TIYU ZHEXUE ZAI ZHONGGUO：HUIGU YU QIANZHAN

著　　者：关景媛

责任编辑：刘兴华　　　　　　　　责任校对：傅泉泽
封面设计：中联华文　　　　　　　　责任印制：曹　诤

出版发行：光明日报出版社

地　　址：北京市西城区永安路 106 号，100050

电　　话：010 - 63169890（咨询），010 - 63131930（邮购）

传　　真：010 - 63131930

网　　址：http：//book. gmw. cn

E - mail：liuxinghua@ gmw. cn

法律顾问：北京德恒律师事务所龚柳方律师

印　　刷：三河市华东印刷有限公司

装　　订：三河市华东印刷有限公司

本书如有破损、缺页、装订错误，请与本社联系调换，电话：010 - 63131930

开　　本：170mm×240mm

字　　数：235 千字　　　　　　　　印　　张：16. 5

版　　次：2021 年 6 月第 1 版　　　　印　　次：2021 年 6 月第 1 次印刷

书　　号：ISBN 978 - 7 - 5194 - 6087 - 7

定　　价：95. 00 元

自　序

本书是我跨学科来到体育学研究领域的入门之作，借由教育哲学的视角与基础，尝试通过耙梳体育哲学学科史这一博士后阶段研习任务，走近体育人文社会学这一新领域的探索。本书主体部分以我的博士后研究工作报告《中国体育哲学研究历程回顾与前瞻——基于对 1982—2016 年体育哲学文献的考察》为基础修订整理，然而在近四年持续的关注和反思中，发现了一些新的线索与动向，故对原本的研究进行了纠谬与增补。

为了探究中国体育哲学学科史，在研究之初通过文献检索法①以"体育""哲学""体育哲学"为关键词，在中国知网、国家图书馆进行检索，搜索到相关文献 341 篇，从中遴选具有较高学术水平的文献 145 篇，此外通过多种途径收集到欧美、日本、中国大陆、中国台湾地区著述 28 部。在后续研究中，又关注增补中文文献 77 篇，外文文献 15 篇，专著 2 部，努力在可视范围内尽力钩沉打捞有价值的文献，以反映和完善一个可信的体育哲学研究的话

---

① 文献检索法（literature searching）是社会科学研究中最基本的方法之一，是发现问题的便捷方式，是迅速进入研究前沿的便捷方式，是各种社会调查方法的基础。首先，需要对于文献、文献检索和文献检索法有比较清楚的认识，并了解文献检索的意义。其次，在进行文献检索之前，需要对于文献的种类有一个大致的了解。再次，为了实施文献检索，需要掌握进行文献检索的基本步骤。最后，需要了解在进行了文献的搜集之后应该对于文献进行哪些处理。颜玖.文献检索法在社会科学研究中的应用［J］.北京市总工会职工大学学报，2001（6）：44.

语空间。针对具体问题使用文本分析法①，应用归类、比较、分析、综合等具体的操作手段，把文献按照其研究核心内容的相关性划归为学科体系构建问题、学科关注的核心议题、学科发展问题和代表人物及其思想四类，其中学科关注的核心议题和学科发展问题的研究所占比例最高。在完成繁杂细琐的基础工作后，沿着"自上而下"——"自下而上"双向互证的总体思路进行每一模块的研究。所谓的"上"是指基于既有研究成果而做的预判和假设；所谓"下"是指通过对文本的考察和分析得到的认识；双向互证是通过两方面的对碰，互为佐证，互为校正，形成本研究最终的框架和结论。

　　我的研究以一基三维为框架，搭建体育哲学的立体话语空间，即以既有研究成果为基础，以时间、内容、方法论三个维度为基线，形成研究的总体框架。第一是呈现研究的基础，对四十年来体育哲学领域的重要文献按照其研究问题的指向性进行分类整合，横向呈现每个问题域的覆盖面和基本结论，进而呈现当前体育哲学研究的已有基础和未来可能空间。第二是确立时间之维。对体育哲学四十年的研究历程进行纵向学科史的总结，线性梳理1980年至今体育哲学研究的发展脉络，确定在演进历程中具有里程碑意义的时间节点，历时性地展现体育哲学研究的整体样貌。第三是内容之维。整体性地深入考察体育哲学研究中的高频主题，如关于体育的本质、体育哲学的基本范畴、体育的原理、体育中的方法、体育观念、体育的伦理与道德、体育运动中的经验及其反思等。这些都是支撑体育哲学内容框架的重要话语，围绕诸多研究主题，将现有文献中的内容按本体论、知识论、价值论、实践论进行整合，呈现每个研究主题研究的深度，探讨体育哲学学科体系的完整程度及进一步细化研究的可能空间。第四是范式之维。探讨关于体育哲学研究所采用研究方法论问题，具体而言是范式旨趣的倾向性问题。根据纽曼对社会研

---

① 文本分析的理论资源来自阐释学和人文主义，是按某一研究课题的需要，对一系列相关文本进行比较、分析、综合，从中提炼出评述性的说明，采用的是客观、非接触性的特征描述。是一种根据文本的实际情况进行解析的过程，步骤并不固定，一般为文本查阅、鉴别评价、归类整理。该方法的意义在于从文本的表层深入到文本的深层，从而发现那些不能为普通阅读所把握的深层意义。

究方法取向的分类标准，本研究把诠释性、实证性、批判性三个研究的范式用于对体育哲学研究方法的解析，作为体育哲学研究的精神深度指向，进行方法论层面的批判反思，在反思中寻觅学科发展的进路。

针对本研究提出的一个核心问题和四个拆解问题，经过现实——历史——理论的多维反思，提出了以下几个基本观点。

第一，我国体育哲学学科史在 1980—2020 这一历史片段中，应当被划分为三个阶段。第一阶段（1980—1992）：体育哲学学科体系初构阶段。该阶段的特征有四：一是以体育中最基本、最实际的理论与实践问题为研究的主要对象，二是以马克思主义哲学观和方法论为指导思想建构体系框架，三是研究方法以形而上学式的逻辑思辨为主，四是体育哲学学科的学术组织和团体初步形成。第二阶段（1992—2008）：体育哲学学科体系系统化阶段。该阶段的特征有四：一是体育哲学的理论与实践问题成为研究关注的焦点，二是坚持以马克思主义哲学思维、原理、方法作为理论支撑，三是研究方法更注重科学化，四是体育哲学学科的学术会议主题化发展。第三阶段（2008—2020）：体育哲学学科体系成熟与理论深化阶段。该阶段的特征有三：一是研究关注内容和主题向深广两个维度拓展，二是研究呈现更为开放、多元的学科融合化发展趋势，三是研究方法受复杂性思维影响更为灵活、丰富。

第二，中国体育哲学研究包括四大主题，分别是体育的本质属性与理论范畴问题、体育的原理与方法问题、体育观念与伦理问题以及体育的经验与反思，这四方面的主题是通过对四十年体育哲学研究文献的整合分析得到的最主要的内容分类，分别对应哲学研究中的本体论、知识论、价值论、实践论维度，这也是我国体育哲学体系的框架的核心部分。

第三，体育哲学的研究范式/旨趣问题是体育哲学学科应当关注的方法论意义上的重要问题。根据人文社会科学最为普适性的分类方式，将体育哲学的研究旨趣分为诠释性旨趣、实证性旨趣、批判性旨趣三类。这三类基本上可以在最广泛的意义上囊括古今中外体育哲学相关研究的方法论取向，需要注意的是在对于体育观念、体育思想、体育的哲学反思材料的实际呈现中，并非都是典型的某一种范式的完美表征，更多情况是具有混杂性。在我国，由于现代体育哲学研究主要以马克思主义哲学为方法论遵循，因而研究常会带有较为显著的批判性旨趣。

第四，体育哲学的研究者在体育哲学学科建设过程中占有举足轻重的地位，他们的智慧累积成为我国体育研究领域不可小觑的思想财富，龙天启、惠蜀、古月（胡晓风）、周志武、黄捷荣、高铭鼎、劳帜红、刘一民等人在体育哲学体系初构时期贡献卓著，是我国体育哲学学科的奠基人。李力研、马卫平、韩丹、许立宏、吴翼鉴、林笑峰等人是体育哲学发展时期的中流砥柱，很好地发挥了承上启下的作用。而在近十年的发展中，涌现出了一批既有扎实学科基础又有国际视野的学者，例如高强、谭华、杨其虎、刘欣然、熊欢、胡科、谢忍等，致力于将体育哲学与多个学科的壁垒打通，开拓体育科学研究的新局面，成为体育哲学研究的接力人。

我在完成这个研究之后，深刻反思了自己的研究过程与成果，深感作为跨界的后生晚辈，去试图整理我国体育哲学学科的发展史着实是一种初生牛犊式的冒险行为，也因为这种身份与积淀的限制难免心高手低，尤其留下的重大遗憾是无法完成对诸位前辈学术肖像的生动描绘，以至于并没有完美地完成自己铺设的学科史研究的全部四方面任务。反观自己的研究，只能说在研究主题的选择上，能够以"体育哲学研究"为研究的对象，试图对体育理论做一点元研究是颇具勇气和有一定理论贡献的；在研究理路上，坚持以"马克思哲学方法论"为指导，坚持理论研究的历史性与批判性，尝试通过文本透视"历史"——"理论"——"实践"的学术互构关系，是站在正确立场上，以恰切的方法论进行了一次较具创新性的理论探索。希望我对于体育哲学发展的细致整理和拙见能够成为激起浪花的碎石，带来一些平静中的响动，或是引来一些本不关心体育哲学研究的人们驻足一瞥，在我看来就是对我所付出努力的极大肯定。

本书大概更适合跟我一样，跨学科或是初涉体育理论研究的青年学者来作为导引性质的学术读物和教学辅助材料使用，尤其总结的知识要点、框架结构和比对表格等都是我自信能够为读者提供快速掌握重点的便捷途径，至于对于体育哲学系列问题更为广泛深入的探讨，尚需待我以时日，也期待一个学术成熟的我以该领域研究专家学者的姿态修订之，有朝一日变"拙见"为"灼见"。

关景媛　谨识
2020 年 8 月

目　录
CONTENTS

第一章

体育与哲学

在哲学家眼中，哲学的本质特征乃是"将形而下器物动作，提升至形而上意识精神"①，体育与哲学的缘分也大体遵循这样的道路，在体育与哲学两个学科融合的过程中，基于身体的教育序列——从感性到理性，借由教育与人的发展的力量不断在学科边界处铺路搭桥，逐渐形成了体育哲学的话语空间。

第一节　体育与哲学的缘分

从体育作为一种人类实践活动的本质和体育作为一门学科的发展两个层面来看，体育与哲学都有着根植性的缘分：体育应该且能够走近哲学，体育研究需要哲学思维和方法，体育与哲学结合具有先天合理性，体育理论的研究需要哲学理论支撑。

体育科学是研究体育规律的科学，是对体育实践经验的概括和总结；体育哲学是一门重要的体育科学，是系统化理论化的体育观和体育科学方法论，是对各门体育科学知识的概括和总结②，是运用辩证唯物主义观点研究体育实践和体育科学发展的一般规律以及其中的认识论与方法论问题的科学。③ 因

---

①　樊正治. 运动哲学导论［M］. 台北：师大书苑，1993：2.
②　胡建平. 略论体育哲学与体育科学的关系［J］. 哈尔滨体育学院学报，1991（2）：13.
③　龙天启. 体育哲学导论［M］. 北京：北京体育学院出版社，1987：前言.

此，体育哲学是体育科学体系中居于最高层次的学科，是体育科学的"深部基础"①，为体育研究提供方法论指导，从总体上确定体育学科理论研究的发展途径和解决问题的方向。因而，体育哲学是体育学科，尤其是体育理论研究必不可少的重要部分。

一、体育应该且能够走进哲学

现代哲学已不是只用一门独立的学问去反映客观对象的一般规律了，它已经发育成为一个多层次的哲学学科群②。体育哲学是属于应用哲学序列的，它是体育科学体系中居于最高层次的学科。在我国，它是运用辩证唯物主义观点研究体育实践和体育科学发展的一般规律以及其中的认识论与方法论问题的学科。③ 对于体育的任何旨趣的研究，都需要应用概念、应用逻辑来建立理论体系，体育科学研究的概念和逻辑的应用都离不开哲学的理论及其指导，都要根据哲学提供的概念、范畴、方法论进行分析和论证。只有依靠哲学认识论的思考，应用哲学辩证思维的方法，建立起来的体育理论才可能具有逻辑上的严密性和闭合性，所以，每个体育理论中的概念、逻辑，都凝聚着哲学的意识和方法。可见，体育应该能够走进哲学，因为这种实践活动、认识活动，本身就蕴含着哲学的思维、方法、精神。

二、体育研究需要哲学思维和方法

具体体育科学是关于体育的某个方面或领域的规律性的认识，是人们系统地认识体育的基础层次，如运动训练学、体育教学论、体育美学、运动生理学等体育科学。体育哲学运用理论思维对这些具体的体育科学中的概念进

---

① 胡建平. 略论体育哲学与体育科学的关系［J］. 哈尔滨体育学院学报，1991（2）：16.
② 从总体来说，哲学学科群可分三个层次：最高层次是元哲学，中间层次是部门哲学，再下一个层次是应用哲学。详见：龙天启，李献祥. 体育哲学［M］. 北京：北京体育学院出版社，1987：前言.
③ 龙天启，李献祥. 体育哲学［M］. 北京：北京体育学院出版社，1987：前言.

行更高层次的抽象和概括，从而形成关于体育总体的概念和理论。体育哲学发生作用的关键在于"通过提高和完善主体的思维能力，增强体育科学活动的自觉性"①，体育哲学的价值主要在于"给人们提供的体育思维原则和方法"②，而不在于某些具体的和个别的结论。

三、体育与哲学结合是体育科学发展的必然取径

体育需要哲学，没有哲学，难以识体育之理、明体育之智、获体育之慧。同时哲学也需要体育。没有体育，哲学对人类行为和智慧的探讨，将是不完整的，难以达到应有的高度、深度和广度。③

体育哲学要从体育科学成果中汲取思想养料，反过来还要指导新的体育科学探索。体育哲学所揭示的一般规律和基本范畴是从各门具体体育科学所提供的大量知识材料中概括和总结出来的，它普遍地存在于各门具体体育科学的特殊规律和范畴之中，贯穿于一切体育科学的领域，因而就有可能为各门体育科学的研究提供可靠的理论指导，④应善于从当代体育科学的分化和综合的趋势中，在各门体育科学的交叉点中，从各门体育科学之间不同层次的横向联系上，发现体育哲学新的生长点。

第二节 体育哲学学科史的价值

一、体系养成的呈现之需

体育哲学学科体系生成过程需要被呈现。我国体育哲学研究已具备一定

① 胡建平. 略论体育哲学与体育科学的关系 [J]. 哈尔滨体育学院学报，1991 (2)：14.
② 胡建平. 略论体育哲学与体育科学的关系 [J]. 哈尔滨体育学院学报，1991 (2)：15.
③ 蒋冀骋. 何为体育？——《体育哲学》序 [J]. 湖南师范大学教育科学学报，2011 (1)：2.
④ 胡建平. 略论体育哲学与体育科学的关系 [J]. 哈尔滨体育学院学报，1991 (2)：16.

时间的积淀。随着各门具体体育科学的发展，对于体育的各个具体方面、各个具体层次的研究的深化，体育哲学越是在实证的意义上被"驱逐"出各个具体的对象领域，那么，体育哲学在概括和总结各门具体体育科学研究成果的基础上而对体育进行总体性、全局性的把握就越显得必要和重要，体育哲学和体育科学在对象上的层次分化也就越加明显。① 对体育哲学学科进行发生学意义上的考察，有利于了解其生发的内在机理，即体育哲学是怎么产生的，现代体育哲学体系是在什么样的学术背景中诞生的，中国的体育哲学体系是依据什么构建的，等等。这些问题的探索有利于我们认清体育哲学的学科性质、归属、核心范畴等关键问题。

二、发展规律的探究之需

体育哲学学科的发展规律需要被探究。体育科学的研究需要体育哲学的理性引领，在人文社会科学领域，一般而言学科的发展不太可能是跨越性的，而更多是累积性的，累积来自历史，来自实践，用以引领体育科学发展的理性就是历史积淀和实践批判形成的对规律性的把握。无论从同一场域的历时性还是从不同场域的共时性角度观照，体育在东西方语境中的发展都是异彩纷呈之中有一定共性和规律的。体育哲学发起于北美，后在许多国家得到发展，纵观各个国家对体育哲学的研究，基本上都经历了孕育期、生长期、发展期，在每个阶段，又都呈现出相似的特征，这些特征实际上就是体育学科发展的规律的体现。除此之外，各个国家对体育哲学体系的研究框架也有颇多共同认识，大都是基于哲学体系或者哲学中的经典论域来对体育哲学进行建构和应答。因而，从不同的维度来对体育哲学学科进行纵向、横向、综合的探究，是把握学科发展规律的必要工作。

---

① 胡建平. 略论体育哲学与体育科学的关系［J］. 哈尔滨体育学院学报，1991（2）：14.

三、理论批判的使命之需

对体育哲学研究的批判反思是不可回避的理论使命。哲学是对思想的思想，是对研究本身的重新审视与批判。一门学科的突破，在研究上必须要有一个飞跃。在当今我国体育哲学经历了四十年的研究历程之时，在完成了从整体上对体育哲学的本质、规律、作用等方面全面把握之后，需要跳出体育哲学学科看体育哲学研究，即从宏观与微观的结构中、从历史与现状的纵横联系中、从人类与自然和社会的依存关系中，对体育哲学一路走来的历程本身进行一次思想的检视，为未来体育哲学研究提供可探索空间的提示与研究进路、方法方面的经验与警示。

四、创新发展的引领之需

当今时代体育事业的创新发展需要体育哲学研究的前瞻性引领。体育既是科学的，又是人文的，还是艺术的。科学性要求它精确、严密、严谨、一丝不苟；人文性要求体育一切为了人，为了人的一切，能培养参与者的自由意识、竞争意识、制度意识和契约意识；艺术性，要求它能发展美、创造美，给人以美感，给人以美的享受和美的熏陶，让人们在娱乐中受教育，调整心理、心态，增强心智、心能，达到健康的目的。① 体育事业的多重属性决定了其自身内部各要素之间的矛盾、其与外部诸因素的矛盾都是复杂的，并且当今时代处于文化多元化发展的阶段，现实的和虚拟的视界（sight）里创生出众多体育与其他学科的交互地带，基础理论、方法论都在向纵深不断拓展，势必为体育事业的发展之路营造出混沌的迷雾。面对选择的困境，既要有一个稳定的理论基础作为纲领，以保障体育事业朝健康、稳定、科学的方向前进，又要有一个开放性的生长空间，保证体育事业的发展不会走向狭隘和落

---

① 蒋冀骋. 何为体育？——《体育哲学》序［J］. 湖南师范大学教育科学学报，2011（1）：2.

入窠臼，并能够保有创新的动能。因而，对于体育哲学理论与实践问题的持续关注和深化研究，是体育科学、体育事业可持续发展的动力源。

第三节 体育哲学学科史研究的核心问题

一、何为体育哲学

在进行体育哲学学科发展历程梳理之前，最首要明确的问题就是何为体育哲学？“体育哲学”与“体育科学”之间是什么样的关系？为了回应这个首要问题，从概念、诉求、研究对象、类属、基本特征、系统地位、任务、功能价值、联系几个方面将“体育哲学”和“体育科学”进行比对（见表1.1）。

体育哲学（The Philosophy of Physical Education and Sports）一词在体育界的运用通常包括三种情况：一是把体育哲学作为体育的指导思想、宗旨、目的、哲学观点等的含义来解释和运用；二是把体育哲学一词作为关于体育方面的哲学问题或社会科学问题来理解和运用；三是把体育哲学作为一门新兴学科来研究和运用。① 在第二次世界大战以前，体育哲学的研究常和体育社会学、教育学、运动心理学和伦理学等问题的研究结合起来进行，当时体育社会科学群各个学科之间的分化还很不够，各门体育社会科学学科往往都统称为“体育哲学”或是“体育社会学”。二战以后，由于研究方法、经济发展等因素的推动，社会对体育学科发展和分化提出了新的需求。尤其是20世纪60年代以后，哲学和各门社会科学理论纷纷向体育科学领域渗透，体育哲学进入到一个新的发展阶段，走上了学科独立之进程。

在西方体育哲学被定义为“是系统研究体育的真实存在、体育的意义和

① 龙天启，李献祥．体育哲学［M］．北京：北京体育学院出版社，1987：1.

体育行为的学科。它用反思的方式深化人们对体育运动带给自身生活的重要意义，分析指导体育实践的基本原则，研究体育的价值，分析精神与身体的关系，以及有争议的伦理难题。体育哲学促使研究人员批判性地反思已有的体育观念和假说，用其智慧和知识增进人类的幸福"①。对于我国体育哲学研究而言，体育哲学是对身体活动中的人与世界的关系进行反思的学科，是有关体育运动的认识论和方法论问题的学科②。它以一般哲学原理为指导，以体育实践和体育具体学科为基础，从宏观上研究体育的基本问题和矛盾关系，揭示体育的深层次本质及其发展规律③。自新中国成立以来，广大体育工作者就致力于运用唯物辩证法的观点研究体育领域中的问题，从其学科性质上看，体育哲学是系统化、理论化的体育观和体育科学方法论，是运用辩证唯物主义观点研究体育实践和体育科学发展的一般规律以及其中的认识论与方法论问题的科学。体育哲学是人类体育理论思维的最高形式。它试图从整体上、从运动、变化和发展中来把握体育的普遍本质和一般规律，既立足于各门体育科学，又保持着对体育科学的超越。体育哲学在指导实践方面，不仅表现在为体育理论的发展提供世界观和方法论，更突出地表现在要以马克思主义立场、观点和方法为指导，科学地回答体育实践中的热点问题，寻求解决问题的途径和手段④。从这个意义上看，体育哲学是对体育科学知识、体育科学命题进行逻辑分析和论证，使之系统化和明确化，是对体育科学所提供的关于体育的具体认识、直接认识的再认识，构成了最高层次的体育思维方式。

① WUEST D A，BUCHER C A. Foundation of Physical Education. Exercise Science，and Sport [M]. New York：McGraw – Hill Higher Education Companies，Inc，2003：32.
② 中国体育科学学会，香港体育学院. 体育科学词典 [Z]. 北京：高等教育出版社，2000：314.
③ 于涛. 体育哲学研究 [M]. 北京：北京体育大学出版社，2009：3.
④ 于涛. 体育哲学研究 [M]. 北京：北京体育大学出版社，2009：3.

表 1.1　体育科学与体育哲学的比对

	体育科学	体育哲学
概　念	研究体育规律的科学	系统化理论化的体育观和体育科学方法论
核心诉求	概括、总结、反思体育实践经验以揭示体育的规律	概括、总结、反思各门体育科学知识以把握体育科学认识发展的规律
研究对象	体育的具体现象（具体的、个别的、能够直接验证的体育问题）； 与主体相对应的作为客体的体育	体育的整体（普遍的、一般的、无法直接验证的体育问题）； 与客体相对应的主体的体育认识过程、认识方式和认识成果
类　属	具体经验科学	理论思维科学
基本特性	经验性	思辨性
地　位	体育知识大系统中的基础层次	体育知识大系统中的最高层次
任　务	从观察或实验中获得体育科学认识，用体育实验或体育实践对所获得的体育科学认识成果进行验证； 揭示体育的本质和规律，以指导体育实践活动	探索最基本的、带有普遍性的体育概念、范畴、规律、原理； 揭示体育科学认识的本质和规律，以指导体育科学认识活动； 总结认识体育的经验，建立科学的体育观念和方法，为各门体育科学提供方法论指导； 阐明体育对人生存、发展的价值及价值体系

续表

	体育科学	体育哲学
功能价值	变革作为客体的体育，使之为主体需要服务	提供体育思维原则和方法，改造思维、发展思维，增强人们在体育认识活动中的理论思维能力； 提高完善主体的体育认识水平，使主体对体育的认识系统化和完善化
联　系	为体育哲学提供思想资料； 是推动体育哲学发展的动力源泉	为体育科学提供方法论指导

二、体育哲学学科史研究的四方面任务

明确了体育哲学的内涵和学科定位后，需要明确体育哲学学科史的核心任务。学科史是对一门学科在一定时间、空间范围内的发展历程进行历史性的全景展现与考察，是对一门学科研究的研究。根据对体育哲学领域公开发表的文章和公开出版的专著与教材的考察，我们认为，中国大陆的体育哲学作为一门独立学科进行系统化建设始于 20 世纪 80 年代，因此，研究体育哲学在中国的学科发展史，聚焦的历史时段主要是 1980 年以来的四十年。

学科史研究最艰巨的任务就是挖掘这门学科的内在逻辑和学术范式，归纳出主要的学术问题，从中总结出学术上的得失，提炼出关于学术规律的理性认识。体育哲学学科史并非只是呈现体育哲学学科发展的演进，更重要的价值在于呈现体育哲学不同时期自身发展的历史语境。围绕考察我国体育哲学学科发展历程（1980—2020）的这一核心任务，研究铺设了四方面的具体问题：

1. 我国体育哲学学科在四十年间是如何构建和发展的？在回答这个问题的过程中需要对整个发展历程进行回顾，并根据学科自身发展的规律性特征进行合理的阶段划分，说明划分依据，揭示阶段发展的变化趋势，探讨体育

哲学研究的未来可能取径。

2. 体育哲学研究聚焦了哪些主题？这些主题又是如何被回答的？在这个部分，将运用文本分析法，详细分拣、归纳、拆分、整合四十年来的体育哲学研究文献，以主题为界，圈定具有相似研究指向的成果，加以分析。

3. 体育哲学研究在方法论方面凸显了哪些研究旨趣？这部分不仅要进行研究范式的揭示，更要探讨不同研究范式在体育研究中的适用性问题。

4. 多年来是哪些人在从事体育哲学研究？这部分既要把不同时期对体育哲学研究有突出贡献的人介绍出来，更要对他们的努力和他们的贡献在体育哲学学科建设中的地位加以确认和肯定。

第二章

研究的基础与空间

提及"体育哲学"这一概念，很多人的第一反应往往是："体育"还有"哲学"？抛开对于体育科学体系认知的局限不论，这种观念其实反映了一个客观的事实：人们对于体育实践的思考鲜少聚焦于思想层面。以至于提及体育，似乎更多的关注"体"，而轻视"育"，侧重"玩"，而忽视"思"，执着"练"，而疏于"道"，热衷"果"，而漠于"省"。而"体""玩""练""果"固然是体育运动最为直接的对象、形式、方法、目的，但相对于这些有形之学而言，无形的"育""思""道""省"反而昭示体育运动的价值、性质、规律、思想层面的意义，恰恰是这些层面使体育运动透出深邃的底色，那么若想令人感受到这一抹深邃，就需要回顾四十年来，中国体育哲学研究讨论的问题域和部分主要的思想成就。

第一节　学科体系构建的研究

体育哲学学科体系内容框架的构想。"体育哲学以比较严谨的、系统的面目出现是在 19 世纪后期，或者将其称之为 20 世纪的现象也许更为合适。"体育哲学"被看作一门学科，得到学者们的承认则不过是近二十年（笔者注：20 世纪 70 年代）的事情"，在北美的发展比较迅速，"北美体育哲学的发展在很大程度上反映出了整个西方体育哲学的发展状况"①。相比而言，我国最早的系统化地论述体育哲学体系的是古月的《体育哲学浅介》（古月，1982），认为体育哲学是在体育科学与哲学之间起桥梁作用的一门学科。哲学和体育科学的关系是普遍和特殊的辩证关系，体育哲学就是研究体育学和哲学之间这种密切关系的科学。② 体育哲学研究的具体内容包括哲学观、历史观、生命观、价值观、整体观和方法论。这是目前知网数据库可查到的最早明确而完整地提出体育哲学研究基本框架和内容体系的研究。胡晓风在他撰写的1986年《体育哲学》序言中也提道："我曾大胆地设想了以下六个方面：一、哲学观。二、历史观。三、生命观。四、价值观。五、整体观。六、方法论。"③ 通过多方求证，古月，就是胡晓风同志的笔名，也就是说，该框架是他五年时间里反复斟酌又始终坚持的体育哲学研究的核心内容，形成了当时相对稳定的体育哲学最基本的体系框架。惠蜀撰写的《关于体育哲学的一些问题》（1985）也是体育哲学研究内容体系初构时期的一个重要代表作。讨论了体育哲学这一学科产生的时代背景、研究的主要问题，包括体育的逻辑起点，体育的结构，体育的本质、规律、作用，以及体育与人类文明的发展，更重要的是详细论述了体育哲学的研究方法问题。

　　体育哲学在体育科学体系中的定位。在学科体系建立之初，很多学者就"体育哲学的定位"问题阐述过不同的观点，主要有三种：一是认为在我国，体育哲学是马克思主义哲学在体育领域的应用，处于体育科学体系的最高层次，是运用辩证唯物主义观点对体育理论与实践问题进行哲学探讨和科学解释的一门基础理论学科④；二是体育哲学以一般哲学为指导，以具体体育学科为基础，是探讨体育本身及其发展同人类对体育认识的发展关系学科。体育哲学不同于一般哲学，也不从属于教育哲学，而是哲学与体育的交叉学科，

---

① 任海．体育哲学在北美的发展简况［J］．体育科学，1990（3）：87.
② 古月．体育哲学浅介［J］．成都体育学院学报，1982（10）：13.
③ 胡晓风．《体育哲学》序言［J］．哈尔滨体育学院学报，1986（3）：1.
④ 龙天启，刘永平，李修珍，等．体育哲学基础［M］．北京：北京体育学院出版社，1989：14 - 15.

是哲学和体育嫁接的产物①；三是体育哲学是运用哲学方法探究体育本质及其价值的一门学科②。有研究对三种定位进行了反思批判③：针对观点一，对于把体育哲学定位于马克思主义哲学原理在体育领域的应用的观点，认为首先不能充分反映出马克思确定研究目标的方法——发现研究对象的特殊性，因为马克思主张理论要为改变世界服务，用来改变世界的理论必须建立在科学认识世界的基础之上，科学研究的一个重要目标是发现研究对象的特殊性，只有正确地研究具体对象的特殊性才能科学地改变世界；其次把体育哲学定位于最高层次的立足点没有点明，如果是以研究方法为层次判断的依据，就需要考察本体论、认识论，研究材料的方法，建构理性具体的方法；再次，认为体育哲学是一门基础理论学科的判断有把体育哲学局限于理论研究之嫌，从而把体育的实证功能排除在外。马克思的研究方法主张研究要从经验事实出发，其特点在于其对每种方法的运用都有自己的特色。针对观点二，对于将体育哲学的指导根据定于"一般哲学"提出异议，认为会引发出体育哲学是一般哲学的反向推论，显然是不合理的；对于体育哲学不从属于教育哲学，是哲学与体育的交叉学科的判断，令我们警惕体育哲学缺少扎实的基础和经得起推敲的立足点，以至于体育哲学始终会随着哲学研究的发展和体育运动研究的进步在夹缝里挣扎的境况；此外，认为体育哲学是哲学与体育嫁接的产物，应当阐明"嫁接"过程是如何进行的，这关乎体育哲学能否成立的关键问题。针对观点三，首先认为体育哲学是运用哲学方法探究体育本质，解决"什么是体育"的问题。这一观点有合理性，但容易因忽略体育的"基于人身体"这一实践立足点，进而形成失去实践意义的烦琐哲学：1. 科学的解释，属于纯记述性的体育本质现象探讨；2. 规范的解释，对于体育规范、道德义务、动机选择、行为对错提出正面的肯定答复；3. 后设式解释，澄清道德概念或判断，设定相关的标准。其次，认为体育哲学应当探究"体育对人

---

① 惠蜀. 体育哲学［M］. 成都：四川教育出版社，1992：17.

② 卢元镇. 体育人文社会科学概论高级教程［M］. 北京：高等教育出版社，2003：81.

③ 范大明. 刍议我国体育哲学的定位［J］. 考试周刊，2011（65）：141–142.

和社会发展的意义"，反映体育的价值，意味着体育角度价值观的研究。价值观分为不同层次：稳定和清晰的健康与安全类层次；动荡且模糊的自尊、自我发展与自我实现类层次。身体活动和心理活动合成最低限度的体育存在价值，知识探求、美感经验、体育教育智慧层面是对真善美及其价值的探寻与创造，体育教育思想与目标的终极层面是"德智体"全面发展和终极意义存在的根源，因此体育哲学的研究需要设定其终极价值，没有终极目标的存在就无法反映体育的价值。最后，认为第三种观点没有重视体育哲学的创造，也没有形成与之相匹配的体育哲学方法论，体育哲学的创造与方法论的建立是一体两面、不可分离的。总之。体育哲学的定位反映了我国体育哲学研究的足迹，体育哲学学科体系的构建迫切需要找到合适的切入点，需要在理论奠基、前后一致的思维程序、新颖明晰的语言表达、体育哲学思想系统化等方面有所突破，建议体育哲学以身体哲学为立足点，形成具有本土文化的体育哲学①。

体育哲学学科体系的特点与构建原则。劳帜红认为体育哲学是现代科学高度分化又高度综合、挑战传统学科的背景下的产物，是"横断学科""边缘科学""交叉学科"不断涌现的背景下的时代产物；是把体育放在哲学的高层次上，在马克思主义哲学指导下，根据体育运动和体育科学（包括体育自然科学和社会科学）所提供的材料，进行高度的概括和抽象，从而得出关于体育的内在的、必然的、规律性的认识，从一般意义上指导体育实践的一门科学。它应该有自己的个性，有自己的体系，并且这个体系应该具有动态性、系统性、严密性和开放性的特点。② 黄捷荣指出体育哲学是一个完整的学科体系，有自己独立的系统性和科学性，有自己的结构和层次，有自己的基本范畴和发展规律。③ 其结构多元而复杂，概括而言，体育哲学体系应该由绪论（一般的界定、生命观、人体观等，是基础结构）、总论（包括体育观、系统观、发展观，是主体结构）、专论（包括体育运动的价值观、技术观、管理

---

① 范大明. 刍议我国体育哲学的定位 [J]. 考试周刊, 2011 (65): 141 – 142.

② 劳帜红. 试论体育哲学的体系 [J]. 广州体院学报, 1987 (2): 70 – 73.

③ 黄捷荣. 关于体育哲学研究中的若干问题 [J]. 哈尔滨体院学报, 1988 (1): 10.

观、体育科学中的哲学等，是核心结构）、方法论（是横向结构，要广泛应用现代科学方法于研究过程）四个部分组成。这是一个动态结构系统，随着马克思主义哲学、体育运动实践、体育科学理论、研究者的认识水平的发展，将具有新的内容而日臻完善①。张争鸣认为体育哲学建构，是时代精神的追求，是历史超越意识的体现，是对时代的批判。不应只是解释体育的本质、功能、模式等问题，更应该面向人类体育实践的困境、问题、前景，探索体育哲学意识与精神。提出了体育哲学体系构建的原则：开放性原则（向历史开放、向现实开放、向未来开放）、宽容性原则（对多元观念宽容、对不同的理性成果宽容）、人文性原则（关注作为主体的人、关注人的体育创造活动、关注人文精神的理解、关注理想的价值追寻、关注自我意识的自由自觉）、中介性原则（强调人的行动与内在情感体验、强调语言的作用、强调理解的作用）、整体性原则（把握整个人类的体育、把握体育要素综合的有机整体、把握体育体系整合的漫长过程、把握整体结构中的个性）。②

第二节　代表人物及其思想的研究

体育哲学研究中一个较为特色鲜明的板块即体育哲学思想代表人物及其主张的挖掘。这一部分的研究更像是思想史的研究。我国体育哲学研究不仅关注本土的思想家教育家关于体育的论述及其反映出的体育观念，还大量关注了西方哲学语境中人性、身体、游戏、伦理道德、奥林匹克等方面的论述。两方面内容共同形成了中国体育哲学关于人物及其思想模块的主体内容。

对本土思想家体育观的研究中比较有代表性的如下。《中国近代体育哲学的奠基人——严复》（李斌，郭成杰，吕利萍，2006）介绍了严复在《天演论》中的"物竞""天择""保民""合群进化"等有关民族体质和德智力教

---

① 黄捷荣. 关于体育哲学研究中的若干问题 [J]. 哈尔滨体院学报，1988（1）：10.
② 张争鸣. 论体育哲学的现代意义与建构原理 [J]. 贵州体育科技，1996（2）：7–11.

育的哲学观点，并喻示了体育对增强民族体质的本质意义及作用。① 《论毛泽东的体育哲学》（公续亮，2007）探究了毛泽东关于体育本质、体育价值、体育辩证法、体育哲学的现实意义②；《〈体育之研究〉折射的毛泽东体育哲学思想》（菅永忠，2010）探究了毛泽东体育思想中的唯物论、自觉额能动论、辩证法、意志哲学和实践论问题③；《毛泽东早期体育哲学思想及其形成研究》（周元超，2011）讨论了毛泽东早期体育哲学思想的精华及其特点，回顾了影响其思想形成的文化环境和重要人物，核心探讨了毛泽东早期体育哲学思想形成问题④；《从〈体育之研究〉看毛泽东的体育哲学思想及当代价值》（孙宜辰，郭文亮，2014）从毛泽东体育哲学思想的产生、其早期哲学思想中的体育观、毛泽东体育哲学思想的当代价值三方面介绍了毛泽东体育哲学思想⑤。随着新时期到来，关于习近平体育思想的研究成为新的热点，在新时期，习近平对国家体育工作发表重要讲话和论述达到 15 次，同时还对体育工作做出重要批示 120 余次⑥。这些重要论述和重要批示共同彰显了习近平新时代体育强国思想，这一思想是中国共产党人应对新时期新变化的重要智慧结晶，也是党中央对新时期坚持和发展什么样的体育目标，怎样坚持和发展体育目标做出的有力回答⑦。有研究深入感悟了习近平体育工作重要论述的哲学意蕴，指出习近平体育思想主要有三大来源：马克思主义哲学思想、中国传

---

① 李斌，郭成杰，吕利萍. 中国近代体育哲学的奠基人——严复［J］. 中国体育科技，2006（3）：30－32.

② 公续亮. 论毛泽东的体育哲学［J］. 工会论坛（山东省工会管理干部学院学报），2007（5）：120－121.

③ 菅永忠. 《体育之研究》折射的毛泽东体育哲学思想［J］. 沧桑，2010（4）：177－178.

④ 周元超. 毛泽东早期体育哲学思想及其形成研究［J］. 湖南科技大学学报（社会科学版），2011（5）：19－22.

⑤ 孙宜辰，郭文亮. 从《体育之研究》看毛泽东的体育哲学思想及当代价值［J］. 毛泽东邓小平理论研究，2014（8）：75－79.

⑥ 丁永亮，杨国庆. 习近平总书记关于体育工作重要论述的丰富内涵和主要渊源［J］. 北京体育大学学报，2018，41（10）：8－18.

⑦ 尹贤彬，张绪婷. 习近平新时代体育强国思想的理论特质和时代特征［J］. 创造，2019（11）：11－16.

统哲学智慧、世界体育哲学思想史。习近平注重从哲学中汲取智慧指导新时代我国体育事业发展，特别是以唯物论、辩证法、认识论、唯物史观等马克思主义哲学基本原理为遵循：在马克思唯物主义立场层面，习近平新时代体育强国思想，坚持体育强国梦与实现中华民族伟大复兴中国梦一脉相承的历史唯物主义立场和普遍联系的辩证唯物主义立场；坚持在体育强国建设进程中遵循问题导向的唯物主义本体论立场；坚持体育强国建设要利用好国际与国内两种资源的唯物主义内外因辩证关系的立场。① 体现出鲜明的科学性、传承性、时代性、人民性、整体性、实践性、创新性、政治性、前瞻性特点②，是马克思主义中国化的又一个新的理论成果。习近平新时代体育强国思想以民族未来和全球视野为体系坐标，对新时期如何建设体育强国做了详细和深刻的阐述，对新时期强化体育文化自信③做出了重要的强调，对未来如何发展社会主义体育事业做了上层的安排④，内涵深邃，彰显传统文化底蕴⑤，影响深远，其丰富的理论体系和强大的指导作用将指引我国体育事业冲上新的高度，早日实现我国新时代体育强国的伟大梦想。

对非本土体育思想的探索和译介十分丰富，比较系统全面的代表作是《西方体育运动观的历史变奏》（石龙，谭华，2006），一文详细介绍了美国学者罗伯特·麦基考夫（Robert A Mechikoff, 1949— ）的 *A History and Philosophy of Sport and Physical Education From Ancient Civilization to the Modern World*

---

① 赵富学. 习近平新时代体育强国思想的马克思唯物主义立场及价值引领 [J]. 武汉体育学院学报，2019, 53（2）：5 - 11.

② 刘芳. 习近平体育工作重要论述的哲学意蕴 [J]. 聊城大学学报（社会科学版），2019（6）：36 - 41.；尹贤彬，张绪婷. 习近平新时代体育强国思想的理论特质和时代特征 [J]. 创造，2019（11）：11 - 16.

③ 李佛喜. 新时代体育文化自信初论——基于习近平文化自信理论 [C] //第十一届全国体育科学大会论文摘要汇编，中国体育科学学会会议论文集. 南京：第十一届全国体育科学大会，2019：351 - 352.

④ 尹贤彬，张绪婷. 习近平新时代体育强国思想的理论特质和时代特征 [J]. 创造，2019（11）：11 - 16.

⑤ 柏媛媛. 习近平新时代中国特色社会主义思想的传统文化底蕴研究 [D]. 北京：北京体育大学，2019.

（2002）的主体框架、内容和观点①。其特点是以哲带史、以史论事、史哲结合，论述精当、脉络清晰，内容丰富、史料翔实、图文并茂，是了解西方体育和美国体育发展历史的一部好书。全书分为五部分内容，共 17 节。各部分主要内容大体如下。第一部分为古代文明。通过对苏美尔、埃及和中国古文明的分析，论述了西方体育形成的历史源头，旨在阐明西方体育起源中所表现出的人类共性和多质特征。强调人类的身体运动能力、健身、竞技和游戏从其存在之日起就是人类文明的重要组成部分。第二部分，沿着欧洲从精神世界到世俗世界的历史进程分析了西方历史上人体运动观的流变。按照西方历史发展脉络对体育发展进行了详细的梳理，主要从中世纪 900—1400 年的哲学观以及运动和体育、文艺复兴时期及变革、科学及启蒙时期以及 19 世纪德国、瑞典和丹麦对体育发展及人体哲学的贡献等方面进行了阐述。第三部分，对美国体育专业理论及发展进行了论述。介绍了美国体育专业理论及发展情况，对 19 世纪美国体育运动中人体运动观的改变进行了详细的论述。对美国 1885 年后在科学、医疗和健康观的发展进行了阐述，并且集中分析了 1900—1930 年美国体育的改革情况。第四部分，对美国体育发展史及哲学观进行了论述。分析了爱默生、卢梭、达尔文的实用主义思想，并对美国体育教育家皮尔斯、威廉·基姆斯的体育思想进行了论述。对美国殖民时期的体育进行了回顾，描述了 20 世纪体育运动的蓬勃发展情况。第五部分，是关于现代奥林匹克运动政治及社会历史资料选编，分别为 1896—1936 年、1848—1968 年、1972—2000 年三个时期的现代奥林匹克政治及社会历史选编。为详细了解现代奥林匹克运动政治及社会历史情况提供了较为翔实的文献材料。无独有偶，关注西方体育哲学中的道德问题的研究也系统探讨了古希腊文明、文艺复兴、现代奥林匹克的体育道德特点，介绍了柏拉图、亚里士多德、叔本华、杜威、顾拜旦的体育道德主张。指出"西方体育道德以人道主义为最高原则，把维护和促进人身心健康放在首位，主张在个性自由的基础上开展

---

① 石龙，谭华. 西方体育运动观的历史变奏——《体育史与体育哲学：从古代社会到当代世界》评介 [J]. 体育文化导刊, 2006 (11): 80–82, 79.

体育运动，以培养人的自尊、自爱、自强的奋斗精神"。认为这对"调动个体积极性、促进体育事业发展、维护人类健康"都具有积极意义。①

对国外思想家的个人体育哲学思想的阐释也是体育哲学学者们的一个爱好，如《游戏的体育：胡伊青加文化游戏论的体育哲学线索》（刘欣然，李亮，2010）透过胡伊青加在《人，游戏者》一书中留下的文化游戏论思想线索，探访游戏和体育之间的哲学关系，指出体育运动必须对自身进行思想追溯，试图通过文化视角看待游戏现象，来寻找体育运动的哲学线索。② 在《胡伊青加文化游戏论中的体育哲学内涵》（刘欣然，2011）中，进一步表达了关于体育与游戏的关系问题的见解："体育不同于游戏却又离不开游戏，并且借助游戏的形式发展和完善着自身的运行体系。游戏和体育在形式上保持着相同的文化表达，但在源流和本质上却存在着差异，两者在本质上不是同一物。游戏是模拟生活的假象，体育就是证明假象的真实，两者是互为依存的关系。"而"游戏与体育之间的哲学联系，就在于人性本能的活动与身体的技能学习之间的关系，都属于原始生命中自然因素的展现，表达着生命之中那些特定的文化关怀"。③ 熊斗寅考察了德国科隆 1966 年出版的《奥林匹克理想——顾拜旦文选》法文本、中国奥林匹克出版社在 1993 年 9 月出版的该书的中文节译本、2008 年 8 月人民体育出版社出版的《奥林匹克主义》中译本，以及《奥林匹克主义》的编者诺伯特·米勒教授的《导读》和当时的图片说明，介绍《现代奥林匹克主义的哲学基础》是皮埃尔·德·顾拜旦于 1935 年 8 月 4 日，即在 1936 年第 11 届柏林奥运会前夕在日内瓦广播大厅发表的一篇广播讲话。这是顾拜旦晚年对奥林匹克运动的重要贡献，文章介绍

---

① 翟国范，张林学. 西方体育哲学之道德嬗变 [J]. 北华大学学报（社会科学版），2001 (6)：12 – 15.

② 刘欣然，李亮. 游戏的体育：胡伊青加文化游戏论的体育哲学线索 [J]. 体育科学，2010 (4)：69 – 76.

③ 刘欣然. 胡伊青加文化游戏论中的体育哲学内涵 [C] //中国体育科学学会（China Sport Science Society）2011 第九届全国体育科学大会论文摘要汇编（1）. 上海：中国体育科学学会（China Sport Science Society），2011：1.

了顾拜旦在 1911 年开始在"奥林匹克理想"概念的基础上提出"奥林匹克主义"新概念，于 1918 年 2 月 24 日在洛桑希腊自由俱乐部的演讲中提出了"新奥林匹克主义"（Neo – Olympism）这一概念。① 顾拜旦从哲学的高度总结了已成体系的奥林匹克主义的几个基本特点和理念，包括奥林匹克主义的宗教观、精英观、休战观、文艺观。为后世研究和宣传奥林匹克主义提供了理论依据。《后哲学文化演进中的体育哲学——基于理查德·罗蒂哲学思想的探究》在对当代体育哲学的价值反思的基础上，基于对美国新实用主义哲学家理查德·罗蒂思想的探究，沿袭其对于西方传统镜式哲学的批判，对真理观的颠覆与对哲学基础的瓦解，以及后哲学文化的建构这一内在思想逻辑，尝试在体育哲学领域内构建与之相一致的体育后哲学文化，提出就自身属性而言的体育哲学应当强调对话与包容，对本质规律的探索不再归结于一种终极的答案式的解读，而应当是一种对话式的交流式解读；就学科环境而言的体育哲学强调融合与指引，体育哲学相对于体育其他学科的相互独立、鲜有交流、清高而孤僻的姿态应当做出改变，作为"以思想的集结"为核心内容的体育哲学应当将哲学的思想深度与思维创新更为切合地引入体育的研究领域，对体育的学科整体形成普遍而深入的思想引领；就社会实践而言的体育哲学要注重应用与创造，哲学唯有将自身独特的思维方式与思想深度全面融合于学科的社会实践中，才是理论对于实践的最为切实的价值体现，而对于体育这样一种源于身体运动的人的社会活动，更有着极强的实践性与应用性。因而，体育哲学应当走向一种以实用主义思想的复归为核心价值的后哲学文化建构之路②。《基于卢梭自然主义教育观的体育哲学解读》（石磊，吴玉静，高丹娜，韩骥磊，2013）整理探索了卢梭自然主义教育观的本质和体育哲学思想，认为卢梭自然主义教育观的体育哲学包含着体育的"属人性"思想、

---

① 熊斗寅. 时代的召唤 历史的必然——读顾拜旦《现代奥林匹克主义的哲学基础》[J]. 体育文化导刊，2011（2）：149 – 154.

② 杨韵. 后哲学文化演进中的体育哲学——基于理查德·罗蒂哲学思想的探究[J]. 体育科学，2011（7）：92 – 97.

体育的"为人性"宗旨和体育的"文化性"特征。①《扭曲的身体与自然的体育——卢梭体育教育观的整体面向》（吴永金，陆小聪，2018）把卢梭对于身体以及体育教育的思考带回体育哲学的思考之中，重新思索对于身体的关注在卢梭整个学术思想脉络中的恰切位置。指出卢梭把自然教育放在教育历程的基础性位置，并不仅仅是在强调培育强健身体于个体发展的重要性，而是意欲强调个体灵魂与意志力的孱弱，无法承受现代社会所带来的偶然与变动，自然教育的深层目的在于培养人的克制与坚韧，从而能够抵御舆论风尚和习俗的败坏，重归社会，从而使一种德性的生活成为可能。②《黑格尔体育哲学思想研究》（王顺熙，李丹梅，2015）基于黑格尔"承认说"和"主奴说"的缘起与论述，指出其观点和见解对马克思有关人作为生产动物的观念以及人力求摆脱典章制度的束缚和消灭阶级剥削追求最终的解放与自由的人性观有一定影响，对体育选手争胜避输、夺标求冠的心态具有烛照作用。③

第三节　核心议题的研究

一、体育的本质问题

本质问题的产生与哲学一样古老，西方哲学思维就产生于对于"本质"（essence）的信仰与追求。"本质是保持事物自身同一性的性质，是事物必然具有的属性，当且仅当事物具有这一性质时，才能成为事物自身。"④ 本质是

---

① 石磊，吴玉静，高丹娜，韩骥磊．基于卢梭自然主义教育观的体育哲学解读［J］．少林与太极（中州体育），2013（4）：4-6.

② 吴永金，陆小聪．扭曲的身体与自然的体育——卢梭体育教育观的整体面向［J］．体育学刊，2018，25（2）：1-8.

③ 王顺熙，李丹梅．黑格尔体育哲学思想研究［J］．吉林体育学院学报，2015（6）：14-17.

④ 余多星，王增福．克里普克本质主义思想述评［J］．理论界，2010（3）：96-98.

使某一事物成为该事物的东西，是对这一事物确认和实证的过程，是界定该事物最根本、最基础的部分，是那个作为存在的"实体"（substance）。实体意为"存在着的东西"或者"存在者"，它是独立的，是一切事物的基础，包含着"个体"和"物自身"的概念，同时指事物的"种"和"属"，"种"更接近真正的实体，而"属"只有表达必然属性时，才能属于本质的范畴。马克思主义认为，本质是事物的内在联系和根本特征，是事物的质的规定性。

体育哲学是介于一般哲学和体育的具体科学之间的一门"特殊的"认识科学，以一般哲学为指导，以具体体育学科为基础，研究体育本身及其发展（客观辩证法）同人类对体育认识的发展（主观辩证法）关系的学科，是体育的客观发展历史在理论形态上通过逻辑联系反映出来的结晶、结果、概括。① 因而体育哲学探讨的一类大问题就是关于体育学的基本理论问题，1986年中国体育科学学会常务理事胡晓风先生在北京体院、成都体院讲体育学基本理论问题的时候，讲了五个问题："一、体育学属于人的科学，属于人体科学。二、人与自然是体育的基础。三、人与社会决定体育的发展。四、人的全面而自由的发展是体育的根本目的。五、竞技是运动的基本特征。"② 这五大问题都是在围绕体育、运动、竞技这一丛相似的概念来讨论"属于""是""根本""基本"等本质性问题的。

对体育运动本质的定义。关于体育的本质问题的讨论至今也没有中断过，随着学科的成熟与发展总会有学者重新讨论体育与运动的本质问题。一般而言，都是从厘定"概念"入手来讨论本质的。通常说的体育，是指广义的体育，或称为体育的总概念、大概念。体育的概念可以用一个单词表示，叫"单述概念"——体育；也可以用一个词组表示，叫"复述概念"——体育运动。③ 对体育的界定一般有几点共性：一致承认体育是教育的一个重要组成部分；体育是通过身体练习，以运动为手段来进行的一种身体教育；体育不

---

① 惠蜀. 关于体育哲学的一些问题 [J]. 成都体院学报，1985（12）：4 - 5

② 胡晓风.《体育哲学》序言 [J]. 哈尔滨体育学院学报，1986（3）：1.

③ 刘仁东，刘志敏，金宝玉. 体育哲学研究 [M]. 大连：大连理工大学出版社，1992：2.

仅能增强人的素质，发展身体能力，而且也是培养道德品质、发展个性、实现人的社会化的重要手段；体育是一个有目的、有计划、有组织的身体教育过程。运动则是指专门的竞赛活动，在这一活动中，个体或集体为了充分发挥形态、机能和心理能力——具体表现为纪录和本人或对手的优胜——而紧张地从事各种身体练习。[①] 弄清概念绝不仅仅是为了解决某些名词术语的意义，更重要的是为了反映客观事物的本质属性和特征。早在体育哲学学科建立之初，就有学者运用体育的整体观思想论述过"体育"和"运动"的关系。认为"运动"的主要特征在自然形态方面，"体育"的主要特征是社会性的，虽然"运动"一词早于"体育"一词约1个世纪，但是不能按照时间先后就把运动作为整体而把体育作为局部，"体育运动"这个词汇是一个约定俗成的名词，不能理解为"体育"加"运动"，而从其概念的内涵看，"体育"才是"整体"，"运动"是"部分"，因为"运动"只有在"体育"之中才能和体力劳动有所区别，和哲学上讲的一般物质的运动有所区别。[②] 区别于体力劳动和一般的物质的运动，就其成为一个独有的人类实践和社会现象而言，体育是社会历史的产物，是一个发展过程。体育是目的和手段相结合、作用于社会的实践和作用于自然（人体）的实践相结合、宏观效果和微观效果相结合的发展过程[③]。也有不同的观点，认为运动与体育、旅游属于同一领域，该领域建立了自己的全国和国际性机构，有它的专门的物质设施和专业干部队伍，由于竞技运动和体育教育都采用身体练习这一手段，但方法各异，因而在它们的系统和原则上相互既有区别，又有联系。[④] 而体育运动的本质就是体育运动作为现实的体育而存在的根据。要寻找这种根据，就必须一方面分析体育运动的"他物联系"，即体育运动同人和社会的关系；另一方面分析

① 刘仁东，刘志敏，金宝玉. 体育哲学研究［M］. 大连：大连理工大学出版社，1992：3.
② 胡晓风. 体育的整体观——再谈关于体育科学体系的若干问题［J］. 成都体院学报，1981（2）：2-3.
③ 胡晓风. 体育的整体观——再谈关于体育科学体系的若干问题［J］. 成都体院学报，1981（2）：4.
④ 刘仁东，刘志敏，金宝玉. 体育哲学研究［M］. 大连：大连理工大学出版社，1992：3.

体育运动的"自身联系"，即由这种关系所造成的体育运动的各种属性之间的关系（体育和运动的关系、体育与教育的关系、体育与物质文明和精神文明的关系等）。只有具体地分析这两种关系以及它们的统一，才能把握体育运动的完整本质，揭示体育运动发展的规律。①

对体育和体育事业属性的争论。该话题的争论与关于体育本质的讨论是一脉相承的，基本上集中于两种立场：其一，主张体育是社会生产力；其二，主张体育是社会上层建筑的组成部分②；有研究指出"20世纪70年代末，我国体育理论教科书还对体育这样论述：体育产生于劳动，并且随着生产斗争、阶级斗争、科学实验的发展而发展"③；"80年代以前，体育理论界把体育归属于上层建筑范畴"④。体育，在阶级社会中，具有鲜明的阶级性，为一定社会的政治和经济所决定，反过来又为一定社会的政治和经济服务，在这种把体育归为上层建筑的思想指导下，政府对体育的做法是"三包、四性"——三包指政府对体育发展包决策、包投资、包管理；四性是指政府对体育发展的投入与产出效益问题表现出政治性、精神性、间接性、长期性特征。⑤ 中共十四大提出的社会主义市场经济理论大大发展了马克思主义哲学理论，市场经济条件下，对体育的性质、本质也有新的认识。认为体育既具有上层建筑性质，又具有产业属性，主要属于第三产业。体育劳务可以商品化，体育通过商品交换能为社会创造物质财富。在体育的经济意义层面，有研究专门探讨了体育事业的本质及特征。认为："体育部门在劳动对象、劳动形式和劳动

---

① 刘仁东，刘志敏，金宝玉. 体育哲学研究［M］. 大连：大连理工大学出版社，1992：9－10.

② 龙天启，李献祥. 体育哲学（初稿）［M］. 北京：北京体育学院自然辩证法教研组（内部出版），1982：4－3.

③ 王光华，王国槐，敖德秀. 国家调控与市场机制是发展体育的动力——市场经济与体育哲学的理论思考［J］. 湖北体育科技，1994（1）：1－3.

④ 王光华，王国槐，敖德秀. 国家调控与市场机制是发展体育的动力——市场经济与体育哲学的理论思考［J］. 湖北体育科技，1994（1）：1－3.

⑤ 王光华，王国槐，敖德秀. 国家调控与市场机制是发展体育的动力——市场经济与体育哲学的理论思考［J］. 湖北体育科技，1994（1）：1.

结果上，都和其他服务性产业具有相同的基本特征，在提供社会职能上……体育部门的劳动对象是人，劳动形式是体育劳务，劳动结果不是物质产品，而是一种非实物形态的特殊使用价值……体育可以满足人们多方面生活的需要……所以，体育事业应当属于第三产业。"① 其特征主要有："第一，体育劳务效用的多层次性。它既能增强人的体质，满足人们的物质生活的需要，又能提供特殊的'体育感'，满足人们精神生活的需要；第二，体育劳务的非实物性，体育服务的劳动不是作为物，而是作为活动提供的；第三体育劳务的生产、交换和消费的同时性。体育部门的劳务生产过程，同时就是体育活动爱好者作为购买者与体育部门发生交换的过程，又是他们作为消费者消耗（欣赏）体育劳务满足自己需要的过程；第四，体育劳务的非贮存性。生产一旦结束，产品也就不复存在。"② 之所以把体育事业的本质定位于第三产业，其依据主要在"服务"二字，第三产业中有为生产服务的，有为生活服务的，有为公共需要服务的，体育事业是为提高科学文化水平和居民素质服务的，因此，体育事业提供的服务也在第三产业"服务"的范围之内。这种对体育属性的新认识也将影响对体育社会功能、作用的把握。在对体育本质属性的认识过程中，一个必要的工作就是厘清概念。有研究指出体育事业、体育部门与体育活动是两个不同的概念："体育活动是指人们参加的各种具体的活动形式，当然它是一种消费活动，不属于第三产业的问题。""体育事业或体育部门，则是把体育看作是国民经济中一个劳务生产部门，它开展的体育活动是一种劳务生产活动"。③

运动、竞技、游戏的本质问题的争论。关于运动的本质的认识学术界有不同的看法，有人认为运动具有"自由选择性、趣味性和无目的性，而且它

① 张尚权. 正确认识体育事业归属第三产业 搞好体育事业的管理与经营——1985 年全国体育哲学社会科学学术报告会体育经济学组学术综述 [J]. 技术经济，1985（12）：4.
② 张尚权. 正确认识体育事业归属第三产业 搞好体育事业的管理与经营——1985 年全国体育哲学社会科学学术报告会体育经济学组学术综述 [J]. 技术经济，1985（12）：5.
③ 张尚权. 正确认识体育事业归属第三产业 搞好体育事业的管理与经营——1985 年全国体育哲学社会科学学术报告会体育经济学组学术综述 [J]. 技术经济，1985（12）：5.

是有间隔地进行的（就如同人要有规律地吃饭一样，它有自己独特的运动规律），而且它是无理性的（没有内在的逻辑性）。"① 有人认为"运动是一种态度，一种看法，一个接近大自然的方法，一种习惯"，而不是"一种行为，一种活动或一种环境"。进而也否定类似"趣味性、无目的性、非理性的自觉行为和自发性"这种关于运动的有意识的主观性特点。② 关于竞技与游戏的归属性讨论也存在着本质主义和非本质主义的论争，本质主义寻求着事物的共性和普遍性，因此本质主义致力于寻找竞技的确定的本质，有学者认为竞技就是身体活动性游戏，游戏乃是竞技的本质，③ 但有人反对这种看法，认为一个泛化的"游戏"概念无法成为规定"竞技"本质的内核，竞技本质不在游戏之中，竞技是生存技能的传习、演练和展示，是一种改造自然的技艺，竞技是身体性运动竞争的技艺④；反本质主义认为本质是一个幻影，以语言游戏为据，认为游戏无本质，虽然"竞技"在文化中经常被表述为"游戏"，但原始游戏和文化游戏的区别使得游戏概念复杂易变，即使在表现形式上游戏与竞技存在着联系，但在本质上却不是同一事物，游戏的存在形式已经在反本质主义的描述中趋向于虚无，但竞技还是竞技，它保有着自身的所有文化特征，竞技是人类创造的文化习惯，是模仿、训练、锻造和积累而获得的身体能力，它是身体素质较量、比试和对抗的结果，在与对象竞争中体现出自身的文化价值，竞技的本质动因是竞争。⑤ 此外杰弗里·考德威尔在《国际体育运动与民族意识》基于体育运动和比赛竞技的文化性考量，指出："体育运动是随着人类文化的进步而发展起来的一种特殊的、礼仪化的战争。"体育运动、比赛竞技作为战争道德的等价物化解战争与和平的冲突，是用"无害

---

① 张德福. 新版《体育哲学》评论 [J]. 体育与科学，1993（5）：4.

② 张德福. 新版《体育哲学》评论 [J]. 体育与科学，1993（5）：46.

③ 张军献，沈丽玲. 竞技本质游戏论——本质主义的视角 [J]. 体育学刊，2010，17（11）：1–8.

④ 刘欣然，余晓玲. 竞技本质非"游戏论"——就本质主义立场与军献兄商榷 [J]. 体育学刊，2011，18（3）：7–13.

⑤ 卢元镇. 竞技：人类进步的表征与希望 [J]. 天津体育学院学报，2008，23（5）：369–372.

的词句来表达战争的德行"的一种灵药，因为运动竞技比照战争而言，比较不会使官能感觉受到损失以及带来怨恨，而刻苦和竞争的因素本身是无害的。运动既能消除战争又能保留战争的德行，因而，从这个意义上看，认为体育运动本质是特殊的、礼仪化的战争也具有一定合理性。①

后现代主义哲学对体育本质的重构。后现代主义哲学的重要特征就是对生成与差异的强调，体育也处于一种不断生成的状态，这种生成的内在趋力使体育在不同语境中获得不同的含义，这种多元的差异性正是体育本质之争的症结所在。后现代主义者对生成与差异的强调也促使他们认为多维度的描述比单纯的定义更能接近事物的本质。因此有学者从解释学的角度论述了体育的四个基本维度——身体、感性、超越、非生产性，借此重新描述和解释性理解了体育的本质。②

二、体育的功能问题

体育的塑人功能。体育的塑人功能包含两个层面，第一个层面是通过体育运动实现对人体自身自然的有目的的变革。包括变革体质的功能和发展人体运动技术的功能两个方面。首先，体育具有变革体质的基本功能。通过有计划、有控制的运动负荷的刺激，引起人体细胞级层次的结构变化，使某些细胞的形态、数量、构成发生变化，从而改善神经、呼吸、循环、消化特别是运动器官等的系统功能，表现为体型的变化、四肢、躯干等部肌肉形态和运动形式的变化；体格的变化，各项功能指数的增减；体力的变化，身体各部主要是运动器官、肌肉、关节、骨骼的活动能力的变化；健康水平的提高。总的表现为人体各部的协调发展即体质的增强，使生命体具有更旺盛的生命力和充足的活动能力。这也是体育的基本功能。第二，体育具有发展人体运动技术的功能。通过科学地安排运动训练计划，在教练、专家的指导下，有

---

① 司马蓉. 体育走向文化的基点——兼评阿部忍教授的《体育哲学》[J]. 体育与科学, 1994（3）：28.

② 马德浩. 解释学视域下的体育本质 [J]. 体育学刊, 2011（3）：14－19.

计划地培养运动技术，发掘心理、身体潜力，发展身体优势才能，形成高超的运动技能、技巧和技艺，成为以竞技体育为业的专门人才；此外也可以通过身体运动技术的训练，培养各种具有身体技术专长的人才。第二个层面是通过体育运动实现对人的精神层面的提升。有学者认为，人在自身的发展中经历了三个阶段：第一阶段是作为"自然主体"而存在；第二阶段是作为"人化主体"而存在；第三阶段是作为"人造主体"而存在，① 在第三阶段，人才通过各种人类所创造的活动方式，按照理想化的蓝图来培养塑造自身，体育最终就是为这一目的服务的，因而体育，从根本上而言，其功能在于"使人自身得以自由、全面、和谐地发展"，且体育是"以一种更直接、更轻松、更宜为人所接受的方式在塑造着人"。② 有学者认为体育的重要功能之一就是帮助人认识自己的本质。海兰德在其新版《体育哲学》中有两方面贡献，一是对人的本质的特征化；二是把人的本质中每个互为论证的特征的一个方面与他所界定的运动的一个方面（开放、应答）相对照。认为：从本质上讲人是充满性欲的、不完美的动物，人类始终都清楚自身的不完美，而且不断试图去克服它。人们会体验到不完善，又会体验到十分完美；既会体验到自由，又会体验到人与人相属；既会体验到支配，又会体会到服从。当人们从事运动时，他们就会认识到自身的不完美（自身的缺点），认识到自身是十分充实的（做出反应、表达情感、欢庆胜利）；认识到自己在广泛的联系中（明白自己需要别人的存在）。在运动中，支配和服从的倾向是处于平衡状态的。③ 运动提高了人们在"运动极限、参加运动的可能性、掌握运动的自如性、成绩的取得、冒险精神的培养、对运动价值的认识、兴趣的增长"④ 等方面的经验。体育运动最终会将人引入审美的境界，彰显"人的本质力量对象化"，对体育工作者来说，目标和理想是非常崇高而灿烂的，越是崇高而灿

---

① 惠蜀.体育哲学拾蠡［J］.成都体院学报，1987（4）：3.
② 惠蜀.体育哲学拾蠡［J］.成都体院学报，1987（4）：3.
③ 张德福.新版《体育哲学》评论［J］.体育与科学，1993（5）：45.
④ 张德福.新版《体育哲学》评论［J］.体育与科学，1993（5）：46.

烂的理想，越是凝聚着人生的价值，在体育运动中，运动员的本质力量即他们的意志品质、胆略和气魄、智慧和修养、技能和技巧等，这些精神力量将通过艰苦的训练和磨难向外迸射显现，并带着希望向理想的目标转移，这正是一种人的潜在价值和人的潜在热能不断向着运动状态转化，继而又向凝结并证实这价值和势能的"结晶"状态转化的过程。①

体育的社会功能。体育从来就是一种社会活动，无论个体的自发运动还是集群的有组织活动，都是社会需要和社会关系的反映。任何体育运动活动都具有发展人际交往关系、增进社会了解和联系、促进人们互相影响与进步、使人的发展向更高境界前进的功能。有学者对竞技体育的政治功能进行了探索，指出竞技体育具有搭建公共外交平台、模糊意识形态与社会制度的界限、促成政治文化互补、推动人类价值观的融合与重铸、争取政治正义的政治功能。在竞技体育政治功能的异化方面，认为竞技体育可以被用作社会麻醉剂，也可以被种族主义者和恐怖分子滥用。应最大限度地发挥竞技体育的正向功能，使其成为人类社会发展的助推器。② 有研究认为人类的生产包括物质生产、精神生产和人类自身生产，人类自身生产作为社会大系统中的一个相对独立的子系统又有其自身发展的特殊规律，只了解物质生产和精神生产而不了解人类自身生产的特点和规律是不可能正确而深刻地把握体育的本质的。若没有高度发达的体育系统不断提高一代又一代新人的体能，没有体育这一人类自我发展完善的重要手段，物质生产和精神生产的现代化则难以实现，这就是体育教育功能和体育社会功能的辩证统一关系。③

体育哲学的功能。黄捷荣认为体育哲学的基本功能是对体育思维方式的选择、制约和建构；主要功能为描述性和规范性两类；社会功能体现为理论功能和实践功能；独特功能则为动力、表象和净化。④《在满足社会需要中发

---

① 陈燕，曾宪刚．体育美本质初探——关于马克思"人的本质力量对象化"经典学说的现代思考［J］．湖北美术学院学报，2011（4）：12－15．

② 马冠楠，刘桂海．竞技体育政治功能新探［J］．体育文化导刊，2011（7）：140－142．

③ 胡建平．体育哲学发展的一个重要生长点［J］．哈尔滨体育学院学报，1992（1）：20．

④ 黄捷荣．论体育哲学的功能［J］．哈尔滨体育学院学报，1990（3）：17．

展体育哲学》（韩丹，1992）一文指出体育哲学只有能满足人们体育和运动实践活动的哲学思维的需要时，才会有存在和发展的价值。在我国体育哲学学科建立的最初十年，体育哲学理论与实践功能的有效发挥获得了以下几方面的客观保障：第一，我国形成了体育哲学这一独立学科；第二，出版了一系列体育哲学专著；第三，体育科学理论学会单独分化出"体育哲学学科组"，体育哲学问题的研究与探讨由最初散在的民间活动变为正式的学科活动；第四，初步形成了一支老中青结合的体育哲学研究学者队伍；第五，体育哲学课程列入了各体育学院的专业课程，国家体育科学发展规划中已经将体育哲学列为重点发展的学科之一。在取得了阶段性成果的同时也暴露出一些问题，例如：对体育哲学的范畴、体系还有待于进一步的深刻地研究，体育哲学还未受到应有的重视，体育科学和实践的发展中尚存在大量问题需要体育哲学予以回答。基于此，认为体育哲学应加强自身学科建设、进行普及传播，体育哲学应当成为体育软科学研究的灵魂或核心。①

三、体育的思维问题

关于体育的思维问题，在既往的研究中主要表现出几种倾向性，一是科学主义的思维倾向，例如《试论体育科学的定量化》（瞿国凯，1985）② 是我国较早系统论述体育科学研究方法并主张定量化发展的论文。文章从科学发展的内在规律、科学方法论范畴角度论证了体育科学研究势必走向定量化发展的趋势。并详细介绍了体育运动的科学研究中常用的各种方法与定量化的关系，包括数学方法、实验方法、逻辑方法、系统论、信息论和控制论方法。尤其对于逻辑的三种主要方法——归纳法、演绎法和类比法的定量化论证及例证解释是很具体且恰当的。二是诠释主义的思维倾向，例如《体育走向文化的基点——兼评阿部忍教授的〈体育哲学〉》（司马蓉，1994）一文犀利地

---

① 韩丹. 在满足社会需要中发展体育哲学［J］. 体育与科学，1992（3）：8-9.
② 瞿国凯. 试论体育科学的定量化［J］. 福建体育科技，1985（4）：1-8.

批判了阿部忍教授"认为身心相关的问题应该从身体和精神两方面的相互补充中得到辨明"的观点，也否定了阿部忍教授把哲学看作与生理学、医学并列的精神实验分析术的做法，指出"阿部忍教授在为体育寻找精神支柱的征途上彻底地失败了"。① 并基于对黑格尔、伽达默尔、海德格尔、维特根斯坦等哲学家对体育的观照和论说，以及中国道家、法家、儒家对于阴阳、极性问题的阐释，提出自己的观点："反对心理主义、实证科学作为体育与文化的桥梁……应该以逻辑学为基石吸收当代解释学、现象学、符号学的思维方式来观照体育运动本体。"② 在方法论上，主张"应弘扬当代现象学、解释学的基本精神，解释并不是探究隐藏的文本背后的主观意图，而要阐明文本之前展示出来的世界。使自我理解归展于它解释世界的问题"③。三是历史—经验主义的思维倾向，例如《"灰色"的哲学理论与"常青"的体育之间——体育哲学研究中引入哲学人类学方法探析》（高强，2013）探讨了关于体育学研究方法论建设的问题，指出"哲学人类学的方法更多地给人一种历史深度描述的意味，更为接近法国年鉴派史学的研究风格———追求历史的细节"。应用哲学人类学的方法分析中世纪体育可以主要体现为哲学人类学转换和哲学人类学分析两个步骤。哲学人类学转换化解了一直以来以抽象的、逻辑的方法定义体育概念，然后以概念去统领历史的方法，而着眼于概念显著的特征——身体与技艺的提取。之后在哲学人类学分析这一步骤中，身体与技艺这两个显著特征作为属人的"理念元素"与外在的"现实元素"发生着交互作用。④

　　人们思考体育的思维倾向问题，实际上是思考关于体育的独特性问题，

---

① 司马蓉．体育走向文化的基点——兼评阿部忍教授的《体育哲学》［J］．体育与科学，1994（3）：24.

② 司马蓉．体育走向文化的基点——兼评阿部忍教授的《体育哲学》［J］．体育与科学，1994（3）：26.

③ 司马蓉．体育走向文化的基点——兼评阿部忍教授的《体育哲学》［J］．体育与科学，1994（3）：26.

④ 高强．"灰色"的哲学理论与"常青"的体育之间——体育哲学研究中引入哲学人类学方法探析［J］．体育与科学，2013（6）：32－36.

就体育哲学而言，也同哲学一样难以摆脱一种困境——哲学研究的许多方向都被社会学、心理学、人类学等学科演绎、分裂为一种综合性的科学门类。对此"哲学的表现从来都是大度的——大度到所有的客观、所有的思想、所有的情绪都可以被包容；所有的子学科知识的耦合、分裂以及独立都可以被阐释。唯一的危险是：脱离实际！"① 现在的体育哲学研究中，有两个明显的形而上学进路，一个是依照哲学范式来"仿照"出一门体育哲学来，这种通过套用已有的其他哲学学科体系牵强附会地确立"体育哲学"这一门"新式"学科的做法很容易引起母学科以及姊妹学科的鄙夷；另一条进路是体育学人依靠自己对体育的热情、对体育的思考而完成的哲学层面内的研究，虽然零散又缺乏聚力点，但体现出保持体育哲学本身自生长性的任务。② 由此可见，体育哲学的发展正在呼吁一种立足体育本身的体育思维，凭借这种身体性、经验性、体悟性、自生性、开放性的思维倾向实现从"形而上学"到"人而上学"的觉醒，进而完成体育哲学的新生。

四、体育的价值问题

所谓价值，是人们按照一定的需要标准，对自我行为及与其发生关系的事物进行权衡的体现。人们的价值认识或者评价过程，主要达到两个目的，首先是质的评价，即客观价值体是否具有满足人们特定需要的属性或功能，如果是肯定的，就是有价值；其次是量的评价，可以是精确的数学评价，也可以是模糊的数学评价，即价值体在多大程度上能满足主体的需要。价值观是人们对价值的理性认识，是人们进行评价活动的指导思想或理论。马克思主义的价值观是以辩证唯物主义世界观为指导的价值观，它把人类的解放、社会的总体发展作为价值目标，把个人的自由与全面的发展视作绝对价值，

---

① 易剑东，任慧涛. 长跑、马拉松以及体育的哲学向往——从村上春树《当我谈跑步时我谈些什么》谈起［J］. 体育与科学，2014，35（6）：14–19.

② 易剑东，任慧涛. 长跑、马拉松以及体育的哲学向往——从村上春树《当我谈跑步时我谈些什么》谈起［J］. 体育与科学，2014，35（6）：14–19.

在人类的全面总体的发展中包含了个人的自由发展，个人的自由发展构成了社会的全面发展，个人依存于集体、社会，人们把社会的全局利益、发展的长远利益和需要作为价值标准的首要条件，这种代表人类最高认识水平的价值观也叫作社会主义或集体主义的价值观，其发展便是共产主义的价值观。用什么样的价值观（民族的、国家的、阶级的、集团的、政治的、经济的、文化的、宗教的，等等）对体育运动及其各项具体活动和行为进行评价，便有什么样的体育价值观。

体育与运动的价值。惠蜀指出体育的价值、意义不局限于生理学的范围，因为"体育绝不是仅仅通过生物学意义上的研究可以完全把握和认识的。体育是一种社会文化现象，而任何一种文化，都有构成其内核的价值体系和时代民族心理。"[1] 因而对于体育的价值的定位不完全是对人体的改造，而"可以和应该被看作是通过运动这一媒介，以满足不同主体、不同层次、不断递进的价值追求和社会时代心理的需要"，这些需要包括"强身健体""消闲娱悦""修身养性""自我实现""审美情趣"等。[2] 有学者对国外的体育哲学著作进行了评述，其中张福德对美国帕里根出版社出版的海兰德的《体育哲学》进行了剖视，指出海兰德长期以来坚持视体育哲学为一种文化现象，认为这种文化现象一直以来没有得到足够的重视。海兰德从体育和社会、伦理和体育、体育自身的知识、身心问题、体育和艺术、娱乐的价值六方面进行了讨论。并从两个方面来衡量运动的价值：其一，通过考察自己的体验，描述运动的一个显著特征是"应答的开放"，即急剧增强的感知体验（开放）与异常强烈的作用和反作用要求（应答）成对出现；其二，是建立一种本体论上的优先权，包括"应答的开放"在内的对运动特征的概括应优先于那些不包括"应答的开放"的概括，因为"应答的开放"有助于人们去认识自己的本质和自己的真正的归宿。[3]

---

① 惠蜀. 体育哲学拾蠡 [J]. 成都体院学报，1987（4）：3.
② 惠蜀. 体育哲学拾蠡 [J]. 成都体院学报，1987（4）：3.
③ 张德福. 新版《体育哲学》评论 [J]. 体育与科学，1993（5）：45.

体育哲学的价值。体育哲学不像其他体育科学那样能直接为体育实践服务，其实践价值需要经过具体体育科学作为中介来体现。体育哲学要为体育教学实践服务，就必须经过体育教学论、运动心理学等具体体育科学和以这些体育科学为指导的体育教学计划、体育教学大纲和体育教材等环节。要求体育哲学直接为某一具体体育实践服务，是对体育哲学功能缺乏深刻认识的表现，是对其实践价值的曲解。① 秋实探讨了体育哲学教学在体育院系教学过程中的地位和作用问题，指出"体育哲学作为马克思主义哲学的应用形态，在各门具体的体育学科教学中居于最高层次的支配地位。""在体育院系教学过程中，加强以培养学生的辩证唯物主义体育观、体育价值观等为核心内容的体育哲学教学，具有十分重要的现实意义和长远的战略意义。""其作用在于有机地将体育院系各门基础理论课与专业课统一起来，有助于学生开放型思维的形成。"②

中西体育价值观的差异。高梅艳、韩立明等学者都共同关注了中西方体育哲学思想差异问题。其中一个主要的区别就是对于中西方不同的文化价值取向以及对体育之于个人的价值认知的差异。《论中西体育哲学差异》（高梅艳，2011）、《中西方体育哲学思想的差异》（韩立明，2012）③ 都指出我国体育思维方式是注重顿悟、体悟的，寻求人与自然的融合与和谐发展，而西方的思维方式是偏重实证与分析的，注重科学在体育中的价值，并关注身体的训练和塑造，强调人对自然的对抗和对自身的超越。并且中国重视经验、直觉、整体整合，西方更重视唯理、思辨、技术分析。中西方也形成了差异显著的价值观体系，中国传统体育注重刚柔相济、天人合一、形神具备、身心统一；西方则注重个体培养、个人价值、个性凸显，这也解释了为什么中国运动员在团体操等方面往往有良好表现，而西方运动员在强调个人技术的运

---

① 胡建平．略论体育哲学与体育科学的关系［J］．哈尔滨体育学院学报，1991（2）：14.
② 秋实．试论体育哲学教学在体育院系教学过程中的地位和作用［J］．西安体育学院学报，2001（4）：92 – 94.
③ 韩立明．中西方体育哲学思想的差异［J］．邢台学院学报，2012（2）：158 – 159.

动项目中往往占据优势。此外"养生化"和"健身化"也是中西体育价值差异的体现，中国注重"精""气""神"的涵养，西方注重"力量""速度""肌肉""耐力"等的训练。正因为价值观的差异，从身心辩证关系的认知和修行方法上，① 东西方都有较为鲜明的文化特色和价值诉求。

第四节　学科发展问题的研究

学科发展成熟的重要标志就是建立起完备的理论和学科体系。体育学科的发展与其理论、学科体系的研究和建设密切相关，因此作为会对体育学科发展具有引领和指导意义的体育哲学研究势必要积极回应"体育在吾人之位置"的问题，体育科学体系的建立和发展必将有助于正确解决这个根本问题，所以思考和回答体育学科发展问题成为体育哲学研究的重要问题之一。

第一，是关于体育哲学的学科地位问题。对于体育哲学在体育科学体系中的定位问题有很多不同的观点和争论。其一是"最高层次"说。根据传统的对学科体系中学科层次的分类，第一层次为哲学，第二层次为哲学之下的自然科学和社会科学两大门类，② 体育属于第三层次的科学，它不是和第二层次的自然科学、社会科学并列的门类，也不是社会科学或自然科学之下的一个门类，它是和社会科学、自然科学并列的交叉学科（或综合学科）之下的一个门类。教育学和体育学是两个并列又相互交叉的学科，在科学体系中，他们属于同一层次。哲学在整个科学体系中居于最高的地位，是第一层次的科学，是最大范围的科学……用马列主义、毛泽东思想的哲学观点来指导体育科学的学科就是体育哲学，它是哲学同时又是体育学的一个分支学科……

---

① 刘颖. 体育哲学身心观的辩证分析［J］. 科技视界，2013（7）：43；刘颖. 西方体育哲学的存在论基础［J］. 科技信息，2013（11）：180.

② 也有不同分法：三分法——自然科学、社会科学、交叉学科（边缘学科或综合学科）；或者是四分法——自然科学、社会科学、精神科学、各类交叉学科（或综合学科）等。

体育哲学是体育科学三大部类（体育社会学学科、基础学科、运动学学科）共同的指导学科。① （见图 2.1）其二是体育社会科学下的"元理论学科"说。有学者提出："体育科学现存的各分支学科、部门和对象学科、横断学科、内部衍生学科、外部切入学科以及技术性学科等不同分类和角度下的各学科，均可以纳入体育社会科学的范畴。"② 并且"从现代科学分类的发展来看，哲学不再是一般社会科学的上位概念，而是归属于社会科学，故把体育哲学学科归于体育社会科学"③。基于此观点提出了体育社会科学的"三维一核"学科结构体系（见图 2.2）。其三是"纵向媒介—指导性学科"说。有研究"为构建更加符合体育科学发展规律和真实反映体育运动客观现实的门类齐全、结构合理、相对独立、统一完整的体育科学学科体系，坚持理论与实践相结合的原则……在现代科学体系的整体框架结构下，研究体育科学学科体系内各学科的组成与结构、地位与作用，以及各学科相互联系与作用的方式和秩序；分析学科间的内在逻辑和变化规律形成的主次、隶属等关系；阐述体育科学学科体系与现代科学体系，以及与体育实践活动体系的联系，依据体育科学学科体系形成与发展过程中呈现出的规律性、系统性，构建以体育学科为组成要素，以交叉学科、学科群为网络结点构成的横向上、纵向上多层次、多类型网络结构型的更加符合体育科学发展规律的现代体育科学学科体系"④，在多层次多类型网络结构型（见图 2.3）的体系中，"体育哲学是从宏观上和整体上探讨体育运动实践和体育科学发展的一般规律以及体育运动过程中认识论和方法论问题，是研究体育的本质、基本问题和体育科技发展一般规律的学科，是哲学和体育科学之间的媒介科学，对体育的各门具体学科

① 胡晓风. 体育的整体观——再谈关于体育科学体系的若干问题 ［J］. 成都体院学报，1981（2）：5.

② 熊文，黄建伟. 体育社会科学学科纳入、分类及结构体系研究 ［J］. 西安体育学院学报，2012（7）：419.

③ 熊文，黄建伟. 体育社会科学学科纳入、分类及结构体系研究 ［J］. 西安体育学院学报，2012（7）：420.

④ 席玉宝. 论现代体育科学学科体系 ［J］. 北京体育大学学报，2018（8）：17–25.

有普遍的指导意义"。①

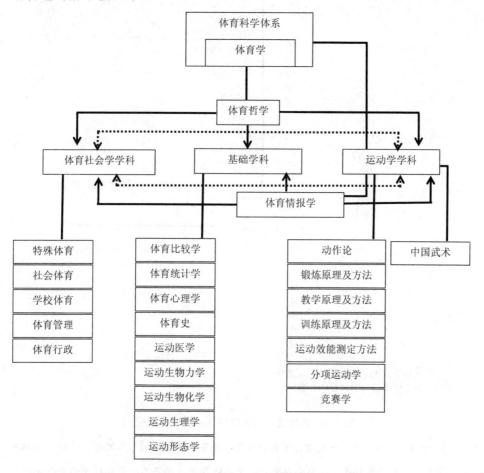

图2.1 体育科学体系拟议图

————————

① 席玉宝. 论现代体育科学学科体系［J］. 北京体育大学学报，2018（8）：17 – 25.

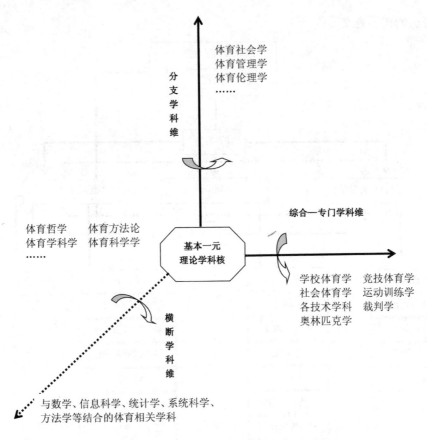

图 2.2　体育社会科学学科结构体系示意图①

【图解】：一核：基本一元理论学科，即有关体育及其学科的基本概念、原理，含相关哲学学科、元理论学等。这部分内容可以是其他各学科的基本、基础理论部分分化出来而成立的学科。甚至这些理论可以准学科的状态存在，具有基础性和元理论的性质。

三维：第一维和第二维为"对象维，即每一维均是对体育相关对象性社会科学学科的全面包容"，为主维，用实线表示；第三维为辅维，用虚线表示。

第一维——分支学科，是社会科学的母体或基础学科在体育领域的分化（不含基本一元理论核中以及横断科学性质方面的分支学科）；

---

① 熊文，黄建伟. 体育社会科学学科纳入、分类及结构体系研究［J］. 西安体育学院学报，2012（7）：423.

第二维——综合—专门学科，涉及体育部门、对象、环节、过程，体育内部衍生学科及技术学科等；

第三维——横断学科，为贯穿各学科的具体研究方法、工具性学科，如数学、"三论"的知识等。

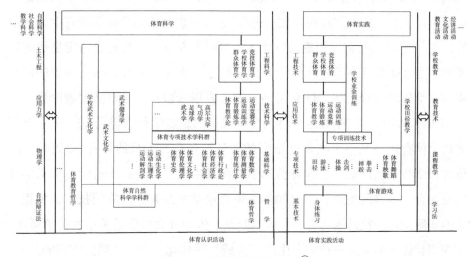

图2.3 体育科学学科体系①

【图解】：体育科学学科体系作为反映体育运动各种现象本质和规律的知识体系必须客观地与体育运动形式和过程的实践体系相一致。依据学科的研究对象和领域，学科的产生基础和派生来源等为标准，多角度、多维度地考察体育学科进化次序、逻辑次序、功能次序、应用次序等，从概括抽象到具体应用、从科学理论到技术原理、从宏观到微观、从通用到专用。以现代科学技术观和系统观，体育科学知识概括程度和抽象程度，以及体育科学知识运用到体育运动实践的难易程度和有效程度，将体育科学的学科纵向划分为：体育哲学、体育基础科学、体育技术科学、体育工程科学四个层次，每个层次依据学科性质特征的共同点和差异点，横向上又可分为若干个学科类型。

① 席玉宝. 论现代体育科学学科体系［J］. 北京体育大学学报，2018（8）：21.

第二，是关于体育科学研究方法的问题。《试论体育科学的定量化》（瞿国凯，1985）认为体育科学的定量化问题是关系到如何推动这门科学向前发展的重大问题，也是关系到如何使我国体育事业走向世界水平的实际问题。①"体育科学研究中一直存在着定量化水平不高的问题，许多研究至今仍然处于定性阶段，影响实现体育现代化的进程"，应意识到"体育科学研究中的'定性'与'定量'是相辅相成的辩证统一的两个方面，没有充分的定量研究做基础，定性研究就不容易得出广泛而深入的结果"②。此外，体育科学的研究强调多学科的综合运用。体育运动有四个发展阶段：一是自然发展阶段；二是创新技术阶段；三是大运动量训练阶段；四是多学科综合利用阶段。③有研究认为体育运动是一个技术性很强的领域，存在着大量的体育技术科学化、体育科学技术化问题。在体育科学学科体系中突出体育技术科学、交叉学科以及工程学科等的地位，研究和解决体育运动实践领域的应用技术、工程技术的实际问题，反映人与自身、人与自然、人与社会的能动关系和价值诉求，实现现代体育的科学—技术—生产（实践）一体化。通过"研究方法的借鉴、移植，研究对象与领域的交叉、融合，概念、理论的相互借用和互补等，加强学科间横向联系，以及多层次、多维度的跨学科综合研究，以形成新的学说和理论、技术和方法，来解决体育运动实践中的各种复杂问题"④。

第三，是体育哲学学科发展的国际化视野问题。龙天启对体育哲学在欧美、苏联和我国的发展进行了全景式的研究与记载（见表2.1）⑤。

---

① 瞿国凯．试论体育科学的定量化 [J]．福建体育科技，1985（4）：1-8.
② 刘仁东，刘志敏，金宝玉．体育哲学研究 [M]．大连：大连理工大学出版社，1992：68.
③ 瞿国凯．试论体育科学的定量化 [J]．福建体育科技，1985（4）：1-8.
④ 席玉宝．论现代体育科学学科体系 [J]．北京体育大学学报，2018（8）：17-25.
⑤ 龙天启．体育哲学研究概况 [J]．四川体育科学学报，1987（4）：6-9.

表 2.1　20 世纪欧美、苏联、我国体育哲学发展对比

体育哲学的发展	欧美	苏联	我国
二战之前（20世纪30、40年代前）	体育哲学的研究主要与教育哲学相结合； 把体育社会学、体育伦理学、体育美学的问题结合在一起研究； 早在20世纪20年代末就已经开始从社会的、心理的、道德及哲学的角度考察体育； 体育社会科学群落诸学科的分化不够。 代表作：美国哈佛大学教育学博士埃尔默·伯尔利《体育运动哲学》（1972）		广大体育工作者已用唯物辩证法的观点研究体育领域中的问题。
二战之后（20世纪50、60年代）	体育的生物类学科得到进一步发展； 战后体育投资增加，各国体育交往密切，竞赛活动大大地发展，在体育与政治、经济、文化、道德、法律的关系上产生一系列新问题待解决； 基础哲学、社会学理论向体育科渗透，教育哲学等学科研究十分活跃，促进体育社会科学群化； 西方科学、科学哲学、教育哲学等学科的研究进入新的发展时期，形成一门独立学科。 代表作：美国体育哲学家 E. F. 齐格勒《体育哲学》（1967）；美国耶鲁大学哲学教授帕尔·维斯《体育哲学探讨》（1969）	主要限于"体育教育理论"的范围之内，学科间的分化不够	代表作： 1964年，江良规在《体育原理》的第八章中专门讨论了体育哲学问题①； 1964年，徐英生《关于如何打乒乓球》的讲话
20世纪70年代	体育哲学加强了以体育科学为对象的研究； 研究体育的本质与特点； 研究体育科学发展的总体规律性与体系结构； 对体育发展中的理论问题进行哲学探讨。 代表作：日本体育大学教授阿部忍《体育哲学》（1972）	体育经济学话跃起来，但体育哲学、体育社会学、美学、伦理学等研究领域学术空气沉闷	

① 于昕. 我国体育哲学研究［C］//中国体育科学学会体育社会科学分会 2012 全国体育社会科学年会——转变体育发展方式的探索论文集. 黄山：中国体育科学学会体育社会科学分会，2012：117－118.

续表

体育哲学的发展	欧美	苏联	我国
20 世纪 80 年代	加强了对体育运动领域中的哲学问题的研究； 有关体育哲学的国际学术交流活动日益频繁； 研究内容向两个方向深入发展：一是加强了对体育的理论问题研究，二是重视对体育运动中提出的实际问题的研究。	体育教育理论开始分化。 标志：1984—1985 年间全苏联体育理论界大辩论。 1986 年 5 月 "体育科学的理论与实践" 全苏专题学术讨论会。 代表人物：哲学家罗 B. N. 斯特利亚夫教授	体育哲学研究出现新局面 事件： 1981.6 全国首届体育辩证法学术讨论会； 1982.8 第二次体育哲学讨论会； 1984.8 福建泉州体育哲学学术讨论会； 1985.8 福建永安体育哲学学术讨论会； 1987.8 湖南体育哲学专题讨论会

亚洲国家，如中国、日本、韩国几乎都是在 20 世纪 80 年代相继开展了体育哲学领域的研究，并积极地对体育理论体系进行合理的学科分化。与全盘西化的日本体育哲学不同的是，韩国体育哲学先是全盘西化，以翻译引进西方的体育哲学著作为主，后来韩国体育学者在体育价值等一些研究领域结合了东方的哲学思想传统，实现了理论创新。[①]《韩国体育哲学的形成过程及展望》（金富赞，2007）介绍"韩国体育学界对体育哲学问题的关注还是 20 世纪 80 年代以后的事情，特别是 1991 年'韩国体育哲学学会'的成立，初步奠定了韩国学界研究体育哲学的基础"[②]。韩国李学俊先生把韩国体育哲学学科发展历程划分了四个时期。一是孕育期（1980 年以前），这一时期的体育哲学研究专注于体育学领域中的体育思想。二是形成期（1981—1990 年），是体育哲学研究诞生并形成于韩国学界的重要时期，一方面广泛介绍西方体育哲学家的理论，另一方面试图探究韩国体育起源。这一时期有关体育哲学研究的成果为著作 6 部，侧重于体育哲学定义和体育哲学范畴及提炼哲学家理论中相关体育哲学的内容，虽然参照了美、德、日等国研究成果，但却致力于建立韩国体育哲学学科体系。三是成长期（1991—2000 年），体育哲学作为体育学主要领域在韩国确立了自己的牢固地位。韩国许多体育大学将体育哲学作为正式教学科目搬上课堂，1991 年"韩国体育哲学学会"的成立为广大体育哲学领域专业研究者队伍规模提供了决定性的机遇，体育哲学实用性的影响得到了进一步的扩大。这期间出版了 32 部著作以及其他形式的研究成果，一部分是围绕存在论、认识论、价值论、美学等各个领域和东方修行价值及传统武艺哲学性的研究，另一部分是有关东、西方体育哲学比较等各个领域的成果。四是发展期（2001 年以后），社会上刮起的身心健全发展或灵肉和谐发展（Wellbeing）之风，社会对身体与健康、幸福与生存的关心程度普遍提高，要求从哲学的视角重新解读人身体的活动。反映出三方面的特

---

① 于涛．体育哲学研究［M］．北京：北京体育大学出版社，2009：19.

② 金富赞．韩国体育哲学的形成过程及展望［J］．北京体育大学学报，2007（5）：615–617.

点：首先反映了对体育哲学各个领域的研究相对比较均衡，其次是崭露出跨越了当初只引进欧美理论阶段而试图建立本国体育哲学理论体系的端倪，最后是关注美学、东方哲学、社会哲学、教育学、运动哲学、体育哲学等本质探究，关注东西方体育哲学比较。我国也有学者指出体育哲学在"体认"研究上有很多内容可以挖掘，作为"万学之母"的哲学越来越趋向于解释学和还原论的趋势，打破了理性主义和经验主义的平衡，心灵和肉体之间的创造过程被打破，从肉体事态向精神事态的过渡被否定，让身体体验所产生的价值难以输送到实际世界。体育哲学应当不仅是在逻辑学、阐释学和现象学的"真空"内分析，而是将其放在一种生活哲学的"半空"中，对人的身体本真和运动体验进行诠释，去解读"那种近乎宗教的妙趣"。①第 22 届世界哲学大会于 2008 年在韩国首尔召开，此次大会是其创立 108 年后首次到访亚洲，并以"反思当今的哲学"为主题邀请世界哲学研究者认识和了解东方哲学。②

第四，是体育哲学学科建设的原则问题。体育哲学学科建设应遵循理论性、实践性、可行性、动态性、创新性、开放性、宽容性、人文性、中介性、整体性原则。《关于体育哲学研究中的若干问题》（黄捷荣，1988）也集中探讨了体育哲学的学科地位、研究现状与趋势、结构与特性、原则与方法和研究基本方向问题，比较系统地、全景式地对体育哲学研究本身进行了研究。其中明确指出："体育哲学的研究应遵循下列的原则：理论性、实践性、可行性、动态性和创新性。"③《论体育哲学的现代意义与建构原理》（张争鸣，1996）中给出了当代体育哲学的建构原则：一是开放性原则。面对当代人类实践和体育发展，体育哲学要自觉地变革自身、追求创新、不断地以新的内容丰富自己，甚至在新的基础上改变原有的理论形式，从而在生机勃勃的社会体育生活中寻找自己理

---

① 任慧涛. 超级马拉松、圣徒与内在体验：兼论面向未来的体育哲学［J］. 体育与科学，2017（3）：61 – 61.

② 周建东. 国际体育哲学研究的热点与走向——近三届世界哲学大会"体育哲学"专题评介［J］. 成都体育学院学报，2020，46（3）：38 – 45.

③ 黄捷荣. 关于体育哲学研究中的若干问题［J］. 哈尔滨体院学报，1988（1）：8 – 11，27.

论的生长点，要向历史开放、向现实开放、向未来开放。二是宽容性原则。任何哲学也不可能在一种具体的形式中穷尽真理，任何一种具体的哲学理论不可能解决全部的哲学问题，因此不同的哲学理解之间应该达成一种宽容，唯有宽容，才有体育的繁荣和社会的进步。宽容原则是体育观念更新的最重要前提。三是人文性原则。当代体育的发展凸显了人与体育的矛盾，人类的困境与人的未来发展成为哲学思考的重心。体育哲学对象转向了关注作为主体的人及其体育创造活动，以谋求对现时代人类的生存境遇、行为根据、活动价值、生活意义以及前途命运的合理性阐释。哲学的基础转向了以整个人类体育世界为基础，注重关注以理解为标志的现代人文精神。哲学方法转向了"应当怎样"对人的生活理想的价值追寻，其终极之归是人类主体自我意识的自由自觉。四是中介性原则。强调人的行动、情感体验等活动的中介作用，强调语言的中介作用，强调人的理解的中介作用。五是整体性原则。从研究对象角度看，体育哲学考察的对象，是整个人类的体育。从内容结构的角度看，体育是体育要素综合的有机整体。从历史性角度看，体育的整合是一个漫长的过程。从类型划分的角度看，体育是依靠其整体性而拥有个性的。① 此外体育哲学研究者也应当形成一个整体，在《关于体育哲学学科建设的几个问题》（高铭鼎，1988）中详细阐述了体育哲学的地位、价值、研究对象、学科归属、研究现状及未来发展方向，并清晰地给出了体育哲学发展阶段研究内容的六个着重点，指出要加强体育哲学工作者同社会各方面的联系，特别是信息交流。要建立体育哲学工作者同体育运动实践工作者、体育科学工作者的联盟。②

第五，是关于体育哲学学科发展的文化导向问题。《苏联体育哲学社会科学研究动向》（卢先吾，1987）对1986年5月16日—18日召开的全苏体育哲学社会科学问题科学讨论会上针对1981—1985年期间的体育哲学社会科学研究情况进行了传达与分析。提出了苏联对体育运动的哲学社会科学研究包括体育社会学、文化学、美学、伦理学、逻辑方法论、认识论等。

① 张争鸣.论体育哲学的现代意义与建构原理［J］.贵州体育科技，1996（2）：7-11.
② 高铭鼎.关于体育哲学学科建设的几个问题［J］.哈尔滨体院学报，1988（1）：11-14.

指出："体育运动中的文化学问题，属于马克思主义文化理论中研究最少的问题之一，虽然在科学研究中，经常使用'体育文化'一词，却往往只在教育学、心理学或医学生物学方面进行研究，而不从哲学、社会学方面研究。"① 并指出了体育文化学探索的可能空间："体育文化在人的文化体系中的特点与地位；人的体育文化领域的基本结构、形式与种类；体育文化与人的文化的其他领域的相互关系；关于人的体育文化发展水平的标准和实验指标；社会主义社会人的体育文化特征问题"。② 为形成苏联人高度的美学与道德修养，为能够提高体育活动在居民心目中的吸引力，更有机地加入社会主义生活方式的结构中去，认为应加强体育美学和体育伦理学的研究。认为运动美学的一般理论需要"阐述美学要素在运动中的地位与作用、运动中美学与身体机能活动的相互关系、运动与艺术的关系"③。在此基础上，指出分析社会主义条件下体育运动在培养青年美学素养中的作用、社会主义对发展和实现运动的美学价值的影响都是有待研究的重要问题。此外苏联学者认为在体育哲学社会科学研究中，体育运动的认识论和逻辑方法论的研究具有重要意义。需要通过不同学科认识体育运动，确定体育科学的研究对象、认识方法及其在其他学科体系中的地位，努力把对体育运动的认识从实验水平提高到理论水平，努力利用新学科中的新概念、方法、术语来进行体育研究。且需要通过提高研究工作的方法论水平，来解决用一些术语或方法来代替另一种术语或方法的"概念游戏"式的空洞研究问题。主张"必须研究体育哲学社会科学综合理论的问题，即解决体育社会学、美学、伦理学、文化学、认识论、逻辑方法论以及体育运动其他哲学问题研究的相互联系问题。……按照统一的计划，解决统一的任务而对它们进行精确协调配合的研究"④。受后现代社会文化的影响，体育哲学

---

① 卢先吾. 苏联体育哲学社会科学研究动向 [J]. 体育与科学，1987 (6)：13.
② 卢先吾. 苏联体育哲学社会科学研究动向 [J]. 体育与科学，1987 (6)：13.
③ 卢先吾. 苏联体育哲学社会科学研究动向 [J]. 体育与科学，1987 (6)：13.
④ 卢先吾. 苏联体育哲学社会科学研究动向 [J]. 体育与科学，1987 (6)：13.

的关注正逐渐转向人与自身的关系。《后哲学文化演进中的体育哲学——基于理查德·罗蒂哲学思想的探究》（杨韵，2011）基于对美国新实用主义哲学家理查德·罗蒂思想的探究，反思当代体育哲学的价值，运用对西方传统镜式哲学的批判，尝试在体育哲学领域内构建后体育哲学发展路径。①《体育哲学发展的一个重要生长点》（胡建平，1992）一文中阐明："对人类自身生产特点、规律及三种生产（物质生产、精神生产和人类自身生产）相互关系的研究不仅是唯物史观和体育本质论这两个领域共同的生长点，而且可能成为20世纪90年代至21世纪体育与哲学更紧密结盟的纽带和桥梁。"② 认为人类的发展史中需要三次提升：第一次提升是在人与自然界的关系方面，通过使用工具的劳动，把人从动物界提升出来。第二次提升是在人与社会关系方面，通过创造有计划地生产和有计划地分配的有意识的社会生产组织，把人从动物界提升出来。人类在完成第二次提升的过程中还必须同时伴随着第三次提升，第三次提升是在人与自身的关系方面，通过对人类自身的认识和调控、再生产和再创造，把人从动物界提升出来。而体育哲学的研究正是要关注如何从第二次提升向第三次提升迈进，加速人类历史的进程，这将是体育哲学发展的广阔领域和诱人前景。《休闲体育哲学思考》（游俊，刘超，汪鑫，2010）指出休闲体育是一种社会文化现象，是人类社会文明进步的选择，是现代社会人们对文化生活的创新与整合的产物，它倡导走进自然、"天人合一"，实现人的全面自由发展，体现了体育的休闲娱乐本质属性及人们对"真、善、美"的价值追求。人们可以通过休闲体育这一文化载体的交流，实现人与人、人与社会、人与自然的协调发展，促进和谐社会的构建。③

---

① 杨韵. 后哲学文化演进中的体育哲学——基于理查德·罗蒂哲学思想的探究 [J]. 体育科学，2011（7）：92 - 97.

② 胡建平. 体育哲学发展的一个重要生长点 [J]. 哈尔滨体育学院学报，1992（1）：20.

③ 游俊，刘超，汪鑫. 休闲体育哲学思考 [J]. 体育文化导刊，2010（6）：101 - 102，105.

小　结

　　回顾四十载体育理论工作者对体育哲学领域理论与实践问题的探索与争鸣，体育哲学的研究已经在很多层面取得了显著的成绩，为后续的研究夯实了体系基础的同时指示了学科发展的未来进路。

　　第一，有关体育哲学体系的探究是体育哲学学科初构时期的主要工作。早期的体育哲学理论工作者如龙天启、惠蜀、胡晓风、劳帜红、黄捷荣等人都在自己的研究成果中构建了以马克思主义哲学原理为指导和教育哲学基本框架为依托的体育哲学体系，并且指出体系构建的原则和特征，为我国体育哲学研究奠定了良好的架构基础。

　　第二，有关体育哲学代表人物及其思想的研究始终是体育哲学研究的一个重要内容，学者们对具有代表性的中外哲学家关于体育、运动、身体、健康等问题观点和主张进行了详细的介绍和评论，呈现出中西文化中充满智慧和理性光辉的体育思考与认识。

　　第三，对于体育哲学的研究主题是丰富的，但又是具有类的特征的。体育哲学研究的内容不可避免地关涉四类主题，分别是体育的本质、体育的功能、体育的方法、体育的价值。每个主题当中，随着时代、学科发展水平的变化，又呈现出不同的观点、流派，对于这些主题研究的不同立场，也直接影响了对体育哲学的理解。

　　第四，体育哲学学科发展问题是体育哲学学科史研究的价值和意义所在，自现代体育哲学学科取得独立地位以来，其发展的历史、规律、影响因素、前景、趋势就始终是学者们的重要关切，对学科发展规律的探究也主要来自两个方向的努力，其一是借鉴，译介美国、苏联、韩国、日本等国的体育哲学文献，从中得到启示；其二是实践，深入体育运动竞技与教学等领域，从实践中提炼体育哲学能够解释和应当关心的问题，不断开发体育哲学的生长点，使体育哲学的内涵和外延得以丰富与发展。

任何人文社会门类的理论的建构之路和实践的探索历程从来都是无止境的，一代一代的理论工作者总是在填补空白、修正错谬、弥补缺憾、抓取新空间、聚焦新问题的任务循环中思考无休、笔耕不辍，从现有成果看，尚存一些空间将成为我的研究可以尝试突破的地方。

首先，综观现有研究，就整体而言，当前我国体育哲学学科史的研究相对比较薄弱、成果零散、观点缺乏公允性，例如，在学科发展的阶段划分上，由于截取的历史片段不同，划分原则不一致，划分依据缺乏理论支撑，导致所得结论难避臆断之嫌；

其次，统揽我国大陆的体育哲学体系框架，基本上以本体论、价值论、方法论为主要组成部分，有些学者还关注了较为边缘的宗教论、道德论、技术论、体育美学等，而我国台湾地区的体育哲学著作体例较为自由，更多注重体育实践中哲学思考的总结提升；西方由于其文化传统和教育哲学研究范式的影响，更关注认识论、知识论、实践论，并且更为凸显奥林匹克运动专题研究。因而，我国的体育哲学学科体系应该对这些国际化的主题和论域予以更多的关注；

再次，在我国体育哲学学科史的研究中，虽然呈现出了历史梳理的倾向，而学科史不仅仅是要呈现一个相对完整的学科发展历程，更重要的在于还原不同时期学科发展的历史语境，不同学科发展阶段，必然有其自身研究话语的倾向性，既包括研究范畴的倾向性，更涉及研究范式的取向问题，而这在体育哲学研究中尚未被明确化、系统化呈现；

最后，现有研究缺少对体育哲学研究主体——研究者的关注，在学科史的研究中，在体育哲学学科体系的建构工作中，理论工作者的主观因素不容忽视，因为他们是理解体育和体育哲学的自然立场，他们的学习和研究方向，甚至是个体经历（科研的、教学的、生活的）既是他们认知的基础，又是他们认识能力的规定性所在。此外不同阶段的研究者对于学科自身发展的贡献也理应被予以公正的评价，而这一部分是我国现有体育哲学研究中最被忽略的部分。

第三章

时间之维——我国体育哲学研究历程四十载

体育哲学的出现是哲学与体育相互渗透结成"联盟"的必然产物，受到时代、制度、研究者的观念、方法论差异的影响，体育哲学的学科发展具有时代和地域的差异性。从世界范围来看，体育哲学的产生大约始于20世纪20年代，在我国，1981年沈阳体院发起、组织召开的全国体院"体育辩证法"研讨会是我国系统化、有组织地正式开展体育哲学研究的开端，自此，体育哲学研究活动迅速在一些体育院校开展起来，并逐渐涌向全国，1984年在福建泉州召开的全国体育哲学讨论会是我国体育哲学研究在全国范围内展开的标志。①

第一节 体系初构——1980—1992

体育哲学是在我国现代科学中出现的一门新兴学科，它起初在名称上有"体育辩证法"和"体育哲学"的分歧，但是出于国家体育发展战略规划和中国体育科学学会的提法统一性的考虑，加之出于便于国际交流的考虑，决定叫"体育哲学"是可行的②。一门学科建立阶段的主要任务是：在实践提出需要的前提下，借鉴其他学科经验，总结已经积累起来的思想理论材料，

---

① 高铭鼎．关于体育哲学学科建设的几个问题［J］．哈尔滨体院学报，1988（1）：13.
② 哈尔滨体育学院科研处．体育哲学［M］．哈尔滨：哈尔滨体育学院科研处，1986：2.

确立学科的研究对象、研究方法，建立学科理论体系研究框架。①

一、我国体育哲学学科初步构建的尝试

（一）国内一些体育院校开始开设体育哲学研究生课程

在八所体育学院联合编写的《体育哲学》（见图3.1）教材的序言中，胡晓风先生写道："编者约我写序，我乐于接受任务，因为我早就盼望着这个学科的建立，盼望着这门学科教材的出版。1980年5月，我呼吁建立体育科学体系时就表达过这个愿望。1981年5月在全国教育厅局体育干部训练班以及同年12月全国体育科学理论学会年会上连续两次讲到这件事。"② 基本主张是"当前急需建立一门像《体育哲学》这样的学科，运用辩证唯物主义和历史唯物主义的立场、观点和方法去研究体育工作的各个方面和体育理论的各个方面。……这门学科的

图3.1 《体育哲学》封面

建立，将会造成一个崭新的局面，促进体育理论充满朝气地向前发展。"③ 在《体育的整体观——再谈关于体育科学体系的若干问题》（该文为胡晓风同志1980年6月4日在成都体院举办的西南地区体委干部第一期培训班的讲课记录）一文中，谈及体育科学的体系和层次问题时，胡晓风同志明确指出："当前急需建立的两门共同学科，这就是体育哲学和体育情报学。"④ 其实，对于

---

① 高铭鼎.关于体育哲学学科建设的几个问题［J］.哈尔滨体院学报，1988（1）：13.
② 胡晓风.《体育哲学》序言［J］.哈尔滨体育学院学报，1986（3）：1.
③ 胡晓风.《体育哲学》序言［J］.哈尔滨体育学院学报，1986（3）：1.
④ 胡晓风.体育的整体观——再谈关于体育科学体系的若干问题［J］.成都体院学报，1981（2）：8.

体育哲学研究的关注和体育哲学体系建立的呼吁在 20 世纪 80 年代的一些学者中是存在默契的，在成都体院学报 1981 年的一份《来稿综述》（小明，1981.7）中有这样一段记述："本刊先后收到一些有关体育史及体育科学理论方面的稿件，表明不少有志之士正在为丰富和发展体育科学理论、建立体育新学科而发奋努力，展开了边缘性、交叉型的立体式研究。"① "邓廷良（重庆）、惠蜀同志在《体育哲学概论》一文中，用哲学的方法对体育展开了比较全面的横向和纵向的研究。"② 我国最早公开正式发表的对体育哲学研究内容进行较为系统研究和梳理的文献是由古月③撰写的《体育哲学浅介》④。文中介绍："以体育科学的哲学问题为内容建立体育哲学学科还是近几年的事……在国内，一些体育院校的哲学工作者和体育理论工作者，在唯物辩证法的思想指导下，正研究这一方面的问题。有的体育学院已为研究生开设了"体育辩证法"的课程。"⑤ 体育哲学最初被命名为"体育辩证法"的情况，也在惠蜀撰写的《关于体育哲学的一些问题》一文中也有所印证："体育哲学（或称'体育辩证法'）在我国是近两年才开始出现的新学科。"⑥

当时，由沈阳体院发起的，集合哈尔滨、天津、中国人民解放军、上海、西安、广州、吉林等多地体育学院研究之力，共同编撰了我国第一部成型的《体育哲学》著作，全书共 15 部分，第一部分是绪论，主体部分共 14 章，结构如图 3.2⑦：

---

① 小明．来稿综述［J］．成都体院学报，1981（7）：32.
② 小明．来稿综述［J］．成都体院学报，1981（7）：33.
③ 笔者注：经由我的博士后导师、东北师范大学体育学院院长张守伟教授帮助多方求证，古月即胡晓风老师曾用的笔名。
④ 古月．体育哲学浅介［J］．成都体育学院学报，1982（10）.
⑤ 古月．体育哲学浅介［J］．成都体育学院学报，1982（10）：13.
⑥ 惠蜀．关于体育哲学的一些问题［J］．成都体院学报，1985（12）：3－4.
⑦ 伊朱边．《体育哲学》简介［J］．哈尔滨体育学院学报，1986（3）：2.

《体育哲学》教材框架

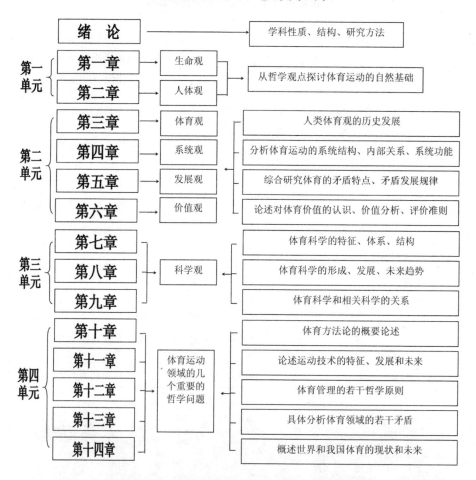

图 3.2 八所体育学院联合编著《体育哲学》框架

除了颇具代表性的全国八所体育院校联合编写的这部《体育哲学》，我国的体育哲学理论研究者们还取得了一些标志性的成果，也被用于体育哲学研究和教学之中（表 3.1、图 3.3）。

表 3.1 体系初构时期大陆体育哲学代表性著作

出版时间	作者	书名	出版社
1982.7	龙天启，李献祥	体育哲学（初稿）	北京：北京体育学院自然辩证法教研组（内部出版）
1986.7	沈阳、哈尔滨、天津、中国人民解放军、上海、西安、吉林、广州八所体育学院编著	体育哲学	哈尔滨体育学院科研处
1987.1	龙天启	体育哲学导论	北京：北京体育学院出版社
1987	龙天启，李献祥	体育哲学	北京：北京体育学院出版社
1988.9	黄捷荣	体育哲学	沈阳：沈阳出版社
1989.6	龙天启	体育哲学基础	北京：北京体育学院出版社
1990.9	周志武，宋子英，朱鲁路	体育哲学纵横谈	北京：人民体育出版社
1992.4	刘仁东、刘志敏、金宝玉编著	体育哲学研究	大连：大连理工大学出版社
1992.8	惠蜀	体育哲学	成都：四川教育出版社

图 3.3　初构时期体育哲学代表性著作封面

（二）体育哲学内容体系初步架构

体育哲学所涉及的内容十分广泛，有当前的，又有历史的；有自然科学，又有社会科学；包含认识论，又包含方法论。① 因而可以通过对体育哲学学科性质的定位，来进一步确定体育哲学的概念及研究对象。首先为体育哲学进行学科归属的划界，认为哲学（理论哲学）是科学理论层次系统中的最高层；具体科学是低级层次的；二者之间存在一个中介层次——应用哲学。"体育哲学作为应用哲学的一个门类，既不是理论哲学，也不是一门具体的体育学科，

---

① 古月. 体育哲学浅介［J］. 成都体育学院学报, 1982（10）: 13.

而是理论哲学同体育运动实践、同体育科学学科群的中介，是哲学同体育运动和体育科学联系的桥梁。"① 基于这一学科界限的划分，进一步为体育哲学定义："体育哲学是理论哲学在体育领域（包括体育科学）中的应用科学，是关于唯物辩证法普遍规律在体育领域（包括体育科学）中内在表现的科学，是关于体育运动和体育科学认识论、方法论问题的科学。"② 因此，其研究对象包括两大方面内容：一是"哲学普遍规律在体育领域中的内在表现"；二是"体育领域中的认识论与方法论问题"。③

有研究认为体育哲学由哲学观、历史观、生命观、价值观、整体观、方法论几个核心部分组成，其中，体育的哲学观是指"用来观察体育和体育科学的哲学观点，即对体育整个发展过程的各个环节以及各个环节之间的相互关系进行评价时所持的哲学观点"。体育的历史观是指"体育科学体系和体育学说、体育思想的历史演变"。体育的生命观是指"运动对生命的作用及其规律，体育科学在人体科学中的地位和作用"。体育的价值观是指"把体育作为一个社会现象，作为一个发展过程，研究体育和体育科学的性质、规律及其在社会发展中的地位和作用"。体育的整体观是指"把体育科学作为人类认识的现象，从整体上研究它自身的矛盾运动、科学分类、体系结构及其发展趋势"。体育的方法论是指"哲学研究的方法，主要是抽象思维和理论概括在体育科学中的广泛运用"。④

学者劳帜红在《试论体育哲学的体系》中，概括了体育哲学体系初构阶段的两个具有代表性的体系架构类型（如表3.2），并指出完善和发展体育哲学体系结构时要坚持两点要求：首先，不能受原哲学教科书体系结构的影响，要努力突破"原理 + 材料"的机械模式；其次，要体现出"体育"与"哲学"的有机统一，即要从哲学层次上反映出体育的本身特征，能面向体现体

① 高铭鼎. 关于体育哲学学科建设的几个问题 [J]. 哈尔滨体院学报，1988（1）：12.
② 高铭鼎. 关于体育哲学学科建设的几个问题 [J]. 哈尔滨体院学报，1988（1）：12.
③ 高铭鼎. 关于体育哲学学科建设的几个问题 [J]. 哈尔滨体院学报，1988（1）：12.
④ 古月. 体育哲学浅介 [J]. 成都体育学院学报，1982（10）：14.

育的现代化和未来的要求。从而使体育哲学在学科群中以新姿态出现，既有强大的生命力又具有自身的完美性。① 并指出要做到这样，就需要两个"坚持"：一是坚持马克思主义哲学的指导；二是要坚持结合体育实际。体现出体育哲学体系的动态性、系统性、严密性、开放性②，要把动态性的考察和系统性的分析相结合，形成《体育哲学》体系的骨架，要以具有严密性的概念的、逻辑的形式反映物质世界的体育这个领域并以各个具体体育学科为基础且反向提供给他们一般性的指导，要以体系的开放性满足体育的社会化、现代化和国际化的需要。

表3.2 两个代表性体系架构类型的比较

类 型③	特 点	内 容	评 价
以"辩证法"为蓝本的体系结构	1. 以辩证法原理为提纲； 2. 哲学原理和体育材料联系紧密	哲学原理 + 体育例证	1. 系统分析了哲学在体育运动与体育科学中的具体运用； 2. 把体育辩证法等同于体育哲学，没有彻底突破其机械而简单的格局
以我国八所体院合编的《体育哲学》为主的体系结构	1. 力求突破"原理 + 材料"的格式； 2. 整体是一个大体系，下设各章又自成小体系	大体系 + 小体系	1. 研究体育运动和体育科学中的哲学问题； 2. 整个体系不够"严紧"，主线不够突出（明朗）、内容比较庞杂

学者韩丹在随后发表的《体育哲学与体育的宏观研究》一文中也谈论了

---

① 劳帜红. 试论体育哲学的体系 [J]. 广州体院学报, 1987 (2): 70.
② 劳帜红. 试论体育哲学的体系 [J]. 广州体院学报, 1987 (2): 72 - 73.
③ 劳帜红. 试论体育哲学的体系 [J]. 广州体院学报, 1987 (2): 71.

同一个问题，认为体育哲学是把马克思主义哲学原理及其在当代的发展同体育科学的理性认识结合、融合在一起，经过辩证思维的整合加工而形成的一门新的体育科学学科，是我国哲学工作者在运用体育运动的事例来注释马克思主义哲学原理（包括概念、规律和范畴）的基础上的一个飞跃性的发展，它不再是对哲学原理的注解和例证，而是运用哲学原理提供的理论和方法，按体育运动本身自由的逻辑进行探索与研究，然后再以体育自己的科学体系表现出来。①并且指出体育哲学的研究有两种方式：一种是演绎的方式——"在选定研究课题时就有计划地按照体育的自身逻辑，选题研究，直接获得有系统的体系性的哲学成果"②；另一种是归纳的方式——"对体育和运动的全部或大量的科学认识的成果进行综合、分析的辩证思维，抽绎出高级的抽象概括，上升到哲学高度，形成整个体系的一个因素或部分，再把这些部分按体育自身的逻辑进行整合，形成自己的哲学体系，构建成体育哲学"③。

（三）体育哲学方向的学术会议平台的初步搭建

国际上第一次专门讨论体育哲学的学术会议是 1972 年 2 月 10 日—12 日在美国纽约州的布洛克泡特举行的"体育哲学讨论会"。1972 年 5 月在加拿大温泽也举行了加拿大的体育哲学讨论会。这两次会议为成立体育哲学的国际学术组织做了必要的准备。④

中国体育科学学会、体育科学理论学会于 1981 年 12 月在成都举行了"一九八一年年会"，会上报告了体育理论、体育史等方向的学术论文。⑤1984 年，在全国体育概论学术讨论会的体育哲学的分组讨论中，就体育的本质、体育的社会化、体育的特点等问题进行了探讨，龙天启对讨论产生的认识进行了详细整理。首先，讨论了关于当代新技术革命与体育的现代化与科

---

①　韩丹. 体育哲学与体育的宏观研究 ［J］. 哈尔滨体院学报，1988（1）：4.

②　韩丹. 体育哲学与体育的宏观研究 ［J］. 哈尔滨体院学报，1988（1）：4.

③　韩丹. 体育哲学与体育的宏观研究 ［J］. 哈尔滨体院学报，1988（1）：4.

④　任海. 体育哲学在北美的发展简况 ［J］. 体育科学，1990（3）：89.

⑤　中国体育科学学会历年学术交流活动 ［EB/OL］. 中国体育科学学会官方网站. ［2016 - 03 - 20］.

学化问题，认为体育现代化的关键是实现科学化，新技术革命提出"系统论""信息论""控制论"，这"三论"进入体育科学技术领域是历史的必然，体育科学研究中必须重视在定性基础上的定量化问题；其次，讨论了关于体育哲学在体育科学化进程中的地位和作用问题，指出体育现代化、科学化的根本指导思想是马克思主义哲学，而且哲学不仅是对体育现象或关系做出一般的解释，更要开拓与启迪体育的科学化的思维方式、认识能力和视野；最后，讨论了关于体育哲学学科理论问题的研究和一些其他问题，例如，体育哲学的研究对象、体育的本质及竞技娱乐等概念，体育科学的系统、层次、结构以及体育运动的整体观、人体观等问题。① 这次会议检阅了关于体育哲学的新近研究成果，昭示体育哲学这一研究领域有广阔的前途，也预示着一个新兴的体育社会科学学科群正随形势的发展应运而生，完善和充实现代体育科学体系。②

1985 年 7 月 31 日—8 月 6 日，体育科学理论学会在福建永安召开了首届全国体育哲学社会科学学术报告会，与会学者和科研工作者从体育哲学、体育经济学等学科领域对我国体育的发展模式、人才培养、训练工作改革、体育事业管理等方面提出了一些新观点、新见解，对我国体育在宏观决策和发展战略方面有一定的参考价值。③

1987 年 8 月 6 日—12 日，由体育科学理论学会主办的全国体育哲学、美学、伦理学、经济学学术讨论会在湖南桑植召开，会议代表 60 余名，体育哲学组、体育美学组、体育伦理学组、体育经济学组围绕各自的中心议题进行了积极而有成效的探讨，极大促进了体育学科的发展。④

---

① 龙天启. 体育的科学化与体育哲学——1984 年体育哲学学术讨论会综述［J］. 体育科学，1985（1）：86 – 89.

② 龙天启. 体育的科学化与体育哲学——1984 年体育哲学学术讨论会综述［J］. 体育科学，1985（1）：86 – 89.

③ 中国体育科学学会历年学术交流活动［EB/OL］. 中国体育科学学会官方网站.［2016 – 03 – 20］.

④ 中国体育科学学会历年学术交流活动［EB/OL］. 中国体育科学学会官方网站.［2016 – 03 – 20］.

　　1988 年 11 月下旬，中国体育科学理论学会在广西南宁市举行了"社会主义初级阶段体育与改革"论文报告会，参加会议的有论文作者 66 人，包括在体育哲学、体育社会学、体育管理学、体育经济学、体育法学、体育伦理学、比较体育学等诸多学科上的专业工作者和多年从事体育行政领导的实际工作者。青年体育理论工作者占了较大的比例。①

　　1992 年 10 月，体育社会科学分会在广州举办了"体育哲学研讨会"②。为了在体育领域里贯彻好十四大的精神③，1992 年 12 月 8 日，中国体育科学学会召开由有关专家、学者参加的"社会主义市场经济与体育"座谈会，从理论和实践两方面对社会主义市场经济理论指导下的体育工作进行了探讨，体育社会科学分会的张岩、田雨普等参加了此次会议，并做了重要发言。④

二、体系初构阶段的学科发展特征

（一）以体育中最基本、最实际的理论与实践问题为主要研究对象

　　邓廷良、惠蜀同志在《体育哲学概论》一文中说，"人类为适应生存和发展的需要，在改造自身（包括精神及物质载体——身体）的过程中，创造出体育这种有意识有组织的特殊实践活动。体育哲学要研究这种改造自身的观念和诸种复杂社会因素之间相互关系的规律性。对于体育的起源、目的、性质、任务、对象等问题，也只有从哲学的意义来理解才最为规范。"⑤ 文章从

---

① 中国体育科学学会历年学术交流活动［EB/OL］．中国体育科学学会官方网站．［2016 - 03 - 20］．

② 中国体育科学学会历年学术交流活动［EB/OL］．中国体育科学学会官方网站．［2016 - 03 - 20］．

③ 为总结十一届三中全会以来 14 年的实践经验，确定今后一个时期的战略部署，加快改革开放步伐，把经济建设搞上去，中国共产党十四届一中全会于 1992 年 10 月 19 日在北京举行。全会选举出新一届中央领导机构及其成员。会议提出"加速科技进步，大力发展教育，充分发挥知识分子的作用"。

④ 中国体育科学学会历年学术交流活动［EB/OL］．中国体育科学学会官方网站．［2016 - 03 - 20］．

⑤ 小明．来稿综述［J］．成都体院学报，1981（7）：33．

体育思想几千年来的纵向发展变化过程中归纳出从强身、养生到健身的体育目的思想谱系的变化，认为："强身的哲学基础是生存发展，养生的哲学基础是对人生存价值的初步认识，而健身则建筑在对人的根本价值客观认识的基础上。"① 指出："体育思想的发展与各历史时期的哲学思潮有直接联系，真正严格在科学意义上的体育，只有当人不再是战争与生产的工具，自获得固有权利而彻底解放后，才有建立完善体系的基础"②。因此可以说，在体系初构阶段，体育哲学的重要任务是回应体育的起源、目的、性质、任务、对象、观念、价值、规律等最基本、最实际的问题。

除了基本内涵的明晰之外，还不断拓展体育哲学研究范畴的外延。根据1985 年 7 月在福建省永安市召开的首届全国体育哲学社会科学学术报告会的综述材料③记载，当年对于体育哲学学科讨论的热点问题是：关于我国体育事业发展模式问题、体育与经济的关系问题、体育的社会化问题、竞技运动发展速度的规律性问题、竞技运动发展的战略布局问题、体育科技发展问题、新型体育人才培养问题。其中在龙天启先生起草的《体育哲学》学科研讨综述中，凸显两大关键词，至今仍具有现实意义：其一是"体育社会化"。提出"体育社会化"的含义是"体育社会化主要是依靠社会办体育，实现体育投资的多元化；体育设施向社会开放；体育的功能和价值得到充分表现，人们对体育的认识大大提高；体育渗透到社会广大成员的生活中去，成为社会生活不可缺少的组成部分"④。"体育社会化"的意义与作用是"社会化为体育的终身化创造了条件，有利于扩大体育人口；社会化将推动体育向多渠道、多层次发展；社会化将促进体育运动的科学化"⑤。其二是"创新与改革"，其

---

① 小明 . 来稿综述［J］. 成都体院学报，1981（7）：33.
② 小明 . 来稿综述［J］. 成都体院学报，1981（7）：33.
③ 龙天启，等 . 1985 年全国体育哲学社会科学学术报告会综述［J］. 体育科学，1986（3）：18.
④ 龙天启，等 . 1985 年全国体育哲学社会科学学术报告会综述［J］. 体育科学，1986（3）：18.
⑤ 龙天启，等 . 1985 年全国体育哲学社会科学学术报告会综述［J］. 体育科学，1986（3）：18.

中涉及"战略新""知识新""人才新""方案改"四个方面的具体内容。"战略新"是指"发展战略要具有经济、社会、科技'三位一体'的全方位指导思想，做到历史比较研究与国情相结合"；"知识新"是指"更新高等体育院校教育工作人员的知识结构，认为应该分为两大部分，一是核心知识，包括高等教育理论、体育理论、专业理论、业务知识、教学研究方法和技能等，二是辅助性知识，包括文化科学知识、基础知识、语言工具等"。且要根据实际需求，合理调配组合；"人才新"是指"需要培养出有战略眼光，思路开阔，勇于创新，并具有一定组织能力的'创新型'人才"，这种新型体育人才培养标准应该分两种，"一种是体育科技、教学（练）及管理人才，应以智能型为特征进行培养，运动技术不必要求太高。另一种是培养高水平运动员的技能型，以掌握技术为主"；"方案改"具体是改革高等体育院校或者体育系科的人才培养方案，具体建议是"招生先不分本科，新生一律学习专科课程。第三学期选拔，成绩差者第四学期后按专科毕业分配。成绩优者进入本科学习。其中适合专项教练者进运动系，适合高校师资者入体育系，有的还可进体育管理专业、体育新闻专业学习。"；且主张"减少'近亲繁殖'"，认为其弊端颇多，不利于新型体育人才的培养，主张"一定要把'封闭式'的培养方法改变为'开放式'，加强各单位、各学科之间的交流和渗透"。①

　　高铭鼎在《关于体育哲学学科建设的几个问题》一文中，讨论了体育哲学的产生及应用马克思主义哲学研究体育哲学的理论适切性问题；厘清了体育哲学的学科性质和门类归属，认为是介于理论哲学和具体的体育科学学科群之间的应用哲学；划定了体育哲学的研究对象和核心问题域，认为既包括普遍规律在体育领域的内在表征，也包括体育领域中的认识论和方法论。② 此外，还运用唯物辩证法的思维和逻辑，对体育科学中一些综合性学科或课程，如体育概论、体育社会学，以及其与体育哲学之间的关系进行了阐释，认为

---

① 龙天启，等.1985 年全国体育哲学社会科学学术报告会综述［J］.体育科学，1986（3）：20.
② 高铭鼎.关于体育哲学学科建设的几个问题［J］.哈尔滨体院学报，1988（1）：12.

体育概论基本上是各体育学科一些基本理论或观点的汇总，目的是使人们对体育运动和体育科学有一个总括的了解和基本的认识；体育社会学是从体育运动同各种社会生活现象之间的具体关系出发研究体育与社会、与人体自身相互作用规律的，不涉及体育运动的自然属性方面，更不包括从本体论、认识论、方法论等哲学视角对体育的思考。① 此外，还探讨了体育哲学的研究现状和未来发展方向问题。这些都是体育哲学学科所应关注的最基本的、最关键的几方面问题。

这一时期，《体育科学》《体育论坛》、各体育学院学报、各省体育科学学会学报以及其他报刊，发表了100多篇关于体育哲学的文章，具体课题包括：体育改革研究、初级阶段的体育、体育价值观、体育文化、我国传统体育观、系统科学（包括系统论、信息论、控制论、耗散结构论、协同论等）在体育的运用研究、体育哲学的范畴或基本概念、体育哲学的功能和学科位置、中国特色的体育研究等。②

基于以上研究成果，可见我国体育哲学工作者在学科体系初构阶段，已然明确提出了体育学科知识结构框架，并基于经验初步区分了学科的核心知识和拓展知识；明确提出学术型和应用型人才分类培养的主张；针对体育人才培养的实际情况，结合现代科技发展形势要求，大胆提出学科交叉与融合发展的思路。这些具有创造性的观点和主张至今仍然具有强大的理论力量，仍然指导着当今的体育实践。

（二）以马克思主义哲学观和方法论为指导思想建构体系框架

马克思主义哲学是现代时代精神的最科学、最进步的精华，"是从有哲学以来最高水平的科学的成就，是人类思维科学发展的最高水平的结晶""坚持马克思、列宁主义、毛泽东思想，最根本的就是要坚持马克思主义的哲学原理"③，马克思主义哲学原理中，具有决定意义的是唯物辩证法。"在新技术

① 高铭鼎. 关于体育哲学学科建设的几个问题 [J]. 哈尔滨体院学报，1988（1）：13.
② 韩丹. 在满足社会需要中发展体育哲学 [J]. 体育与科学，1992（3）：8.
③ 韩丹. 体育哲学与体育的宏观研究 [J]. 哈尔滨体院学报，1988（1）：3-8.

革命蓬勃开展的形势下，加强唯物辩证法的方法论研究，充分发挥唯物辩证法对实践和各个科学认识的指导作用，是当代马克思主义哲学工作者面临的时代责任。"① 唯物辩证法同实践、同各种具体科学结合，使历史哲学、经济哲学、教育哲学、管理哲学、军事哲学等一系列应用哲学应运而生。其中"体育哲学"也是一个重要的门类，我国的体育哲学是"唯物辩证法深入体育运动实践和体育科学实践的产物"②，是在马克思主义理论武装和指导下对体育的科学的理性认识，总的研究方法是辩证唯物主义和历史唯物主义。中国体育科学学会常务理事胡晓风在《体育哲学》序言中说："必须坚持以马克思主义的基本原理为前提，即要运用辩证唯物主义和历史唯物主义指导我们的体育理论。……体育哲学就是用马克思主义的哲学指导体育科学，有了明确的指导思想，体育科学的其他方面就好办了。"③ 这既是马克思主义哲学发展的必然结果，也是体育运动实践和体育科学实践发展的客观要求。④

20 世纪 80 年代学者们的一个共识就是体育哲学就是应用马克思主义哲学于体育实践和理论的科学，是马克思主义哲学通向体育科学的"中介"⑤。因而体育哲学当然而且必须以马克思主义哲学来指导。但是演绎非移植，指导也不是代替，辩证法的全部生命力只能根植于客观事物之中。例如，在谈及体育与经济的关系时，一个共识性的认识就是主张"我国体育事业的发展必须与国家经济发展水平相适应，受经济发展状况的制约，不能认为整个体育事业可以超越社会经济发展水平"⑥。这是马克思经济学理论和哲学思想在体育研究中的应用，揭示了体育与经济发展的作用规律，且积极运用辩证思维指出："有的国家虽然经济发展水平不高，但个别项目水平却很高（如巴西足

---

① 高铭鼎.关于体育哲学学科建设的几个问题［J］.哈尔滨体院学报，1988（1）：11.
② 高铭鼎.关于体育哲学学科建设的几个问题［J］.哈尔滨体院学报，1988（1）：11.
③ 胡晓风.《体育哲学》序言［J］.哈尔滨体育学院学报，1986（3）：1.
④ 高铭鼎.关于体育哲学学科建设的几个问题［J］.哈尔滨体院学报，1988（1）：11.
⑤ 黄捷荣.关于体育哲学研究中的若干问题［J］.哈尔滨体院学报，1988（1）：8.
⑥ 龙天启，等.1985 年全国体育哲学社会科学学术报告会综述［J］.体育科学，1986（3）：19.

球），这不能认为是'超越'了他们国家的经济水平，因为某个项目具有高水平是多种因素造成的，是多因素综合作用的结果，不能代表整个国家体育事业发展的水平"①。这是历史地、辩证地看待问题的方式的体现。在论述体育科技发展问题方面，也有学者"运用辩证唯物主义观点，分析了体育科技发展的内外部条件及其矛盾运动的规律，指出体育科学具有实践性、系统性、历史性与多样性等特点"②，也凸显了马克思哲学的理论特征。相对而言，具体的方法则又应是多样的，多形式和多途径的，可以根据研究的问题而有不同的侧重，但在这些方法中，有一个基本的和贯穿始终的方法，这就是逻辑和历史相统一的方法。因为此方法不仅是任何一门比较完整的科学理论的基本特征，而且体现了事物的发展过程和这种过程在认识上的反映相统一关系，符合体育哲学的研究特点和研究目的。③

马克思主义哲学是指导我们研究体育哲学的基础理论，但我们要警惕教条化、僵化地理解和运用马克思主义哲学。要深刻认识到马克思主义哲学之所以具有强大的生命力，除了原创理论的伟大价值之外，当代马克思主义者们对理论的发展和创造性实践也是贡献卓著，因此我们需要在坚持马克思主义哲学唯物论、辩证法、认识论、唯物史观的前提下，大胆解放思想、勇于探索创新，构建具有中国特色的体育哲学理论体系。

（三）研究方法以形而上学式的逻辑思辨为主

体育哲学的研究应采用何种方法是个至关重要的问题，它涉及能否准确全面地反映体育哲学的研究方向和研究内容以及研究的速度、效益和避免少走弯路的问题。在国外，从 20 世纪 20 年代美国学者埃尔默·伯尔尼的《体育运动的哲学》，到 70 年代日本学者阿部忍的《体育哲学》，都受到体育哲学学科自身处于不成熟状态的制约，在方法上的论述较为松散，牵涉面宽，哲

---

① 龙天启，等.1985 年全国体育哲学社会科学学术报告会综述［J］.体育科学，1986（3）：19.
② 龙天启，等.1985 年全国体育哲学社会科学学术报告会综述［J］.体育科学，1986（3）：19.
③ 惠蜀.关于体育哲学的一些问题［J］.成都体院学报，1985（12）：6.

学味道不够，故不大可取①。因而我们更需要走自己的研究道路，用自己的方法来研究体育哲学。在我国，体育哲学的研究起步较晚，且缺乏较为成熟的体育哲学专著，在方法上也还处于摸索阶段。总体上看，这一阶段指导我国体育哲学研究的基本原理是马克思主义哲学原理，它是非常抽象、非常一般的科学理论，以高度抽象的哲学概念或范畴来表达物质和精神、主体和客体的相互关系，从物质世界内部诸因素、诸过程的整体、统一的本质联系之中探求事物的矛盾发展规律，通过认识事物以改造事物。②因而体育哲学与体育原理、体育概论等相关学科相比而言，更注重以比较抽象的思维方式进行研究和表达③。

体育作为存在了几千年的社会现象，要对其进行全面而科学的认识，亦即体育科学的研究要有所突破，就需要站在学科之"外"、之"上"来研究，需要把与之相关的社会、经济、技术的发展和辩证法的哲学思考交融在一起，进行理论上的研究和发展。④哲学辩证法的思维方式作为在哲学社会科学领域内具有普遍适用性和广泛解释力的方法，是研究体育哲学的一个核心方法。亦即所谓的体育哲学研究是体育中的"极度的抽象"⑤。

把体育哲学作为一门对体育的发生、发展进行认识论的研究的学科来看，就是要按照逻辑思辨的方法来研究体育哲学，亦即要求我们将历史和逻辑相结合。首先，应力求详尽地占有有关体育（尤其是体育史）的材料，全面掌握和了解体育的发展状况和过程，分析其各种发展形式，探寻这些形式的内在联系，历史的生命力通过这些探索会被观念性地反映出来，一个先验的结构就此呈现在我们面前了。因此，材料是逻辑的研究基础，是获得正确的有关本质和规律的理性认识的保障。接下来就需要运用逻辑对历史资料进行"修正"，即通过归纳和演绎、分析和综合、抽象与具体等逻辑的基本方法，

① 惠蜀. 关于体育哲学的一些问题［J］. 成都体院学报，1985（12）：6.
② 韩丹. 体育哲学与体育的宏观研究［J］. 哈尔滨体院学报，1988（1）：4.
③ 韩丹. 体育哲学与体育的宏观研究［J］. 哈尔滨体院学报，1988（1）：6.
④ 惠蜀. 关于体育哲学的一些问题［J］. 成都体院学报，1985（12）：4.
⑤ 惠蜀. 关于体育哲学的一些问题［J］. 成都体院学报，1985（12）：5.

以概念、判断、推理的形式再现体育的客观过程，从大量的体育事件、事例、偶然因素、复杂现象中发现其主流的、本质的、必然的因素、矛盾、规律。通过"体育逻辑起点——由概念范畴形成的体育结构——体育的本质规律——体育的地位、价值、作用"① 这样一些形式上的"先验结构"来达到理性的升华和抽象基础上的具体，从而实现对体育哲学的整体把握，实现其意义与价值。

（四）体育哲学学科的学术组织和团体初步形成

国际上，最早与体育哲学有关的学术团体"历史与哲学学组"是1959年美国健康、体育、娱乐协会（AAHPER）设立的。到1972年，加拿大的健康、体育、娱乐协会（CAHPER）设立了"体育哲学委员会"。1972年12月28日，在美国波士顿以美加学者为主体成立了"体育研究哲学学会"，首任主席是美国的保尔·威斯。到20世纪80年代中期，有15个国家的150多人参加了该会。该会从1974年起，出版《体育哲学杂志》，这是世界上第一个完全用于发表体育哲学研究成果的刊物。②

我国体育哲学是在十一届三中全会以后，随着我国社会体制的全面改革的形势和体育事业发展的需要而成长起来的。1981年夏，由沈阳体院发起，邀请全国十所体院举行了"首届体育辩证法学术讨论会"，是我国体育哲学研究开端的标志③。自此，体育哲学研究活动迅速在一些体育院校开展起来，并逐渐涌向全国。1982年8月，又在西安体院召开了第二届学术讨论会，全面研究了体育辩证法同体育哲学的关系、学科性质、体系结构和研究课题等问题。④ 1984年在福建泉州召开的"全国体育哲学讨论会"是我国体育哲学研究在全国范围内展开的标志。⑤

经过几年的教学和科学研究的实践与探讨，1985年夏，沈阳体院向全国

---

① 惠蜀. 关于体育哲学的一些问题［J］. 成都体院学报，1985（12）：7.

② 任海. 体育哲学在北美的发展简况［J］. 体育科学，1990（3）：89.

③ 高铭鼎. 关于体育哲学学科建设的几个问题［J］. 哈尔滨体院学报，1988（1）：13.

④ 伊朱边.《体育哲学》简介［J］. 哈尔滨体育学院学报，1986（3）：2.

⑤ 高铭鼎. 关于体育哲学学科建设的几个问题［J］. 哈尔滨体院学报，1988（1）：13.

体院发函提出应当编写一部新的《体育哲学》教材的倡议，得到了哈尔滨、天津、中国人民解放军、上海、西安、广州和吉林等体院的响应。1985 年 10 月，在沈阳集合，研究了教材的编写要求与任务分工。1986 年 4 月，在广州中国人民解放军体院进行了教材初稿的集体研究，逐章提出了修改意见，并推定由沈阳体院黄捷荣、哈尔滨体院韩丹、天津体院高铭鼎最后进行全书的核稿工作。于 1986 年 6 月末，在哈尔滨全部定稿，由哈尔滨体院出版。①同样是在 1985 年，在黄捷荣教授主持下辽宁省自然辩证法研究会体育辩证法专业委员会成立了。受辽宁省体育辩证法专业委员会的委托，1987 年由刘仁东同志组织成立了大连市自然辩证法研究会大连市（辽南片）体育哲学研究会。并出版《体育哲学研究》② 一书，将 1985 年以来研究会学者们在省级和全国各级学术会议上入选的论文、省级和国家级刊物上发表的论文进行汇编，研究涉及马克思主义哲学、社会学、教育学、心理学、管理学、行为科学、系统科学和思维科学等学科，包含了体育运动的本质、体育文化、体育科学方法论、体育哲学的应用多维度的内容。这些成果意味着，一支老中青结合的研究梯队已然建立，"形成一支以体育院校马克思主义哲学理论队伍为骨干的体育哲学理论研究队伍，这是最宝贵的"③。

第二节　学科系统化——1992—2008

当体育哲学研究完成了体系初构，亦即学科雏形已然建立起来之后，进入了进一步发展阶段，这一阶段的任务是：继续完成与完善体系初构阶段的任务，丰富发展学科内容，提高与深化理论内涵，回答体育运动实践和体育

---

① 伊朱边. 《体育哲学》简介［J］. 哈尔滨体育学院学报，1986（3）：2.

② 刘仁东，刘志敏，金宝玉. 体育哲学研究［M］. 大连：大连理工大学出版社，1992：前言 1.

③ 高铭鼎. 关于体育哲学学科建设的几个问题［J］. 哈尔滨体院学报，1988（1）：13.

科学实践提出和面临的新问题，发挥体育哲学在认识论和方法论方面的作用。

一、我国体育哲学学科系统化的努力

胡建平指出："90 年代体育改革的潮流呼唤着体育哲学，21 世纪的体育需要新的哲学指引。20 世纪 90 年代体育哲学的突破口和生长点在于当今体育实践和体育改革所提出的、所面临的一系列重大基础理论问题上。其中，最重要的一个生长点突出表现在：由体育的教育功能和体育的社会功能及其辩证关系所引申的对体育本质论之时代反思。"① 并指出，这种对体育哲学体系的纵深化研究的关键在于对马克思主义哲学理论体系研究的深化发展。

这一阶段我国大陆和台湾地区都涌现出一批较有影响力的体育哲学著作（表 3.3 – 表 3.4，图 3.4 – 图 3.5）：

表 3.3　学科系统化时期中国大陆体育哲学代表性著作

出版时间	作者	书名	出版单位
1993.8	龙天启、黄捷荣、高铭鼎主编	体育哲学理论与实践	广州：广东高等教育出版社
1994.6	王善胜主编，王芬、孙宝才、秦颜博副主编	体育哲学新探	北京：北京体育大学出版社
1995.5	潘靖五、龙天启主编，黄捷荣、刘菊昌、李修珍、陈伟副主编	体育哲学与伦理问题新探	北京：北京体育大学出版社
1996.4	吴翼鉴	赣北教育"体育的哲学思考"专刊	九江：九江市教育学会
1998.4	李力研	野蛮的文明——体育的哲学宣言	北京：中国社会出版社

---

① 胡建平. 体育哲学发展的一个重要生长点［J］. 哈尔滨体育学院学报，1992（1）：20.

图3.4　学科系统化时期中国大陆体育哲学代表性著作封面

表3.4　学科系统化时期台湾地区体育哲学代表性著作

出版时间	作者	书名	出版单位
1993.5	樊正治	运动哲学导论	台北：师大书苑有限公司
2004.2	M. J. Mc Namee S. J. Parry 编著，许立宏译	运动伦理学（Ethics and Sport）	台北：师大书苑有限公司
2005.9	刘一民	运动哲学新论——实践知识的想象痕迹	台北：师大书苑有限公司
2005.9	许立宏	运动哲学教育	台北：冠学文化出版公司
2005.10	刘一民、周育萍	运动哲学心灵飨宴	台北：师大书苑有限公司

图3.5　学科系统化时期中国台湾地区体育哲学代表生著作封面

在体育哲学学科体系初构阶段的尾声，就有学者提出了学科深化发展阶段的主要工作要点①，包括以下六个方面。

1. 结合时代特点，研究体育运动在整个人类实践中的地位、作用。为确立发展我国体育的战略目标、加速我国体育现代化进程提供依据和方法。

体育哲学应揭示出体育对于人类社会、人民生活以及人的全面发展所具有的价值意义，并且阐明体育的价值是如何随着人类实践的发展、人民需要的发展以及体育本身的发展而逐渐扩展丰富的。②

从根本上来看，体育实践是一切具有时代特征的体育意识、体育理论、体育科研成果和体育管理方法赖以"生长"的土壤。体育实践的丰富内容蕴含着体育哲学的思想源泉，"全面、科学地揭示体育实践的本质和规律，从而正确地把握体育实践中的各种关系，以利于人们高度自觉地从事或参与各种体育实践活动"；是探讨和建立体育哲学并不断推进其发展的根本出发点。体育实践的历史进程决定着体育哲学的发展趋势，应以体育实践为探讨和建立体育哲学的逻辑起点，力求对体育实践中特别是当前亟待解决的各种关系和问题，做出全面、深入的哲学透视和升华，以便形成符合实践需要的体育哲学科学体系，体育实践可谓体育哲学之母③。

体育哲学是主导体育实践的灵魂。从体育实践中"生长"出来的体育哲学对于人们高度自觉地从事和参与体育实践有着重大的意义和作用：体育哲学具有主导体育实践的重要机制。即体育哲学主导着人们正确地从事和参与体育实践的根本观点和态度，体育哲学主导着人们正确地把握体育实践中的各种关系和问题，体育哲学主导着体育实践的发展方向。④

---

① 高铭鼎. 关于体育哲学学科建设的几个问题 [J]. 哈尔滨体院学报，1988（1）：14.
② 牛亚莉. 浅谈体育哲学的范畴和对人天关系的认识 [J]. 甘肃社会科学，1996（2）：16.
③ 胡庆山，肖琴. 试论体育哲学与体育实践的共存机制 [J]. 南京体育学院学报（社会科学版），2004（1）：59－60.
④ 胡庆山，肖琴. 试论体育哲学与体育实践的共存机制 [J]. 南京体育学院学报（社会科学版），2004（1）：59－60.

体育哲学与体育实践在相互作用的过程中共同发展。体育哲学的发展依赖于体育实践的发展，反之，体育实践的发展也有待于体育哲学的发展，体育哲学与体育实践的共同发展是一个相互促进的辩证过程。

2. 探讨体育运动发展的内外矛盾体系、运动规律、特点。揭示正确处理体育运动发展中主要矛盾和重要矛盾的原则和方法，为体育改革服务。

世纪之交的中国体育的显著特点，是在我国第一部《中华人民共和国体育法》规范下，实行体育科学化与社会化相结合，以实施"奥运争光"和"全民健身"两项工程计划为基本内容，以全民健身、增强国民体质为重点，实现群众体育与竞技体育协调发展，全面提高我国的体育运动水平。① 这一阶段我们体育运动发展的主要矛盾是我国体育的现代化发展问题，一个重要的矛盾关系指向了中国与世界体育发展的关系问题。中国体育不仅是"全国一盘棋的大体育"，更是世界范围的既合作又竞争的大体育，世纪之交的体育与世界各国的体育交往频度和深度都更多更深刻，因而体育哲学要面向"中国—世界体育大实践"，从哲学层次上回答体育实践提出的各项问题，努力为中国体育新的、更大的发展服务，站在世界体育的高度，扩大视野，确立新的体育发展观，有效促进本土、本民族体育事业的进步。

体育哲学的主要任务是从宏观的角度，通过对体育这种社会文化现象的根本性问题的研究与探讨，对体育与社会诸关系的探讨，对体育的各种基本关系的形成、演变及发展过程的探讨，来揭示社会体育活动现象的本质，寻找出体育发展的最一般规律以及对应于这一发展的人类认识体育的规律。② 此外，还必须关注全球性体育问题，如兴奋剂问题、体育暴力问题、政治干预问题等。

3. 探讨体育科学发展的内外矛盾关系，揭示体育科学认识的特点，解决体育科学知识增长面临的问题（方向、趋势、条件、途径、措施、手段等）。

有学者对中美两国学校体育哲学思想历史进行了比较，其中介绍了美国学校体育思想在五种主流哲学的影响下呈现出的不同特点（详见表3.5）。

---

① 李修珍. 世纪之交的中国体育哲学 [J]. 武汉体育学院学报，1995（4）：13.

② 牛亚莉. 浅谈体育哲学的范畴和对人天关系的认识 [J]. 甘肃社会科学，1996（2）：16.

表 3.5 五种主要哲学对学校教育及体育的影响①

	理念主义 （Idealism）	现实主义 （Realism）	实用主义 （Pragmatism）	自然主义 （Naturalism）	存在主义 （Existentialism）
身体的 重要性	与智力同时 发展	强调完整的 人	各种有利社 会效率的活 动	为最优学习 而进行身体 活动	自由选择活动创 造性
课程焦点	教师为中心； 定性的	学科为中心； 定量的	建立在个体 差异基础上 的学生中心	学习准备	自我意识基础上 的个人中心
教师的 重要性	榜样、例子	对事实的详 细解释和科 学方法运用	问题解决的 推动者	指导和帮助	激励者和顾问
个人的 重要性	强调道德和 精神价值	为调节生活 而学习	社会技能发 展满足个体 需要	社会技能的 发展	学习自我责任和 认识自己
学校体育 目标	个体和思想 发展	训练学生满 足生活现实	帮助学生成 为有益的社 会成员	人的整体发 展	帮学生成为自我 行动的独立体
学科内容	最重要	被要求； 学习强调	广泛活动的 经验	游戏；自我 指导的个体 活动	个体活动的广泛 选择
教学方法	演讲；问题 解答讨论	运用真实世 界训练、演 讲；课题形 式	问题解决	非正式活动 问题解决	提出问题、思想 刺激、行动自由

---

① 王金艳.中美两国学校体育哲学思想历史比较［J］.哈尔滨体育学院学报，2005
（4）：8.

	理念主义 （Idealism）	现实主义 （Realism）	实用主义 （Pragmatism）	自然主义 （Naturalism）	存在主义 （Existentialism）
教师角色	重于教学过程	选择学习知识	指导	指导、自然教授	指导
学生发展	总体发展	强调个体完整性	强调了解道德课程	学习的自我化	强调自我意识
评价方法	主观的；定性的	定量的；科学方式	主观的；自我评价	目标达成情况	传统意义的评价并不重要
弱点	拒绝变化，身体发展居第二位	视野狭窄，每件事情符合自然法则	缺乏固定目标	相对复杂的世界教学方法过于简单	过分强调个体排除生活准备

4. 探讨体育运动意识的内容、机制、表现、特点、作用及其规律性，为培养、锻炼、提高体育运动意识提供理论武器。

体育作为客观现实的世界，构成了人类生存的有意义的社会历史环境。体育哲学是对人在体育这个客观现实环境和有意义的现象世界中获得价值意义的理论表述。体育哲学要从总体上把握时代发展的基本走向，透视人类体育创造的精神底蕴。①

20世纪80年代后期我国曾出现过"系统科学热"，对体育科学的发展起到了积极意义。体育哲学与系统科学已经有了一段相互容纳、相互渗透的历史②，体育哲学工作者在部分体院开设"三论"基础课程，撰写应用系统科学的观点分析体育问题的论文，系统科学方法论的内容也被列入体育哲学专著和教材中；取得了一些具有进步意义的成果。此外，市场经济理论促使体

---

① 张争鸣. 论体育哲学的现代意义与建构原理［J］. 贵州体育科技，1996（2）：7.

② 李修珍. 世纪之交的中国体育哲学［J］. 武汉体育学院学报，1995（4）：16.

育哲学观念转变，体育不仅具有上层建筑性质，而且具有产业性质。① 中共十四大提出社会主义市场经济这一具有划时代意义的理论，我国计划经济体制必将演变成社会主义市场经济体制，也必将引起体育哲学思想发生深刻的变化。② 这都启示我们，对于体育运动意识的全面研究需要以一个多学科融合的思维和内容为支撑，需要跨学科的综合理论作为我们研究其具体特点、机制、规律等问题的理论支持。

5. 结合当代体育运动和体育科学的特点、要求，探讨对体育运动的认识的变化发展过程，为体育工作者和体育科学工作者提供元理论思维。

"体育哲学的范畴的形成发展过程可以被看作人类体育认识史和体育思想史的缩影"③，从哲学的视角认识体育这一特殊社会现象，认为："体育哲学是介于一般哲学和体育的具体学科间的一门特殊的认识学科，它以一般哲学思想为指导，以具体的体育学科为基础，是研究体育本身及其发展同人类对体育认识的发展关系的学科，是以理论逻辑的形式反映体育的客观发展的历史。……用马克思主义哲学的基本观点、方法对人类已有的体育认识做进一步的认识，是体育哲学的根本特征和根本任务，也是体育哲学不同于其他具体的体育学科的根本标志之一。"④ 从体育哲学的学科本质和特征上看，它无疑是体育学科体系中的元理论性质的学科，对比具体体育学科，彰显了更鲜明的思辨特征和更高一级的逻辑形式。

6. 研究和回答体育运动实践与体育科学实践提出的其他哲学问题。

一种体育要想成为自觉的体育而非随意的体育，就必然要上升到哲学的

---

① 王光华，王国槐，敖德秀. 国家调控与市场机制是发展体育的动力——市场经济与体育哲学的理论思考 [J]. 湖北体育科技，1994（1）：1.

② 王光华，王国槐，敖德秀. 国家调控与市场机制是发展体育的动力——市场经济与体育哲学的理论思考 [J]. 湖北体育科技，1994（1）：1.

③ 牛亚莉. 浅谈体育哲学的范畴和对人天关系的认识 [J]. 甘肃社会科学，1996（2）：16.

④ 牛亚莉. 浅谈体育哲学的范畴和对人天关系的认识 [J]. 甘肃社会科学，1996（2）：16.

高度加以反思。① 因为体育哲学是一种具有逻辑内在联系、表达和反映时代精神的新的哲学形态，这种哲学形态构成了各种具体体育理论研究的形而上学基础，构成了我们具体审视各种体育实践的基本的价值参照。② 体育哲学研究需要进一步开阔视野，敢于面对当代世界大体育出现的全球性问题，尤其中国体育实施"奥运争光"和"全民健身"两项工程计划提出的各种现实问题，都需要深入研究和思考，给出正确的哲学解释与回答。③

二、学科系统化阶段的学科发展特征

（一）体育哲学的理论与实践问题成为研究关注的焦点

从体育对人的生存和发展的意义看，体育哲学就是对主体体育创造自由的确认与解答。它不仅回答"体育是什么？"，还应界定和说明"体育应该怎样？"，它不只是认识论，更是价值论。④ 任何一种理论的命运都是由它满足社会实践需要的程度决定的。体育哲学以检讨人类体育创造的结果为起点，回答体育的价值、体育对人类行为的规范意义、体育进步与时代精神的关系、当代人类的生存方式和发展方式等，体育哲学不能只在解释体育的本质、体育的功能、体育的模式，而应面向人类体育实践的体育困境、问题及前景，去发现和探索现代人应具有的体育哲学意识和精神，并以此来检验我们的各种具体的体育实践，换言之，体育哲学要致力于从体育的视角回答人类所面临的问题。⑤ 体育哲学要在我国体育科学理论阵地上站稳脚跟，必须为解决体育运动和体育科学提出的实际问题服务，尽到自己的历史责任。在理论层面上，研究体育运动和体育科学发展的内外矛盾，提供我国体育运动发展的战略目标及其确定依据，提供体育事业改革与发展的原则与方法，提供提高体

---

① 张争鸣. 论体育哲学的现代意义与建构原理 ［J］. 贵州体育科技，1996（2）：7.
② 张争鸣. 论体育哲学的现代意义与建构原理 ［J］. 贵州体育科技，1996（2）：7.
③ 李修珍. 世纪之交的中国体育哲学 ［J］. 武汉体育学院学报，1995（4）：16.
④ 张争鸣. 论体育哲学的现代意义与建构原理 ［J］. 贵州体育科技，1996（2）：8.
⑤ 张争鸣. 论体育哲学的现代意义与建构原理 ［J］. 贵州体育科技，1996（2）：8.

育运动意识的理论武器，提供体育研究的思维方式，都是体育哲学研究的理论焦点；在实践层面上，研究人类的体育运动实践及在体育运动实践中人与自然、人与他人、人与自身之间的矛盾关系、特点、作用规律，从而提供体育走向现代化的方法。提供体育改革的途径和措施，提供提高体育意识的条件和手段，提供深化体育认识的努力方向和研究趋势，提供体育工作者以科学的思维方法与理论工具，提供促进体育参与的举措和保障等，都成为体育哲学研究应当关注的实践问题。

基于体育哲学对回应体育理论与实践问题的双重责任与使命，中国体育科学学会体育社会科学分会体育哲学论文报告会于 1993 年 5 月初在广州举行，出席会议的有 80 余人，本次会议讨论和交流的内容就是围绕体育哲学的理论与实践问题展开，聚焦了四个板块的问题：市场经济下的体育、体育哲学理论探索、体育专业实践的哲学思考、体育哲学的观点与应用。经多方努力和支持，会议论文成果汇编成册定名《体育哲学理论与实践》①，由龙天启、黄捷荣、高铭鼎同志担任主编，韩之波、刘江南、杨鸿源、朱淑春、曾祥鑫、卢恒竞、赵希英为副主编，广东高等教育出版社正式出版。

（二）坚持以马克思主义哲学思维、原理、方法作为理论支撑

"世纪之交的我国马克思主义哲学，在完成中国化的进程之后，正以当代的新视野，面向具有鲜明时代特色的全球性大实践、大科学和大哲学三位一体的对象世界。"② 中国哲学，尤其是中国马克思主义哲学的发展和趋向，直接关系到中国体育哲学的完善与走向，为其提供了哲学理论基础，构成理论来源。体育哲学是应用哲学，是马克思主义哲学的基本原理和方法在体育运动实践和体育科学中的具体应用。"马克思主义哲学基本原理同体育运动的具体实践相结合是体育事业腾飞的关键。"③

---

① 龙天启，黄捷荣，高铭鼎，等. 体育哲学理论与实践［M］. 广州：广东高等教育出版社，1993：344.

② 李修珍. 世纪之交的中国体育哲学［J］. 武汉体育学院学报，1995（4）：14.

③ 王善胜. 体育哲学新探［M］. 北京：北京体育大学出版社，1994：前言.

《体育哲学新探》就是体育哲学学科系统化发展时期的一部运用马克思主义哲学基本原理，阐明体育运动实践中诸多问题的代表性专著。该书明确指出："马克思主义哲学——辩证唯物主义和历史唯物主义，是整个马克思主义学说的重要组成部分和理论基础，是无产阶级及其政党的世界观的科学体系，是人类以往科学和哲学思想发展的光辉结晶，也是时代精神的精华。"①

体育哲学同马克思主义哲学相比较有以下几个特点。第一，更突出实践的具体性。普遍性、概括性、抽象性是马克思主义哲学的根本理论特征，体育哲学则以马克思主义哲学为指导，把体育领域作为研究和作用的对象，通过哲学的思维，把体育的具体实践升华到哲学的理论高度，成为指导体育运动的一般原则与方法，体育哲学在指导体育实践的作用上，比马克思主义哲学更具体、更直接、更现实。第二，体现出边缘交叉性特征。体育哲学是从体育实践、体育科学的整体概括出体育运动发展的一般规律，具体的体育科学，如运动医学、运动生理学、田径、游泳、三大球等，是体育哲学丰富和发展的沃土，体育哲学来源于体育运动实践和各门具体体育科学的成果。② 体育哲学为马克思主义基本原理服务于各门具体体育科学架起了一座桥梁，使马克思主义的理论哲学在指导体育院系教学过程中进行了一次"二级转换"（见图3.6）。体育哲学作为"二级转换"的应用理论形式，在体育科学的各门具体学科教学中居于最高的支配地位，并为各门具体的体育科学的教学提供了科学的世界观和方法论，是体育院系学生树立科学体育观、价值观必学的核心基础理论学科。③

掌握和运用马克思主义哲学基本原理，对运动员、教练员的体育训练与竞赛实践具有重要价值。一方面，能从理论上不断提升对体育运动发展规律性的认识，树立正确的观念、选择正确的方法、坚定信念、取得胜利；另一

---

① 王善胜. 体育哲学新探［M］. 北京：北京体育大学出版社，1994：前言.
② 秋实. 试论体育哲学教学在体育院系教学过程中的地位和作用［J］. 西安体育学院学报，2001（4）：93.
③ 秋实. 试论体育哲学教学在体育院系教学过程中的地位和作用［J］. 西安体育学院学报，2001（4）：94.

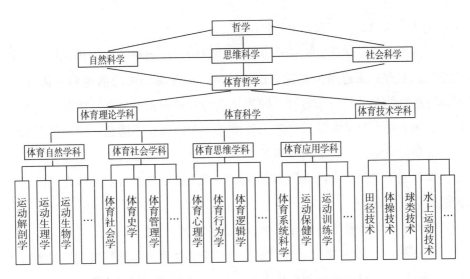

图3.6 哲学同体育哲学、体育科学之间的逻辑关系

方面，能处理和解决各种矛盾和关系：胜与败、攻与守、强与弱、苦与乐、严与松、压力与动力、顺境与逆境、主体与客体、必然与自由、作用与反作用、继承与创新、共性与个性、主要与次要、量变与质变、肯定与否定、本质与现象、整体与部分、物质与精神、个人与集体等，进而更好地把握前进方向。因此，掌握与运用马克思主义哲学基本原理，是建设具有中国特色的社会主义体育强国至关重要的理论条件。

（三）研究方法更注重科学化

体育运动有四个发展阶段：一是自然发展阶段，二是创新技术阶段，三是大运动量训练阶段，四是多学科综合利用阶段。体育运动的许多问题仅仅借助经验已经无法解决，日常经验的意义在下降，人们对体育的要求更倾向于科学地规划、预测、解释和计算，不满足于经验。科学化的重要标志就是定量化，定量化对于选材，对于动作技术的制定、改进，对于运动员身体机能的评定和运动器械的改进，对于研究方法和训练手段的科学性的增强，对于运动成绩的预测，都起了重要作用。①

但并不是说科学化、定量化就是非逻辑的。任何科学都应用逻辑，人们思维的过程有意无意地都在遵守逻辑法则，对体育现象的描述和分析过程，对体育研究的总结和反思过程，即便是凭借经验做出的判断，实际上也是运用了逻辑方法。只是随着科学意识的增强，人们已经不满足于单纯的逻辑判断，而是把数学方法与逻辑判断相结合，使逻辑方法本身也在定量化、精确化。体育哲学"是自上而下的体育思辨哲学传统与自下而上的体育经验哲学传统的辩证综合"②。

（四）体育哲学学科的学术会议主题化发展

1993 年 5 月 23—28 日，体育社会科学分会体育美学学科组在扬州举行了"体育美学应用研讨会"，与会代表 28 人。会议就"如何用体育美学的理论方法指导体育教学、训练、竞赛和欣赏""在社会主义市场经济条件下体育美学研究的走向"及"奥林匹克运动中的审美问题"等问题进行了热烈讨论。③

1994 年 7 月，中国体育科学学会体育社会科学分会根据"八五"规划安排，在湖北荆州召开了以"社会主义市场经济与体育改革及体育社会科学的发展"为主题的体育哲学、体育伦理学论文报告会。会议以邓小平同志建设有中国特色的社会主义理论问题及国家体委关于体育改革的"五化""五转变"方针为指导思想，目的是明确全国人民在党的领导下进行的伟大改革实践——建立社会主义市场经济体制，这一新经济条件和社会存在对体育发展的新要求，对与此有关的理论问题及学科的发展问题做新的探讨，并对实践中的新鲜经验进行交流和总结。会议论文围绕三个主题：一是关于社会主义市场经济条件下体育改革的理论与实践问题；二是对新形势下体育的有关问题进行哲学探讨和实际应用；三是关于市场经济条件下体育的伦理道德研究

① 瞿国凯．试论体育科学的定量化［J］．福建体育科技，1985（4）：3．
② 张争鸣．论体育哲学的现代意义与建构原理［J］．贵州体育科技，1996（2）：8．
③ 中国体育科学学会历年学术交流活动［EB/OL］．中国体育科学学会官方网站．［2016 - 03 - 20］．

与社会主义精神文明建设等问题。① 并汇编成专辑，定名《体育哲学与伦理问题新探》在北京体育大学出版社出版。

1994 年 12 月 1—5 日，体育社会科学分会举办的亚洲比较体育研讨会在上海浦东新区召开，会议的主题是"迈向 21 世纪的亚洲体育"，涉及亚洲国家体育思想的比较研究、亚洲体育体制的比较研究、亚洲竞技体育的比较研究、亚洲大众体育的比较研究、亚洲学校体育的比较研究、亚洲体育市场建立与发展的比较研究、亚洲体育场地设备（设计思想、布局和发展）的比较研究。来自日本、韩国、新加坡、澳大利亚、英国、比利时、捷克等 8 个国家和地区的 245 名体育学者参加了会议，国内学者共 88 人也参加了此次会议。这次会议开创了举办国际性比较体育学术会议的先例，因此在国际同行中有较大的影响。②

1995 年 11 月 13—17 日，由体育社会科学分会主办，安徽黄山区体委协办的"世纪之交的中国体育社会科学学术研讨会"在安徽省黄山区松谷宾馆召开。大会共有体育社会科学的十个学科，全国 17 个省市、自治区的 73 名代表参加了会议，共收到 106 篇论文，31 名作者做了大会发言，其他文章以墙报的形式参加了交流。③

2003 年 8 月 21—23 日，"东方传统体育学术报告会"在吉首大学吉首校区和张家界校区召开。来自全国 45 所高等院校和体育科研院所的 60 余名专家、学者参加了这次会议并做了学术交流。本次报告会是由中国体育科学学会主办，由中国体育科学学会体育社会科学分会和吉首大学联合承办的。会议收到论文 117 篇，经评审入选 78 篇，分东方传统体育的起源与发展、东方传统体育与东方文化、东方传统体育的方法与特点、东方体育的发展与创新、东方传统体育与奥林匹克运动几个主题进行研讨，宗旨是促进东方传统体育

---

① 潘靖五，龙天启. 体育哲学与伦理问题新探 ［M］. 北京：北京体育大学出版社，1995：1.

② 中国体育科学学会历年学术交流活动 ［EB/OL］. 中国体育科学学会官方网站. ［2016 - 03 - 20］.

③ 中国体育科学学会历年学术交流活动 ［EB/OL］. 中国体育科学学会官方网站. ［2016 - 03 - 20］.

的复兴与繁荣。①

为迎接 2008 年北京奥运会，体育科学学会体育社会科学分会组织了一系列与奥运会主题相关的学术会议和活动。2005 年 12 月 28 日，体育社会科学分会举行了奥林匹克文献信息中心揭牌仪式暨奥林匹克论坛活动，与国家体育总局群体司合办了"纪念《全民健身计划纲要》颁布十周年科学论文报告会"，并编辑了《全民健身理论与实践》论文集，大会收到来自全国的征文共217 篇，大会的研究成果不仅对群众体育的发展具有重要的指导意义，也对全民健身计划的进一步深入研究起到推波助澜的作用。② 2006 年 7 月 11 日，体育社会科学分会举办了"奥林匹克教育国际论坛暨奥林匹克运动课程骨干教师培训班"，对促进我国奥林匹克教育的发展、广泛传播奥林匹克思想、积极推动中国奥林匹克的发展，为 2008 年奥运会的成功举办发挥了重要作用。2006 年 12 月 21 日，举办了"汇聚学科精华，奉献北京奥运"为主题的"中国博士后奥运论坛暨第一届中国博士后体育论坛"，论坛共收集到不同学科论文 80 余篇。2007 年 6 月，20 多名专家对参加了以"体育科技与和谐社会"为主题的第八届全国体育科学大会体育社会科学领域的 1006 篇论文进行了评审。2008 年，体育社会科学分会部分委员参加了"北京论坛""北京国际奥林匹克论坛""北京奥运精神遗产论坛"等重要学术活动，并发表了重要的学术观点。其中杨桦主任在大会上做了《奥林匹克运动：促进文明的融合与互动》的报告，提出了"奥林匹克交流扩延了文明的规模，奥林匹克互动释放了文明的能量，北京奥运实践了世界文明交流的梦想"的观点，得到各国与会者的高度认同和赞扬。③ 2008 年 12 月 13—15 日，体育社会科学分会参与国际特奥东亚区和中国特奥会主办的"东亚区特奥发展国际论坛"，来自国内外

---

① 中国体育科学学会历年学术交流活动［EB/OL］. 中国体育科学学会官方网站. ［2016 - 03 - 20］.

② 中国体育科学学会历年学术交流活动［EB/OL］. 中国体育科学学会官方网站. ［2016 - 03 - 20］.

③ 中国体育科学学会历年学术交流活动［EB/OL］. 中国体育科学学会官方网站. ［2016 - 03 - 20］.

30 多所高校的 150 余名专家、学者就特奥运动的历史、现状和未来等问题进行了广泛的研讨。12 月 29—30 日，分会与文化部恭王府管理中心联合主办"体育文化与和谐世界高峰论坛"。该论坛是文化部"相约北京——2008 奥运重大文化活动"的组成部分，旨在认真梳理、深入探讨、全面继承与持续发展 2008 年北京奥运会留给国人乃至全人类极为丰富的奥运精神和相关非物质文化遗产。当年还邀请了国家社科办主任张国祚做《重视北京奥运文化遗产》的报告。①

第三节　学科成熟与理论深化——2008—2020

自 21 世纪以来，我国体育事业乘着 2008 年奥运会的东风，顺势起飞，获得了快速发展和长足进步，与社会、政治、经济、文化的联系越发紧密，体育已然不仅仅是一种身体运动，更是一种教育方式、交往手段、一种生活内容、一种精神依托，成为现代社会不可或缺的文明进步标志。

一、我国体育哲学学科走向成熟与理论深化的历程

随着体育学科不断地系统化、现代化、国际化，作为体育学科中占有至高理论地位的体育哲学学科也逐渐从"隐学"走向"显学"。所谓隐学就是指与现实有一定距离而不为广大世人所关注、瞩目的学问，显学则是与现实密切联系、引起社会广泛关注的学问。在体育哲学学科建设和发展很长一段时间内，体育哲学实际上都处于"隐学"的地位。在科研立项方面，"从 1997 年到 2005 年近十年间，体育哲学在国家社会科学基金项目中立项仅为 1 项，在体育学科所占的总比重中不足 1%"，全国哲学社会科学规划 2006—

---

① 中国体育科学学会历年学术交流活动［EB/OL］. 中国体育科学学会官方网站．［2016 - 03 - 20］．

2010 年"数年来的立项当中均未涵盖体育哲学"，并且"1997—2010 的十四年里，体育学科立项总数为数不少、体育哲学立项占的比例微乎其微"①；在教材建设与教学工作方面情况也不容乐观。"改革开放至今，以体育哲学之名出版的图书一共不到 10 本。这些基本作为教材来使用，而且出版年份基本上集中在 20 世纪 80 年代末和 90 年代初，均未再版。""把体育哲学作为体育人文博硕研究生研究方向的很少有，甚至体育哲学在体育类研究生招生简章内不会出现。"② 不可否认，在各体院的教学中，"体育哲学的教学落后于其他体育学科的发展"；"很多院校没有开设体育哲学课程，有的院校即使开了课，也很少作为必修课存在、不够正规化和制度化"③；在科研质量方面，"与体育哲学相关的文献没有一定的规模，很少有与体育哲学有关的文献资料呈现，即使有呈现出来的文献，大多不够系统和连贯"④。因而从课题立项、教学与教材、科研质量方面就可以看出体育哲学的学科发展经历了很长一段被压抑和边缘化的历程，相对体育科学中的其他人文社会学科而言却是发展较为迟缓，经历了几十年的稚嫩期。但常言道厚积薄发，体育哲学在新的体育科研学术气候中获得了来自各个方面的阳光和雨露，开始进入自身的发育成长期。这一时期主要代表性著作见表 3.6、图 3.7 – 图 3.8。

---

① 韩正好，江丽梅，任志超. 体育哲学的隐学学科地位分析 ［J］. 佳木斯教育学院学报，2011（3）：446.

② 韩正好，江丽梅，任志超. 体育哲学的隐学学科地位分析 ［J］. 佳木斯教育学院学报，2011（3）：446.

③ 韩正好，江丽梅，任志超. 体育哲学的隐学学科地位分析 ［J］. 佳木斯教育学院学报，2011（3）：446.

④ 韩正好，江丽梅，任志超. 体育哲学的隐学学科地位分析 ［J］. 佳木斯教育学院学报，2011（3）：446.

表3.6 学科成熟与理论深化时期大陆体育哲学代表性著作

出版时间	作者	书名	出版社
2009.4	于涛	体育哲学研究	北京：北京体育大学出版社
2011.1	布特	和谐体育的哲学探索——现代体育的文化哲学批判与建构	北京：北京体育大学出版社
2011.7	熊欢	身体、社会与体育：西方社会学理论视角下的体育	北京：当代中国出版社
2011.10	秋实主编，刘新平、郑文海副主编	体育哲学	西安：陕西人民出版社
2014.3	王宏	中欧体育哲学思想比较	武汉：湖北人民出版社
2014.5	宋继新主编	林笑峰体育文集	长春：东北师范大学出版社
2014.5	刘欣然	生命行为的存在——体育哲学、历史与文化的线索	北京：北京体育大学出版社
2015.4	马卫平	体育哲学	北京：北京体育大学出版社
2015.11	薛亚钢、梁林主编	体育与哲学	北京：北京体育大学出版社

图 3.7　大陆代表性著作封面

中国台湾地区代表性著作有石明宗著《运动哲学——愉悦＋智慧之旅》（2009），该书体例耳目一新，突破了以往研究相对稳定的架构，分为两部分：第一部分为学术篇，从形而上学、知识论、价值论、身体论、宗教论及文化与社会几个不同的维度，论述了与体育运动相关的诸多主题，一个特色之处就是视角非常广阔，涉及哲学领域中"存在""禅""默会知识""身体""空间"等概念，还紧密联系篮球、登山等运动实践；第二部分为游记篇，作者展示了 2003—2008

图 3.8　中国台湾地区代表性著作封面

年五年间游历并参与英国、捷克、日本、美国等国家运动哲学年会的经验和反思，为读者提供了新鲜而开放的国际学术视野。

此外值得一提的是中国台湾的学者在国际体育哲学领域的影响力较大。刘一民、胡天玫、许立宏、周育萍等学者的研究内容与国际体育哲学前沿问题更为接近，不仅多次在世界哲学大会体育哲学会议上进行个人报告，并且在国际体育哲学领域的学术杂志也发表了自己的研究成果，学术影响力已经开始形成。①

二、学科成熟与理论深化阶段的学科发展特征

（一）研究关注内容和主题向深广两个维度拓展

随着《体育哲学传》逐渐成为显学，其研究主题和内容的深度与广度也迅速地蔓延与伸展。

有相关学者相继发表了关于当代体育哲学文化反思系列论文《当代体育哲学文化反思之一：当代体育的时间之维》②、《当代体育哲学文化反思之二：当代体育的空间之维》③、《当代体育哲学文化反思之三："对话"精神》④、《当代体育哲学文化反思之四：体育、身体与"狂欢"》⑤，分别从时间、空间、对话、身体的维度，运用哲学、现象学、社会学、心理学、语言学相关理论，对当代体育文化中产生的新问题进行了系统的阐释。几个有代表性的问题能够彰显这一时期理论的深化与拓宽。

---

① 周建东. 国际体育哲学研究的热点与走向——近三届世界哲学大会"体育哲学"专题评价 [J]. 成都体育学院学报，2020，46（3）：38－45.

② 王振成，刘少华. 当代体育哲学文化反思之一：当代体育的时间之维 [J]. 体育文化导刊，2004（10）：19－21.

③ 王振成，刘少华. 当代体育哲学文化反思之二：当代体育的空间之维 [J]. 体育文化导刊，2004（11）：23－25.

④ 王振成，李月丰，刘少华. 当代体育哲学文化反思之三："对话"精神 [J]. 体育文化导刊，2004（12）：11－13.

⑤ 王振成，李亚英，刘少华. 当代体育哲学文化反思之四：体育、身体与"狂欢" [J]. 体育文化导刊，2005（1）：31－33.

　　其一，时间意识的历史流变及其在体育中呈现的形态。原始社会时，时间是一种操纵着万事万物、人的生命，以及诸神的存在的神秘力量，具有神秘性、周期性、封闭性、稳定性，表现在体育上是原始体育的仪式性和寄生性。所谓仪式性是指当时人们的体育活动往往伴随有祭奠、祭祀、献礼和战争等其他程式化的文化因素。所谓寄生性则是指原始体育尚没能与其他社会文化生活分离，而往往与宗教、生产和战争相伴而生。随着人类理性精神和体育运动独立性的加强，原始体育的寄生性渐渐消失，仪式性不断弱化，并渗透到现代体育的机制之中。原始人类的时间观对体育发生学有着重要的理论意义。中世纪西方文化中的时间是线性的，充分突出了时间的不可逆性，对生命自身的焦虑构成了人们现世情绪的基调。随着人类对时间的认识从神秘性、周期性、封闭性和稳定性走向开放性和不可逆性，人类自身的认识范式也发生了革命性的转变，其在体育上的表现就是人们竞技意识的加强，一种对时间的现代性焦虑已经潜移默化地渗透到体育精神之中。到了19世纪末，资本主义社会高速度发展对人们时间观念造成强烈冲击，科学技术为人们赢得了更多的闲暇与自由，作为抵扣，人也被抛入无边的焦虑与虚无之中，20世纪中期，时间的永恒性被打碎，只有纯粹的现在，瞬间即永恒。对体育的影响表现在三个方面：首先，人们深层的体育文化心理发生变化，培养起对体育游戏体验的意识去领悟时间与生命的本质意蕴，这只有在"瞬间"和"短暂"从时间的整体性和统一性中解放出来才能成为可能，永恒的破碎为"短暂"和"瞬间"赢得了意义；其次，伴随时间观念的转变，人们的价值谱系也被重新编码，对时间的度量不再仅仅是效率和速度；金钱、资本在社会生活中的主导地位，决定了当代体育中时间价值是由黄金的重量、大奖赛奖金的数额、体育消费的支出等共同决定的；再次，现代时间观念对当代体育的影响还表现在对"公共时间"的重新"赋形"，体育则及时调整了自身的社会职能，开始作为重要的游戏、休闲、娱乐方式，为大众营造了新型的"公共时间"。①

---

① 王振成，刘少华. 当代体育哲学文化反思之一：当代体育的时间之维 [J]. 体育文化导刊，2004（10）：19-21.

其二，空间观念碎片化对当代体育的影响。碎片化的空间观对当代体育的影响主要表现在以下三个方面。首先，在空间的碎片化中，以"游戏"为本质的当代体育的"在场有效性"得到保障。20世纪后半叶，人类时空观念嬗变加剧的重要原因之一就是"时空的抽象化"。知识系统、文化系统不断地"抽象化"，越来越脱离特定的地域限制和特征，通过大众传播媒介传递到以前无法达到的地区，打破了原有地域文化局限性，使文化日益平均化和同质化，但"本地生活在场有效性"的消解是作为游戏的当代体育"在场有效性"得以保持的条件和代价。其次，空间的碎片化为当代体育的发展赢得了更大的机遇，使当代体育的社会文化功能不断强化。当代空间观念碎片化的另一重要原因是时空的市场化和商品化，这主要是指文化产业与大众传媒的结合使文化几乎完全大众化，在大众文化中一切都走向表面，时空深度消失，被加工、切割、包装成各式各样的商品在市场上销售，体育也不例外，体育消费市场的形成与扩大使体育的独立自主的发展成为可能，促进了体育产业化进程。再次，空间的碎片化使当代体育对社会文化空间的重组功能得到体现。大众文化时代空间观念的碎片化使人们的精神处在无法忍受的失重和无根状态。人们必然以不同的方式去寻求心理安慰和补偿，在空间上表现为"归根"——家国之恋与乡愁。对"公共空间"的营造既是人们的生活需求，也是人们的精神需求。体育场、健身房、桌球室、高尔夫球场、舞场迪厅、公共街道体育设施等，不仅是人们锻炼的场所，同时还是人们沟通、对话、交流的场所，甚至还是人们排遣焦虑、宣泄情绪的释放场所，对人们破碎的空间感起到了独特的重建和整合作用。①

有研究系统论述了理想主义（Idealism）、现实主义（Dealism）、实用主义（Pragmatism）、自然主义（Naturalism）、存在主义（Existentialism）、人道主义（Humanitarianism）、折中主义（Eclecticism）等哲学基本理论，阐释了

---

① 王振成，刘少华．当代体育哲学文化反思之二：当代体育的空间之维［J］．体育文化导刊，2004（11）：23-25.

每个理论的基本观点，以及如何运用这些理论指导体育实践①（见表 3.7），进一步深化了体育哲学学科的研究深度。

表 3.7 七种不同哲学思想理论的观点及其对体育实践的指导

	基本理论观点	指导体育实践
理想主义	基本观点：思维是人类行为状态的核心，所有现实都源于思维。在宇宙构成中人比自然更重要	身体健康有助于个体个性的发展，在体育活动中强调理想、理念，重视自我发展
	教育观点：教育发展个体的个性和性格，特别是培养个体的道德修养和精神修养。	
现实主义	基本观点：世界是大自然的物质世界，人类的感觉和经验帮助人们了解自然及其法则。人的思维和身体是和谐统一、不可分割的	体育为了生命，着眼于人的整体发展。其价值在于它有利于人的健康。体育要以科学为基础，循序渐进
	教育观点：教育发展人的推理能力，教育过程要以科学为基础，传授知识要具有系统性。教育应是客观的、有一定标准的	
实用主义	基本观点：通往真理的途径是经验，真理以个人经验为基础	课程要以学生的兴趣和需要为基础，使个体获得多样的学习经验，体育培养的是有社会责任感和道德意识的社会公民
	教育观点：理论是否有价值，唯一的标准是看它是否取得成功。个体是社会的组成部分。用解决问题的方式来学习	
自然主义	基本观点：生命由自然法则来控制。自然是价值的来源。个体比社会更重要	身体素质对人的全面发展提供物质媒介，学生通过个体的能动性来学习达到个人的目标。游戏娱乐是体育过程的重要组成部分
	教育观点：教育必须满足个体的天生需求，个体的身体、意识和情感发展引导教育。学生要自我教育、自我引导，通过归纳推理来学习知识	

① 李柏．西方体育哲学基本理论概述［J］．内蒙古体育科技，2009（3）：9－10，25.

续表

	基本理论观点	指导体育实践
存在主义	基本观点：客观事物是由个体经验决定的，人的存在是唯一的真正现实，个体对自己负责，个体比社会更重要	每个学生从课程设置的多种活动中自由选择。教师是顾问和鼓励者，允许学生自己做出选择并要求学生对选择的结果负责
	教育观点：教育是个体个别的独特的发展过程	
人道主义	基本观点：是对反个人化主义的反抗，应该将人作为个体来看待而不是作为群体的一部分来看待	体育活动更加个体化、多样化，活动项目应考虑个体的情感需求、志向、目标、能力和极限等。掌握技能和达到一定素质水平时还要了解健身的原理和意义，培养创造力和探索精神
	教育观点：允许个体才能的发挥和完全的自我实现，鼓励参与周围所发生的事情，鼓励学生自我肯定和自我实现	
折中主义	从不同的理论学派中汲取适当的原则，发展成一套新的理论	

对体育理论进行"元研究"，如引入历史学视角进行体育学与哲学"关联史"的考察是体育哲学研究深化的体现，它提供了学科自身发展的反审路径。有学者基于学科关联对体育学与哲学进行了历史考察①。指出历史与哲学有两种关联方式，一是直接思考人类的过去，二是反思人类对自身过去的思考。体育学与哲学的关联也可以分为两支，一是哲学与体育学直接关联，哲学理论直接参与体育学，形成对人类身体运动的指导，赋予人类身体运动以价值；二是哲学与体育学间接关联，将哲学理论用以解析体育学的学科体系与方法论，反思体育学的研究对象与方法。

---

① 高强. 体育学与哲学：基于学科关联的历史考察［J］. 体育科学，2016，36（11）：82-90.

　　体育文化的研究是这一阶段的热门主题。例如将体育哲学的多元性、客观唯物、辩证统一等理论观点用于对大众健美操为何会在我国开展、流行并盛行的原因分析中①，指出大众健美操已然是作为一种社会文化现象存在而不单纯是一种体育活动形式，具有广泛的适应性、兼容性、健身性、感染力和欣赏价值，体现出"健、力、美"追求的多元艺术性、"身心合一"的客观唯物性、"人本精神"与"和谐文化"的辩证统一性。也有研究在中国生命哲学背景下以传统太极拳形成的练身、用技、修性三大层面的操作体系为例，从文化比较角度探讨中国人应对环境的独特生存策略和技巧，认为传统太极拳的智慧是一种中国式生命智慧，全面反映中国人的价值取向、思维方式、审美情趣、行为定式，是中国人生存方式的典型人体文化符号。② 在第 22 届世界哲学大会"体育哲学"专题中中国学者以《文明冲突、体育赛事与和谐交往：北京奥运会对中国文化遗产传播的意义和作用》为题做了报告，在第 24 届世界哲学大会"体育哲学"分组会议中也出现了《孙禄堂国术思想与儒学》的报告，都在为从不同角度进行中国本土体育哲学文化传播而努力③。

　　游戏理论也是哲学理论与体育学科融合的一个重要的交叉点。从康德把"游戏"从"劳动"中解放出来开始，哲学界对游戏问题始终保持着高度关注。在康德的启蒙下，无论是后来尼采提出的"游戏的虚无"、海德格尔推崇的"游戏的大道"、伽达默尔认为的"游戏的超越"，还是德里达独特的"游戏的解构"，都成为游戏哲学史上浓墨重彩的一笔④。有学者以游戏理论为基础谈论了体育哲学分析问题，其中对于西方游戏理论做了简单概括，认为共有五种具有代表性的游戏理论，分别是：自由游戏论、审美游戏论、虚拟游

---

①　刘林，刘诚香. 大众健美操运动的体育哲学内涵 [J]. 内江科技，2012 (1)：45.

②　阮纪正. 传统太极拳的生命智慧 [J]. 体育学刊，2016，23 (5)：4 – 12.

③　周建东. 国际体育哲学研究的热点与走向——近三届世界哲学大会"体育哲学"专题评介 [J]. 成都体育学院学报，2020，46 (3)：38 – 45.

④　付立峰. "游戏"的哲学——从赫拉克利特到德里达 [M]. 北京：中国社会科学出版社，2012：引言.

戏论、文化游戏论和游戏本体论。① 此外，有学者系统译介了美国著名的体育哲学家伯纳德·苏茨（Bernard Suits）的游戏哲学，伯纳德·苏茨致力于探究玩耍、游戏、运动等概念及其关系，其游戏哲学主要包括四个方面：玩耍、玩游戏、玩游戏与乌托邦以及玩耍、游戏与运动的关系。第一，玩耍方面的争论集中在玩耍是否涉及资源重新分配，自有目的是否具有客观性；第二，玩游戏方面的争论集中在游戏是否可定义，定义是否过宽或过窄，定义的内容是否准确；第三，玩游戏与乌托邦方面的争论集中在乌托邦是否完美，游戏乌托邦是否存在；第四，玩耍、游戏和运动关系方面的争论集中在三者是否存在交叉关系，分类依据是否出现类型错误。伯纳德·苏茨的游戏哲学有助于审视当下的体育现象和问题。②

此外近几年体育生态哲学也成为新的生长点。体育生态哲学理论分析了生态与竞技体育之间的相互影响，生态的破坏会使一些体育项目消失，场馆的修建会在一定程度上破坏生态。体育是人自我实现的方式之一，体育的自我实现依赖于愉悦的实现，体育人际关系的统一性和多样性及技术的发展会增强体育的愉悦度，而体育人际关系的开发需要关心他者，关心他者是维护生态的思想起点，体育蕴含着生态智慧③。

（二）研究呈现更为开放、多元的学科融合化发展趋势

从这一时期体育哲学研究的内容上看，涉及本体论、认识论、伦理学、美学、人类学、文化学、游戏哲学以及具体的项目哲学（如武术哲学、足球哲学、跆拳道哲学）等。研究主题的多元化表明了当前体育哲学研究的开放性走向，任何关乎体育运动的哲学思考都被体育哲学界所包容，尤其是那些具有地域性特征的体育哲学元素也因世界哲学大会的举行登上了国际舞台，如中国武术与传统儒家哲学的结合、韩国跆拳道哲学的解读等。

体育哲学的研究在呈现出开放性走向的同时，更凸显了多学科、跨学科

---

① 陈剑兴. 基于游戏理论的体育哲学分析考察［J］. 文体用品与科技，2012（16）：6.
② 郝东方. Bernard Suits 的游戏哲学及相关争论［J］. 体育学刊，2020，27（3）：9–16.
③ 杨其虎. 西方体育哲学研究述论［J］. 成都体育学院学报，2015（3）：49.

融合的趋势。从"世界哲学大会"上"体育哲学"分组会议上的报告题目即可窥见一斑：《现代体育的美学再思考》（［俄］MikhailSaraf，2008）、《足球作为哲学———人类学的挑战》（［德］Eckhard Meinberg，2008）、《卡洛卡西亚：伦理、体育与美学》（［美］Heather Reid，2013）、《体育哲学的人类学基础》（［俄］Pavel Titov，2013）、《体育科学进步的跨学科性质——基于动态理论的认识论方法》（［希腊］AnastasiaEleftheriadis，2013）、《团结的人类学：从失败到存在的团结》（［日］MasamiSekine，2018）等。我国也有学者通过分析人类进化过程的几个特征，运用进化论和人类学的研究成果，以马克思辩证唯物主义观点为指导，对运动与人的生存和发展问题展开讨论①。通过对人类活动特征的分析，运用社会学理论，揭示了人类生活扩展的必然性及其价值和意义。② 此外还有以体育哲学为视角，讨论了体育经济与管理范畴的问题——运动员金牌产权问题。引入具体案例，诸如刘翔、田亮、丁俊晖等优秀运动员，探讨金牌产权归属与奖金分配问题③。这是将马克思主义哲学原理用于解决我国经济体制改革中凸现出来的体育管理现实问题的例子，证明体育哲学与经济学、管理学、法学的学科融合是当今时代对体育社会学科提出的现实要求。

　　计算机技术现已渗透进现代人生活的各个角落，可以说无孔不入，当然计算机科学与体育科学的交叉融合，将会为体育现代化开辟新的领域和可能，并且科学技术的革新与创造性的结合往往能带来突破性的认知和观念革新。一般而言，计算机技术应用于体育科学研究领域主要集中于采用人体动作的计算机建模探索体育运动中的各种人体应激反应和形态结构等，理论方法涉及运用生物力学、化学和体育统计学等多门学科。有学者指出，"计算机科学

① 王苏杭．"我为什么要跑得这么快？"——体育哲学漫谈之一［J］．体育文化导刊，2004（7）：17．

② 王苏杭．人类为什么要"额外"的身体活动——体育哲学漫谈之二［J］．体育文化导刊，2004（8）：27－29．

③ 刘伟．体育事业发展本质与运动员金牌产权问题——体育哲学视角［J］．经营管理者，2011（4）：202．

哲学（是一种关于计算机和信息的理论方法）已成为一种新的范式和研究纲领，其哲学新思维因计算机在不同领域内的功能渗透而不断开枝散叶，尤其是对数学自然观和有机论或目的论自然观的整合、继承与发展。……但是当人们广泛应用计算机科学建构各种专项体育运动模型时，普遍是以一种体育哲学的思维方式进行，而非以一种计算机科学哲学的观念来实施，这种思维范式存在着很大的局限性和单一性"①。因此试图"从人体动作的计算机建模②出发，辩证计算机科学哲学与体育哲学同时作用于体育的统一关系（在体育运动中的共存机制），力图使二者在实践中取长补短，促进计算机与网络技术在体育领域内的融入与完善"。通过研究，认为计算机科学哲学与体育哲学的统一性主要表现在"微观分析与宏观调控的统一、计算主义与认知行为的统一、人工生命与有机生命的统一、系统辨识与理性分析的统一等方面"③。

　　杨其虎对西方体育哲学发展脉络、主要观点、争论焦点和发展趋势做了研究，目的是建设与优化我国体育哲学体系的构建和中国体育人文学科体系的构建。指出西方体育哲学滥觞于20世纪20年代，50年代后逐渐进入繁荣时期。现处于多层次与多学科的交叉研究状态。自然主义、现实主义、经验主义、分析哲学、现象学、道义论、结果主义和美德伦理等理论被广泛运用于体育研究。④ 当前，西方体育哲学研究呈现四大发展趋向。趋向一，体育伦理的研究将继续在体育哲学中占有主导地位，主题涉及对体育高度商业化的探讨、运动伤害的调查、疼痛与风险、饮食失序、体育剥削和性骚扰、基因

① 高鹏春，肖渊实．基于人体动作计算机建模论计算机科学哲学与体育哲学的统一性［J］．体育科技文献通报，2012（2）：119－120.
② 计算机建模一般有四个阶段：1. 设置原型系统；2. 建立人体数学模型和动作的动力学方程；3. 获得运动学数据；4. 利用计算机动画技术将实验结果可视化及优化动作设计效果。详见高鹏春，肖渊实．基于人体动作计算机建模论计算机科学哲学与体育哲学的统一性［J］．体育科技文献通报，2012（2）：119.
③ 高鹏春，肖渊实．基于人体动作计算机建模论计算机科学哲学与体育哲学的统一性［J］．体育科技文献通报，2012（2）：119－120.
④ 杨其虎．西方体育哲学研究述论［J］．成都体育学院学报，2015（3）：46－52.

伦理等。趋向二，对体育认识论的发展，把哲学原理应用到具体的体育项目中对其进行形而上的探索。将思维哲学和神经科学的理念运用到体育中，从生物科学和人类解释的角度对体育建立新的研究范式。趋向三，关注极限运动和危险运动。探讨极限运动和危险运动的伦理价值和存在意义，并将康德、海德格尔、柏格森等人的哲学理论引入其中。另外，美学已成为体育哲学中的一个新的兴趣，在考虑是否把体育看成一种艺术形式。体育哲学呈现新的前沿，不仅研究主流的体育形式，同时也研究边缘性的和替代性的运动形式，如残疾人体育、电子体育等。趋向四，体育政策类、制度类的研究。包括对兴奋剂的批判、校际体育运动、打假与反瘸、残奥会分类、教练体育的框架等，预示着体育哲学更多地由理论走向实践。①

（三）研究方法受复杂性思维影响更为灵活、丰富

复杂性思维意味着创造性思维、开放性思维、批判性思维等的综合运用。在诸多复杂性思维之中，批判性思维是这一阶段最具代表性、最具生命力的一种思维方法。

有学者就运用批判性思维，对一个传统命题——体育哲学研究的主体，进行了别开生面的批判，提出"体育哲学并非研究体育的本质，而是研究体育的本体"②的观点。他认为："本质不是取决于事物本身，而是取决于认识主体认识事物的方式和深度，本质不过是认识主体对事物的一种建构。"而"体育之为体育，并不在于人们如何去认识体育，而在于体育自身，体育使育成为体育，而不是有认识者认定这是体育，那不是体育，这正是体育的本体。体育哲学的任务就是把体育的本体呈现出来"③。所以，体育哲学对体育的追问不是体育原理那种"什么是体育"的追问，体育哲学是追问"体育何以可能"，即"怎么会有体育？""体育对人意味着什么？"等。体育哲学应直

---

① 杨其虎. 西方体育哲学研究述论［J］. 成都体育学院学报，2015（3）：46-52.
② 周栋. 体育哲学：哲学对体育的反思与批判［J］. 河北体育学院学报，2012（1）：27-29.
③ 周栋. 体育哲学：哲学对体育的反思与批判［J］. 河北体育学院学报，2012（1）：28.

面的问题是体育本身，即为什么会有体育以及反思体育的品质。基于这个批判的结论，研究者把体育哲学做了广义和狭义的区分①（如图3.9）。

狭义：体育的形而上学
（本体论的体育哲学）
任务：追问体育的本体
特点：思辨性、本真性

广义：从哲学角度反思批判体育
（作为思维方式的体育哲学）
特点：反思性、批判性

图3.9 广义的体育哲学和狭义的体育哲学

此外还有将哲学人类学理论、身体哲学和社会学理论与解释学方法用于体育问题的研究。抽象的哲学理论与丰富具体的体育现象之间一直存在着隔阂，哲学人类学方法的介入就试图破解这一隔阂。有研究从对体育概念的哲学人类学转换到对中世纪体育的哲学人类学分析为研究案例，展示了身体与技艺这两个中世纪体育之中的属人的显著特征在中世纪体育史中的变迁过程，以凸显其中身体观、技艺观在社会历史中的变迁，凸显体育是如何在社会历史中发挥其作用和价值，实现哲学人类学对体育概念的重估价值以及对体育史研究与体育哲学研究的整合。② 对身体问题的关注无论是在西方体育哲学界还是近年来的中国体育哲学研究领域都成为重要的聚焦点。运动始终是身体的运动，身体不仅构成了人存在的根本，也构成了运动文化得以存在的根本，身体观与运动文化密切关联，对激情、力量感的追求总是激发着人们的运动热情，而运动也总伴随着对身体的肯定、信赖和期待。尼采的哲学是关于身体的哲学，是肯定身体的哲学。尼采用锤子般的语言唤醒了被基督教、理性哲学压抑已久的沉睡身体。现代奥林匹克运动的倡导者和复兴者顾拜旦也肯

---

① 周栋.体育哲学：哲学对体育的反思与批判［J］.河北体育学院学报，2012（1）：29.
② 高强."灰色"的哲学理论与"常青"的体育之间——体育哲学研究中引入哲学人类学方法探析［J］.体育与科学，2013（6）：32－36.

定身体、倡导运动竞赛，欣赏和赞美运动员在追求"更快、更高、更强"过程中，所表现出的强力感和高贵品质。他们为人类身体的挺立创造了绝佳的舞台。① 有研究讨论了体育运动中身体异化及其致因，指出在体育实践中存在身体的工具化、模式化、标准化等问题，原因在于身体在体育运动中受到社会性制约，包括受到社会竞争机制、社会评价机制、社会交往机制、社会分层机制等影响。②

　　谱系学方法应用于体育哲学研究的探索也是一个新的突破。谱系学方法发端于尼采，其基本出发点是"历史性的哲学思考"，倪梁康先生将其归纳为"根据过去来澄清现在"③。福柯在尼采的基础上将谱系学的研究方法进一步深化，认为谱系学的方法是"要把这些不死的东西（永恒、统一和目的）重新引入历史的变化之中，让他们拥有自己的历史，指出它们的变形，分清它们或盛或衰的不同阶段，确定它们伸缩着的作用范围"④。可见，谱系学的方法是将抽象性的哲学概念置于历史变迁的过程中，以发现抽象概念的形成和变化原因和过程。谱系学方法是将体育哲学的思辨与体育史的考据进行整合，主要区分为三个层次：第一个层次是"谱系学还原"，即将体育哲学中抽象的概念理解为一个具体历史和社会场境下的"话语"，而非一个恒久不变的形上概念，从而厘清这一特定的体育"话语"在历史社会场境中存在的基础和条件；第二个层次是"谱系学考察"，即将这一由概念转化而来的体育"话语"置于历史和社会的变化之中，在这一过程中大量的历史学、社会学乃至语言学、人种学、人类学分析都能积极地纳入考察过程中；第三个层次是"谱系学反思"，即以"考察"的结果来评析当下对体育概念的理解，实现对现存概

---

① 李传奇，李海燕，张震. 身体的觉醒与挺立——从尼采的身体哲学到顾拜旦的奥林匹克哲学［J］. 体育学刊，2017，24（3）：1－5.

② 乔超. 体育运动中的身体问题研究［J］. 体育文化导刊，2017（2）：195－200.

③ 倪梁康. 道德谱系学与道德意识现象学［J］. 哲学研究，2011（9）：55－63.

④ 吴奇. 福柯、尼采、谱系学［J］. 华中科技大学学报（社会科学版），2007（6）：21－30.

念争议的破解与跨越。① 学者高强是应用这一方法研究体育哲学问题的卓越代表。他运用谱系学考察的方法，融合了哲学与史学的思想方法，结合人类学、现象学、解释学、语言学等多学科视域研究了系列体育哲学问题：《对体育与语言流变关系的语言哲学思考与谱系学考察》②、《从"形而上学式"到"历史主义式"体育哲学——始于体育概念无穷性困境的思考》③、《从"体育哲学中的身体"到"体育中的身体"——对体育哲学身体研究范式的现象学批判与重建》④、《体育概念之争与哲学思辨》⑤、《体育哲学：究竟是"体育哲学"还是"体育的哲学"》⑥、《体育学与哲学：基于学科关联的历史考察》⑦、《体育哲学的史学之维与现象学之路——泛法体育哲学学会主席 Bernard Andrieu 教授访谈》⑧、《欧洲中世纪体育之辩：从身体实体论到身体关系论》⑨等。谱系学的方法既在方法论上将体育哲学与体育史研究进行综合，也在学理层面上提供了思考、辨析体育基本概念的一条思路。

---

① 高强."竞技"与"语言"：对体育与语言流变关系的语言哲学思考与谱系学考察［J］.北京体育大学学报，2018，41（6）：33－42.
② 高强."竞技"与"语言"：对体育与语言流变关系的语言哲学思考与谱系学考察［J］.北京体育大学学报，2018，41（6）：33－42.
③ 高强，康义萌.从"形而上学式"到"历史主义式"体育哲学——始于体育概念无穷性困境的思考［J］.体育科学，2018 年，38（1）：63－70，89.
④ 高强，程一帆.从"体育哲学中的身体"到"体育中的身体"——对体育哲学身体研究范式的现象学批判与重建［J］.体育科学，2019，39（4）：29－38.
⑤ 高强.体育概念之争与哲学思辨［J］.成都体育学院学报，2019，45（5）：22－23.
⑥ 高强.体育哲学：究竟是"体育哲学"还是"体育的哲学"［J］.上海体育学院学报，2020，44（1）：11.
⑦ 高强.体育学与哲学：基于学科关联的历史考察［J］.体育科学，2016，36（11）：82－90.
⑧ 高强.体育哲学的史学之维与现象学之路——泛法体育哲学学会主席 Bernard Andrieu 教授访谈［J］.体育与科学，2017，38（6）：22－26.
⑨ 高强.欧洲中世纪体育之辩：从身体实体论到身体关系论［J］.体育与科学，2013，33（1）：46－50.

小　结

一、体育哲学研究历程的阶段划分依据

任海在《体育哲学在北美的发展简况》中将体育哲学学科的发展概括为三个阶段：第一阶段是初始阶段（1894—1938），这一阶段产生了一系列关于体育中的哲学问题的研究，但是存在的主要弱点是缺乏系统性、用语不准、生搬硬套等；第二阶段是形成阶段/过渡阶段（20世纪60年代），这一阶段以三部重要著作的问世为标志，分别是《体育中的哲学过程》（戴维斯，1961）、《哲学塑造体育》（戴维斯，1963）、《身体、健康和娱乐教育的哲学基础》（齐格勒，1964），既总结了前人成果，又为后来的研究做了必要准备，存在问题是过多地涉及一般哲学的讨论，对体育哲学的论述尚嫌粗糙，有待加工，总的看来还没有跳出教育哲学的窠臼；第三阶段是创造阶段（1967—20世纪80年代），这个阶段体育哲学开始努力摆脱对教育哲学的从属地位，取得了独立发展的资格，且这一时期的诸多成果引发了学术界的激烈争论，这些争论和批评深化了人们对体育的认识，对体育哲学的发展起了积极的作用。存在的问题主要是虽然体育哲学经历了十几年的迅速发展，但"尚未引起哲学家们足够的注意。在北美大学的哲学系中，极少将体育哲学作为一个哲学分支进行研究，对体育有兴趣的哲学家为数不多，就是这些对体育感兴趣的哲学家也都不把体育哲学作为自己的主要研究领域"[1]。2009年，于涛在其专著《体育哲学研究》中提道："人们对体育哲学一百余年的历史时期划分各有不同的角度和观点，科瑞奇马就体育哲学所依托的母体学科理论和方法把其分为三个阶段：教育哲学阶段（1875—1950）；系统方法阶段（1950—

---

[1]　任海. 体育哲学在北美的发展简况［J］. 体育科学，1990（3）：89.

1965）；学科方法阶段（1965—）。"① 综合体育哲学的研究领域、研究方法和研究规模等方面因素，于涛认为体育哲学的发展可以分为三个阶段：第一阶段是学科初创阶段（20 世纪初—1945），从哲学层面研究体育的文献开始出现，但对体育哲学的研究尚缺乏严谨的理论体系，往往与运动心理学、体育社会学、体育文化学、体育史学领域的问题混杂在一起，在研究领域的分类和研究方法上存在一些明显的不足，不仅从训练和运动技术方面，更从社会、哲学、心理、伦理、宗教的角度考察体育现象，往往把有关体育人文领域里的所有问题都统称为"体育哲学"；第二阶段是学科独立阶段（1945—1970），社会科学的发展导致了体育社会科学的分化，体育社会学、体育文化学逐渐从体育哲学中分化出来，体育哲学的研究对象、研究方法进一步明确，一批体育哲学论文和专著陆续出版，大量研究成果和具有震撼力的体育著作标志着体育哲学作为一门学科已经走上了独立发展的道路；第三阶段是学科成熟阶段（1970—），体育哲学进入了空前活跃期，体育学家陆续发表了一些对体育哲学具有基础性意义的著作，1972 年 12 月在美国波士顿召开了国际性的体育哲学学会成立大会暨首届学术讨论会，会上决定出版学会的机关刊物《体育哲学学会通讯》，并主办期刊《体育哲学杂志》，这是世界上第一个完全用于发表体育哲学研究成果的刊物。20 世纪 90 年代的体育哲学比较关注两方面

---

① 一、教育哲学阶段是指综合运用各种教育哲学理论研究体育教育中的问题，这个时期的体育哲学不单纯使用某一种教育哲学流派的理论，而是广泛采用各学派的理论观点，形成自己看法的哲学。二、系统方法阶段，体育哲学家们主要使用系统的方法比较各种哲学流派的理论利弊。许多人对唯心主义、唯识论、实用主义、自然主义和存在主义等传统哲学的理论进行分析比较，并把其引入教育目的、教学目标、教育价值和教学计划的制定与实施，人们开始重视体育哲学对实践的意义。三、学科方法阶段，1965 年以后随着体育学科的发展，体育现象引起社会的普遍关注，体育哲学形成了自己独特的研究领域，体育哲学也成为独立的学科。学者们开始从多个层面批判性地分析复杂的体育现象，而对体育教育却给予较少的关注。1972 年"体育哲学研究会（PSSS）"成立，后改名为"国际体育哲学学会（IAPS）"，1974 年出版该学会的机关刊物《体育哲学杂志》，标志着体育哲学发展进入了一个崭新的阶段。参见 Kretchmar R S：Philosophy of sport. In Massengale D J & Swanson R A. The history of exercise and sport science Champaign，Human Kinetic. 1997：181 - 201. 引自：于涛. 体育哲学研究 [M]. 北京：北京体育大学出版社，2009：15 - 16.

内容，一是体育哲学在体育实践领域中原有理论的发展与创新，即不断充实体育哲学所涵盖的实践层次，提高体育哲学的解释力；另一方面是针对体育运动中的实际问题进行哲学分析和思考。此外，这一时期还是体育哲学中游戏理论的井喷时期，体育运动中的伦理问题也开始进入学者们视野。① 而到了2015 年，学者刘涛、金春光也做了对西方体育哲学发展历程回顾的工作，把体育哲学学科发展划分了三个阶段②。初始阶段（20 世纪 60 年代以前），这时期研究体育哲学的特点是有关体育哲学研究的内容比较肤浅；具有教育哲学的性质；探讨了体育哲学的学术可能性。形成阶段（60 年代），这阶段对前人的研究成果进行了总结；站在更高的哲学视角阐释了体育社会现象；给予后来学者的深入研究做了必要的准备；但成果多是停留在一般哲学问题上，没有关于体育哲学的深入研究。发展阶段（70 年代以后），体育哲学的研究进入了发展期，学术界真正开始谈论体育哲学问题。这个阶段产生了大量具有广泛影响力的科研成果；成立了国际性体育哲学研究会和学会，如美国健康、体育、娱乐协会（AAHPER）、体育哲学讨论会（The Symposium on the Philosophy of Sport）③、体育哲学研究会（PSSS, The Philosophic Society of the Study of Sport）、国际体育哲学学会（IAPS, The International Association for the Philosophy of Sport）；举办国际性体育学术会议促进了体育哲学的加速发展；在高等学校中开设了体育哲学课程；创办期刊，如体育哲学研究会（PSSS）从1974 年起出版期刊《体育哲学杂志》（The Journal of the Philosophy of Sport）；广泛地进行东西方体育思想的比较研究和国际学术交流活动，扩大了体育哲学工作者的社会网；在体育哲学发展过程中许多学者从形而上学、认识论、价值论三个领域进行了深入的研究与探讨，同时还利用语言分析、现象学、分析学等多种方法。从 80 年代开始扩大了体育哲学的研究范围和研究方法，

① 于涛. 体育哲学研究 [M]. 北京：北京体育大学出版社，2009：15 – 19.
② 刘涛，金春光. 西方体育哲学的发展历程回顾 [J]. 体育文化导刊，2015（5）：195 – 198.
③ 1972 年 2 月 10 日—12 日在美国纽约州的布洛克泡特举行首次专门讨论体育哲学的学术会议。

尤其是以价值论的视角去其研究体育的诸多问题，主要集中在伦理问题和艺术性等问题。① 杨其虎从体育哲学学科逐步取得独立性的角度将西方体育哲学研究发展划分为三个阶段②。一是依托教育哲学的体育哲学研究阶段（20 世纪 20 年代—50 年代初）。这一时期的研究成果都是建立在教育哲学理论的基础之上，研究范式和方法也没有脱出教育哲学的窠臼，体育哲学作为专门研究的重要标志是 1927 年美国出版的杰西·威廉姆斯（Jesse Williams）的《体育原理》，这本书发行了八版，至少影响了两代人。二是体系化（system）研究时期（约 20 世纪 50 年代—60 年代中期），系统是指思想流派，如理想主义、现实主义、自然主义等，这个阶段人们开始使用伯罗拜克（Brubacker）的《现代教育哲学》（1950）和巴特勒（Butler）的《四种哲学》的理论去建构体育哲学的研究内容和形式，开始提出系统性的问题，开始讨论身体与灵魂的关系，并把柏拉图、亚里士多德、康德等人的哲学思想及价值论、认识论、形而上学理论单独地或者综合地运用到论述中，喜欢研究对某个流派的描述或对不同流派的比较。三是学科（discipline）研究阶段（20 世纪 60 年代中期至今），开始以哲学为工具探索竞技体育、游戏与人的发展、自由、幸福及实现的关系，不再仅从科学而是从哲学中寻找基本线索开展研究，到了 70 年代进入高度繁荣状态，百家争鸣、百花齐放。晚近时期，在分析哲学的影响下，欧洲大陆的捷克、德国、匈牙利、波兰和斯洛文尼亚已经出现一个使用本地语言进行研究的体育哲学研究群体，他们创造了体育哲学的流行术语如"身体文化哲学""运动文化哲学"和"哲学亲缘人类学"。③

表 3.8 – 3.10 总结了西方体育哲学 20 世纪 50 年代前、20 世纪 50 年代后、21 世纪之后的代表著作。

---

① 刘涛，金春光. 西方体育哲学的发展历程回顾 ［J］. 体育文化导刊，2015（5）：195 – 198.

② 杨其虎. 西方体育哲学研究述论 ［J］. 成都体育学院学报，2015（3）：46 – 52.

③ 杨其虎. 西方体育哲学研究述论 ［J］. 成都体育学院学报，2015（3）：47.

表 3.8　西方体育哲学 20 世纪 50 年代前代表性研究

时间	作者	名称
1894 年	桑塔亚那	《看台上的哲学》
1900 年	格雷夫斯	《体育哲学》
1920 年	古里克	《玩耍的哲学》
1922 年	克拉克·赫瑟瑞顿	《学校的体育计划》
1927 年	杰西·威廉姆斯	《体育原理》
1927 年	伍德、罗瑟林·凯西蒂	《新体育》
1927 年	埃尔默·伯尔利	《体育运动哲学》
1930 年	斯库蒂	《1870—1929 年美国体育的目的》
1934 年	赫伊津哈	《游戏的人：文化中游戏成分的研究》
1936 年	拉金	《杜威对体育的影响》
不详	布赖特比尔	《人与余暇：娱乐的哲学》
	考威尔、弗兰斯	《体育的哲学与原理》
	马扎斯	《体育的深刻意义》
	奥博特弗尔、尤利克	《体育：用于专业学生的理论课本》
	范曼	《体育的现代原理》
	谢波德	《体育的基础与原理》
	斯他利	《体育运动教育：体育的新课程》
	韦曼	《体育的现代哲学》
1938 年	惠辛加	《人类的玩耍》
1940 年	查理斯·迈克科罗伊	《体育的哲学基础》
1948 年	纳什	《体育：解释与目的》

表 3.9　西方体育哲学 20 世纪 50 年代后代表性研究

时间	作者	名称
1953 年	尤格·赫里格尔	《射箭艺术与禅》
1961 年	大卫	《体育的哲学化过程》
1963 年	俄伍德·克瑞格	《哲学方式的体育》
1964 年	泽格勒	《身体、健康与娱乐教育的哲学基础》
1965 年	梅森尼	《体育与舞蹈中运动的内涵》
1967 年	斯拉舍	《人、体育与存在》
1968 年	梅森尼	《运动与意义》
1969 年	韦斯	《体育：一种哲学的探索》
1969 年	汉斯·伦克	《体育社会哲学》
1971 年	赫里格尔	《射箭艺术中的禅宗》
1972 年	格伯	《体育与身体》
1973 年	奥斯特豪特	《体育哲学》
1984—1985 年	斯特利亚洛夫	《在体育科学研究中确立概念的方法论原则》 《竞技体育与生活方式》 《论体育理论问题（方法论分析）》
1996 年	奥斯特霍德	《物质性：体育的一种内在之善》
1996 年	霍夫曼	《体育与信仰》
1997 年	摩根	《倒的观点：体育与民族特性的塑造》
1998 年	布舍	《公平竞争是对体育竞技的尊重》
1998 年	布雷维克	《高度现代化的体育：体育的社会价值运载功能》
1999 年	黑尔斯	《一个认识论主义者看体育竞技中的顺手现象》
1999 年	迪克逊	《论获胜与竞技卓越》
2000 年	西蒙	《内涵论与体育内在价值》

续表

时间	作者	名称
1972 年	范德兹瓦格	《走向体育哲学》
1975 年	齐格勒	《人格化的体育哲学》
1977 年	哈珀	《体育中的哲学过程》
1978 年	奥斯特豪特	《体育哲学导论》
1982 年	米哈利克	《体育运动与竞技：行动的哲学》
1983 年	托马斯	《在哲学背景中的体育》

表 3.10　西方体育哲学 21 世纪以后的代表性研究

时间	作者	名称
2000 年	［美］雷斯	《放眼看体育技能：游戏的关键组成部分》
2000 年	［美］西蒙	《内涵论与体育的内在价值》
2001 年	［美］克劳拉多	《体育中的价值》
2001 年	［美］沃什	《体育财神：体育商品化的规范化批判》
2001 年	［美］费泽尔	《体育与谬误》
2001 年	［美］琼斯	《体育运动中的信任》
2001 年	［美］迪克逊	《愉悦、兴奋剂与体育的变迁》
2001 年	［美］施奈德	《水果、苹果和分类的谬误：竞技、规则游戏、游戏的关系》
2001 年	［美］安德森	《人性的复苏：运动、体育与自然》
2001 年	［美］罗兰德	《记录化的体育：一种生态学意义的批判与重建》
2001 年	［美］罗伯特	《竞技与强壮的诗歌》 《语言、事实、正义与体育运动》
2001 年	［美］何若拉	《体育于哲学层面的象征意义》
2001 年	［美］卡普佛	《体育美学对于完美之否定》
2002 年	［美］马洛伊	《体育伦理学：体育与娱乐中的概念与实例》
2002 年	［美］麦克纳米	《傲慢、谦卑与耻辱：体育界的美德与陋习》

续表

时间	作者	名称
2002 年	［美］费舍尔	《战争式的体育竞技：塑造健全的体育美德》
2002 年	［美］舒尔曼	《终生体育：大学校园体育教育和竞赛的价值》
2003 年	［美］罗兰德	《体育中的公平竞争：一个道德的规范体系》
2003 年	［美］托普森	《体育与乌托邦》
2004 年	［美］伯格曼	《何以体育？体育哲学导论》
2004 年	［美］麦克菲	《规范性、辩护及（麦金泰尔）的实践：谈体育哲学方法论的思想》
2004 年	［美］赫威	《运动员精神》
2004 年	［美］凯波斯顿	《丑恶观念与精英体育的悖论》
2004 年	［美］阿克提	《体育、舞蹈与本体的体现》
2005 年	［美］伯伦卡	《公平的理念对体育伦理是普遍概念还是特殊概念?》
2005 年	［美］艾逊	《运动技术：历史、哲学与政策》
2005 年	［美］汀雷	《竞赛与日落：一个运动员对后竞技生涯的追问》
2005 年	［美］福舍默	《对体育传统认识论的哲学批判：从信息处理到肉体的背景知识》
2006 年	［美］戴维斯	《游戏的力量》
2006 年	［美］休茨	《游戏及其内在的制度体系》
2006 年	［美］科瑞奇马	《对休茨乌托邦的理解：源于人类学的哲学观点》
2008 年	［美］Heather Reid	《奥林匹克认识论：哲学推理的运动根源》
2008 年	［俄］Mikhail Saraf	《现代体育的美学再思考》
2008 年	［俄］V. Stolyarov	《体育与和平文化》
2008 年	［德］Eckhard Meinberg	《足球作为哲学——人类学的挑战》
2013 年	［美］Heather Reid	《卡洛卡西亚：伦理、体育与美学》《效率伦理学：体育补剂与对游戏的尊重》

续表

时间	作者	名称
2013 年	［美］Jesus Ilundain	《武道与美德：目的与过程之间甜蜜的张力》
2013 年	［俄］Pavel Titov	《体育哲学的人类学基础》
2013 年	［波兰］Filip Bardz-imski	《"我们是谁？狂热分子是谁？"——波兰体育迷如何对后现代性进行新保守主义和社群主义批评》
2013 年	［波兰］Jerzy Edward Kosiewicz	《反兴奋剂态度正当化的伦理语境：批判性反思》
2013 年	［希腊］Anastasia Eleftheriadis	《体育科学进步的跨学科性质——基于动态理论的认识论方法》
2018 年	Yunus Tuncel	《体育中正义与判罚的动态性：裁判员的职责》
2018 年	［克罗地亚］Matija Mato Skerbic	《威廉·摩根对体育伦理学领域的贡献》
2018 年	［格鲁吉亚］Gogi-lashvili Otar	《足球现象》

有学者指出，一般而言，一门学科的发展大致需要经历"孕育时期、生长时期、发展时期、成熟时期"四个阶段①。体育哲学研究总体来说是和体育的其他学科，如体育社会学、体育人才学、体育管理学、体育美学等同步发展的，一般重点关注其生长和发展时期，作为我国的一门新兴学科的体育哲学，确认它进入到生长、发展时期的主要依据是②：

1. 已有确定的研究对象——体育运动和体育科学中的一般规律；

2. 已有特定的研究领域——体育运动和体育科学产生和发展中的哲学问题，以及体育中的认识方法、思维方法、科学方法、研究方法、工作方法；

3. 已有较为完整的研究体系——生命观、人体观、体育观、体育运动系

---

① 黄捷荣. 关于体育哲学研究中的若干问题［J］. 哈尔滨体院学报，1988（1）：9.
② 黄捷荣. 关于体育哲学研究中的若干问题［J］. 哈尔滨体院学报，1988（1）：9.

统观、发展观、价值观、体育科学的特征和作用、产生和发展、体育科学的外部联系、体育方法论、运动技术论、体育管理论、体育运动内部的若干矛盾、体育的现状与未来等；

4. 已明确了学科的属性和特征——在整个学科体系中确立了自己的位置，有了明确的学科属性，即体育哲学具有自然科学、社会科学、思维科学的属性，归属于体育科学。具有了显著的特征，即从广义上说，是马克思主义哲学和体育科学之间的媒介科学，具有边缘学科的特征；

5. 已在体育运动实践和体育科学整体发展中得到验证和显示了生命力——在全国范围内开花、结果，召开了全国性体育哲学学术讨论会、在《2000 年的中国体育》中被列为体育科学发展的重点学科、全国体育学院将其列入教学计划并编写教材开设课程、有一只学术队伍并形成研究梯队。

体育哲学从"生长、发展时期"向"发展、成熟时期"转变，需要满足以下四个条件，这四方面也将是昭示体育哲学走向成熟阶段的依据①：

1. 前提条件——国家体委领导和有关部门的重视；

2. 必要保证——中国体育科学学会的扶助；

3. 成果基础——在体育哲学研究中，已有较为理想的基础，如八所体院合编的《体育哲学》教材；

4. 认识条件、学术条件、主观条件——已经形成和壮大的体育哲学研究队伍，且数量增加、质量提升。

二、体育哲学研究历程的阶段特征变化趋势

20 世纪 90 年代初，有学者把十几年体育哲学发展过程划分了四个阶段②：

第一阶段（1981—1983）：学科初创阶段。"初创"是以 1981 年在沈阳体

---

① 黄捷荣. 关于体育哲学研究中的若干问题 [J]. 哈尔滨体院学报，1988（1）：9 - 10.
② 李修珍. 略论体育哲学学科建设与发展 [J]. 体育科学研究，1993（2）：1 - 3.

院召开的第一次学术研讨会为标志，1982 年，在西安体院再次召开学术会议时统一命名。

第二阶段（1984—1986）：走向社会阶段。1984 年是一个转折——实现了体育哲学由学院向社会的跨越，标志是泉州的体育哲学、体育经济学学术讨论会。1985 年又是一个大转折——体育哲学不仅走向社会，更走向了全国。学术活动开始走向经常化、制度化。标志性实践就是 1985 年在福建永安召开的全国体育哲学社会科学论文报告会。

第三阶段（1987—1989）：开花结果阶段。广大体育哲学理论工作者共编写出体育哲学专著和教材五个版本，其中两个版本公开出版发行。一批高质量的体育哲学学术论文在全国各种体育理论刊物发表。这些成果的问世确立了体育哲学在我国体育社会科学中的地位。另外一个学科地位确立的重要事件是第十一届北京亚科大会，体育哲学专家学者走上大会殿堂，成为我国体育哲学发展史上的重大事件。

第四阶段（1990—1993）：走向全盛时期。20 世纪 90 年代体育哲学学科建设的显著特点是"理论队伍新老交替、重新组合，理论联系体育运动实际的成果不断涌现"。四川教育出版社出版的《体育哲学》和武汉工业大学出版社出版的《体育智慧趣闻》是重要的标志性成果。至此，我国体育哲学已经有了一支理论队伍，一批成果占据了阵地，扩大了影响，站稳了脚跟。

作者还指出体育哲学研究到达全盛时期，将是 20 世纪的最后十年，主要特点是：1. 体育哲学的理论队伍要实现更新换代，组建一支革命化、年轻化，宏大而且素质较高的跨世纪的理论工作者队伍；2. 创造数量多、质量高的体育哲学理论成果使其成为具有中国特色的、20 世纪先进水平的、较为完善成熟的体育社会科学带头学科；3. 拿出一批可以直观的体育哲学研究成果为体育实践服务；4. 冲出亚洲，走向世界，把我国体育哲学的代表著作推入国际体育科学殿堂；5. 扩大影响，广泛占领教学阵地，为培养现代体育人才服务并取得显著成果。①

20 世纪末，有学者对近 20 年间体育哲学学科的发展进行了回顾，并对这段历程进行了阶段划分。分为三个阶段：

第一阶段（1980—1985）：启动时期。起始标志确认为 1981 年由沈阳体院承办召开的全国第一次体育辩证法学术研讨会，本次会议构建了体育哲学前身——体育辩证法理论体系基本框架，认为这一框架"有着明显的新学科创建特征，标志着体育哲学在我国的诞生"。1982 年第二次体育辩证法学术研讨会上，将体育辩证法正式称之为"体育哲学"。②

第二阶段（1986—1992）：初见成效时期，也是体育哲学研究开花结果的阶段，一系列文章和著作的发表与出版，昭示着"已经形成了我国体育哲学的基本内容和体系"③，例如八所体院合作出版的我国第一部《体育哲学》（1986）、《体育哲学概论》（徐维耀、李秀珍，1987）、《体育哲学导论》（龙天启，1987）、《体育哲学》（黄捷荣 1988）、《体育哲学基础》（龙天启，1989）等，这些重大的理论成果"确立了体育哲学新学科在我国体育社会科学中的位置"④。

第三阶段（1992—1997）：深入发展时期。我国社会主义市场经济体制目标的确立使得体育哲学研究成为热点，很多有关市场经济条件下体育哲学研究的论文涌现，使得体育哲学研究涉及的领域有所拓宽，表明体育哲学研究正在深入发展。

这是在 20 世纪末，对当时近 20 年的体育哲学学科发展历程的划分。

2012 年有学者对体育哲学自 20 世纪 80 年代创建至 2012 年三十年发展历

---

① 李修珍. 略论体育哲学学科建设与发展 [J]. 体育科学研究，1993（2）：3.
② 王建国，吕沂. 世纪之交我国体育哲学研究的思考 [J]. 辽宁体育科技，1999（6）：65.
③ 王建国，吕沂. 世纪之交我国体育哲学研究的思考 [J]. 辽宁体育科技，1999（6）：65.
④ 王建国，吕沂. 世纪之交我国体育哲学研究的思考 [J]. 辽宁体育科技，1999（6）：65.

程进行了阶段划分①：

第一阶段（1980 年—1985 年）：我国体育哲学研究的启动时期。主要标志性事件是 1981 年、1984 年、1985 年三次与体育哲学主题相关的学术年会。会议达成共识：体育哲学在解决体育领域疑难问题时将扮演重要角色。

第二阶段（1986 年—1999 年）：我国体育哲学研究深入发展时期。标志性事件是八所体育学院出版了我国第一部《体育哲学》（1986.7）；1987 年 8 月"体育哲学理论构建"学术研讨会召开；1996 年北京科技大学发行的《社会科学百科》一书中将体育哲学被划归为专业社会科学学科，标志着体育哲学成为一门独立学科在我国得到迅速发展。其间，为了弥补外国文献少之又少的缺陷，著名日本学者 Pro. Shinobu Abe 的著作《体育哲学》首次被引进。从 20 世纪 80 年代末到 90 年代末我国出版了许多体育哲学科研成果，潘靖五、于善旭及其他一些学者也发表了体育道德方面的研究成果。20 世纪末，中国足球开始进入体育市场，足球协会开始商业化运作，因而体育伦理问题、职业体育发展问题受到了关注。1995 年"爱国主义和体育伦理问题"研讨会召开。

第三阶段（2000 年—2012 年）：我国体育哲学研究继续缓慢发展时期。这一阶段的特点是：体育哲学研究的数量和质量参差不齐，相关研究成果相对较少；高校缺乏统一的现代化的体育哲学教材；体育发展在这个阶段出现了一些现实的问题；体育哲学领域的学术活动逐年减少。研究者指出，原因主要是我国体育界还存在着轻基础理论研究重应用性的实用主义的倾向。在实践中体育科学研究忽略了许多基础的哲学研究，且没有与国际体育哲学学界建立密切的联系。

而今，体育哲学已然走过 40 个年头，因而对于阶段的划分也需要刷新。基于前文的文献分析与整理，以研究的特征变化为划分依据，对体育哲学四

---

① 于昕. 我国体育哲学研究［C］//中国体育科学学会体育社会科学分会 2012 全国体育社会科学年会——转变体育发展方式的探索论文集. 黄山：中国体育科学学会体育社会科学分会，2012：117－118.

十年的发展历程重新划分了三个阶段：

第一阶段（1982—1992）：体育哲学学科体系初构阶段；

第二阶段（1992—2008）：体育哲学学科体系系统化阶段；

第三阶段（2008—2020）：体育哲学学科体系成熟与理论深化阶段。

之所以如此划分，理由和依据如下：

首先，根据以往的既有成果对体育哲学学科创立的研究来看，对体育哲学在我国作为一门新兴学科出现在 20 世纪 80 年代这一点形成共识，并且标志性事件相互可以形成佐证，这里确立体育哲学学科的起点明确定为 1982 年是以正式确立"体育哲学"学科之名为标准的。

其次，划分各个阶段的依据是学科自身发展的阶段特征，而不同于以往对于阶段划分以等距时间段、研究成果等简单因素为依据。根据学科发展自身的规律，认为每个阶段的划分都要做以下几方面的考察和权衡：重大标志性事件（会议、成果）；体育哲学研究的取向特征（对象、内容、主题、方法论等）；学术组织和研究队伍；国家政策和大环境的变化（1992 年中共十四大确立社会主义市场经济体制的改革目标；2008 年北京奥运会）。

最后，采用假设—验证的思路确定划分标准的合理性。第一步，根据以往的研究结论，经过整合与批判，提出自己划分阶段的假设；第二步，阅读自 1980 年至 2020 年在中国知网以"体育""哲学""体育哲学"为关键词搜索到的 418 篇文献和收集到的欧美、日本、中国共 30 部体育哲学相关著作，对其研究进行研究，发现研究本身发生共同性转变的节点；第三步，与先前设置的假设时间节点相对应，进行校正。基于双向互证所得到的结论应当具有较强的可信度和合理性。

三、我国体育哲学研究的可能进路

西方体育哲学经历的三个阶段，第一阶段是站在教育的基点上看体育，认为体育活动场是学习的重要实验室，体育是人一生中全部教育的重要有机成分；第二阶段是从体育教育哲学研究向体育哲学学科研究过渡，把哲学的一些观点和原理运用到体育研究中，比较不同流派思想观点的异同；第三阶段是体育哲学成为哲学学科下的独立子学科时期。这一时期的研究对前两个阶段成果进行了扬弃，批判不合理的内容，吸收了合理的、经得起考验的理论观点。一方面在解释体育中的新现象、解决新问题时实现了理论超越，另一方面形成了体育哲学的理论流派和主流理论观点。① 我国的体育哲学学科体系的构建和研究由于起步较晚，因而也吸收了西方体育哲学学科发展的经验，在某种程度上而言，获得了更便捷的思考路径，集中表现为三个向度的努力：一是从形而上学的视角研究体育现象与问题；二是从道德哲学、伦理学视角分析体育问题；三是从政治哲学视角探讨体育相关问题②。

　　我国体育哲学研究理论工作者需要认清现状、把握趋势，努力做好以下几个方面③：一是必须要同心协力，集中研究力量的优势，进一步提高研究水平，在研究对象方面，既针对体育实践中存在的问题，也涉及体育科学技术发展中的问题，在研究任务方面，既注意解决实际问题，也重视扩大人们的知识面，提高人们的认识能力和方法论水平，使体育哲学的研究走上一条综合型的研究途径；二是进一步研究体育哲学的体系、结构，丰富内容，编写出具有中国特色的体育哲学；关注民俗体育哲学④、中国传统武术哲学等；总结体育实际中带有本质性的问题，从结合实际的过程中发挥体育哲学的认识职能、指导职能、描述反映职能、方法职能和教育职能等作用；三是要各自发挥主观能动性，认真回顾体育运动实践和体育科学研究中提出的问题，进一步展开体育哲学的纵向和横向研究，一方面通过对各个哲学派别基本观点的研究，运用不同派别不同的哲学观点来解释体育中的一些基本问题，另一方面研究有代表性的哲学家、思想家、体育活动家、教育家、政治家们关于体育问题的论述，分析他们对体育的见解；四是要重视现代科学方法在体育

---

① 杨其虎. 西方体育哲学研究述论［J］. 成都体育学院学报，2015（3）：48.
② 杨其虎. 西方体育哲学研究述论［J］. 成都体育学院学报，2015（3）：48.
③ 黄捷荣. 关于体育哲学研究中的若干问题［J］. 哈尔滨体院学报，1988（1）：10；龙天启，李献祥. 体育哲学［M］. 北京：北京体育学院. 1987：8.
④ 刘小明. 民俗体育哲学论［J］. 体育文化导刊，2016（12）：39–43.

哲学研究中的广泛应用，吸收现代科学和体育科学研究的新成果，使体育哲学更加完善、日益成熟，包括现象学、解释学、人类学方法的运用，都将为体育哲学带来新的理论增长点；解释主义、传统主义、形式主义、女性主义①等不同哲学流派的思想方法也将对体育理论问题的讨论贡献启示②；五是关注体育美学与伦理学问题，体育美学和体育伦理学的诸多议题也是体育哲学的共同关切，并且在西方社会和我国的台湾地区都是热点问题，在中国大陆，体育美学和体育伦理学研究尚不成熟，需要学界投以更深刻的关注③；六是体育哲学的实践问题，主要指运用体育哲学的思想方法来分析体育实践中出现的问题，包括兴奋剂问题、性别问题（尤其是女性体育发展问题）、奥林匹克运动发展过程中出现的问题、商业化问题、民族与种族问题以及由于人种、体质、地域、人体基因、竞技水平等导致的体育公平问题④等，都尚存较大的探讨空间。总而言之，这些努力的方向和研究思路的取径经过广大体育理论工作者四十年的追索，虽然在很多方面已经向前推进颇多，但学科发展是没有终点的事业，对于同一个目标在不同的时期也会提出新的标准和要求，关于体育的本体论、认识论、方法论、价值论等论域的问题，我们的探索始终在路上……

---

① 关景媛，陶玉晶. 女性主义哲学思潮对女性体育观的影响［J］. 体育学刊，2016（4）：18-24.
② 胡惕，韩云峰. 国际体育哲学研究热点及其启示［J］. 体育文化导刊，2014（4）：203-206.
③ 史海旺. 国际《体育哲学》（JPS）动态的可视化研究（1998—2014）［D］. 济南：山东师范大学，2015.
④ 王永顺，胡惕，刘鎏. 美国体育哲学的发展与启示［J］. 体育文化导刊，2016（5）：188-193.

第四章

内容之维——体育哲学研究的四大主要论域

体育哲学是以哲学为指导，以体育学科和体育实践为基础，揭示体育本质及其发展规律的科学，是科学的体育观、体育认识论、体育科学方法论相统一的理论体系①，是哲学走向现代化、应用化形势下与体育实践、体育科学相结合的产物，是使用哲学原理和理论对体育科学和体育实践进行分析研究，因而基本遵循哲学研究框架具有一定合理性。本章将以体育哲学研究的主题相关性为标准整合材料，从本体论、知识论/认识论、价值论和实践论角度对体育哲学学科发展及其相关理论内容予以呈现和分析。

第一节　本体论（ontology）② 之思：
体育的本质属性与理论范畴

本体论是西方哲学特有的一种认识形态。它以追求普遍知识为宗旨，以探索本原问题为原则，以解释逻辑范畴为目标，决定着西方哲学的观念、形态、命运和方向③。本体论来源于古希腊语"存在"一词，在形式上是以

---

① 杨其虎．西方体育哲学研究述论 ［J］．成都体育学院学报，2015（3）：46－52．
② 具体而言，体育的本体论研究，包括：体育运动中的人的本质、体育的本质；体育与自然、体育与社会的关系；人体生命的理论、体育与健康观；人的身心关系的哲学探讨等。蓝犁．体育哲学和体育哲学研究 ［J］．湖北社会科学，1990（11）：64．
③ 刘欣然，余晓玲．"是"的本真与"体育"的所是——体育本体论研究 ［J］．武汉体育学院学报，2014（7）：10－15．

"是（being）"（或者"存在""有"）为核心，逻辑地推演构造出来的范畴体系。它往往承认有先验的存在，或者世界可以归结于某一个或某一类存在，这种存在不仅仅可能被认定为水、火、气、原子这类固定的物质形态，也可能被设定为数、绝对精神等抽象概念。从 17 世纪开始，康德、海德格尔及当代的奎因都对本体论进行了反思。在体育哲学领域，从 1900 年 Graves 所撰写的《体育哲学》一文中对体育究竟为何的追问开始，试图构建一个以体育概念为本体的体育哲学研究起点的尝试经久不衰。其中"体育为何？"与"如何认识体育？"这两大争议主导了体育哲学的研究。① 体育本体论不仅是一门学问，同时也是认识"体育"的一种思维方式，是"体育"内涵中最基础的部分。② 我国的体育哲学是应用马克思主义哲学的立场、观点和方法来指导体育运动实践和体育科学理论的发展的，体育哲学帮助人们树立马克思主义体育观，帮助人们在体育实践和理论领域内去研究哲学观、历史观、生命观、价值观和系统观，帮助人们在体育科学发展中树立唯物的辩证的观点③。所有关于体育问题的讨论与观点都起始于一个基点——对体育的本质、学科归属、理论范畴的立场，是体育的本体论应当回应的诸多问题中的基本的问题之一。

一、关于体育的本质属性及体育哲学学科归属的认识

体育哲学必须对体育的本质做深入探讨，本质是指决定事物性质的内在规定性，是由事物内部的根本矛盾决定的。④ 关于"体育是什么"的认识，最主要的两大体育理论学术流派分别做出了相应的界定（表4.1）：

---

① 高强. 体育、身体、知识——体育哲学的认识论维度［J］. 武汉体育学院学报，2012（3）：6.

② 刘欣然，余晓玲. "是"的本真与"体育"的所是——体育本体论研究［J］. 武汉体育学院学报，2014（7）：10 - 15.

③ 黄捷荣. 关于体育哲学研究中的若干问题［J］. 哈尔滨体院学报，1988（1）：8.

④ 李献祥. 关于体育哲学对象范畴和基本内容的研究［J］. 体育科学，1990（5）：87.

表4.1　两大体育理论学术流派对体育的界定

	经典体育理论	真义体育思想
体育是什么?	体育包括竞技运动、狭义体育、身体锻炼和身体娱乐四个部分	体育就是身体的教育，即增强体质的教育

在对体育本质的认识中，"属＋种差"的逻辑定义方式是界定体育概念的主要方式，维护"知识主体思维结构"的本体论思维是体育哲学层面上认识体育本质的主导。由体育概念而形成逻辑起点的体育哲学研究模式（如图4.1）一以贯之①。

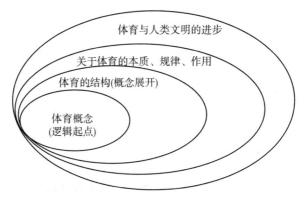

图4.1　以体育概念为起点的体育哲学研究模式

体育是人类社会行为的一种形式，是人类社会活动的一个方面，也是物质世界物质运动的一种特殊形态。体育所要解决的主要矛盾是"人体功能（包括形态、素质和技术三大方面）与社会需要（包括人类、民族、国家、社群和个体）的对立统一关系"②。因而体育的本质有二重性，是体育的"技术性"与体育的"社会性"的辩证统一。技术性虽然是体育的自然属性，但体

---

① 高强．体育、身体、知识——体育哲学的认识论维度［J］．武汉体育学院学报，2012（3）：6.

② 韩丹．体育哲学与体育的宏观研究［J］．哈尔滨体院学报，1988（1）：4.

育的技术性总具有一定的社会形式，从属于一定的社会关系；体育的社会性也不是离开体育的技术性的纯思想关系或其他交往关系。因而二者缺一不可。① 同样是建立在属+种差的思考方式基础上，有学者提出了体育本质的五要素说，该学说也是建立在"体育"是人的行为这一"属"概念的基础上，并提出"适合种差的确立"才能使"体育"的概念更完整，而"种差"分为五种要素：身体性、运动性、体能、实践性、技艺性。在"体育"意义的生成中，身体是平台，运动是动力，体能是基础，实践是属性，技艺是知识，行为是本质。认为"体育是人身体性运动体能实践的技艺行为"②。并且，体育与舞蹈、杂技、游戏都不同，"体育在于身体运动；舞蹈在于身体舞动；杂技在于身体奇动；游戏在于身体悦动"③。虽然都呈现为身体行为的特征，但是只有体育的真正目的在于体能实践，追求身体能力、素质和技能的变化；舞蹈是身体节奏动作的艺术形式；杂技是完成身体技巧高难动作的表演；游戏是一种自愿的、非目的性的活动。它们在本质上不是同一的。

　　体育的学科属性问题是体育哲学研究的前提性问题。从科学分类的角度看，体育可以看作"涉及自然科学与社会科学的重要交叉学科""综合科学""横断科学""人体科学"等等，其共同点是都承认体育绝不是单纯的自然科学或社会科学，而是兼有两者的内容。④根据各项体育活动的任务和目的不同，可以将体育作为一个系统，下面可分为五个二级子系统⑤（如图4.2）：

---

①　李献祥. 关于体育哲学对象范畴和基本内容的研究［J］. 体育科学，1990（5）：87.

②　刘欣然，余晓玲."是"的本真与"体育"的所是——体育本体论研究［J］. 武汉体育学院学报，2014（7）：10－15.

③　刘欣然，余晓玲."是"的本真与"体育"的所是——体育本体论研究［J］. 武汉体育学院学报，2014（7）：10－15.

④　瞿国凯. 试论体育科学的定量化［J］. 福建体育科技，1985（4）：1－8.

⑤　李献祥. 关于体育哲学对象范畴和基本内容的研究［J］. 体育科学，1990（5）：87.

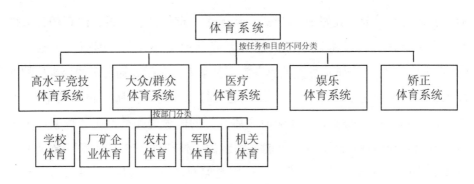

图 4. 2　体育系统图示

在体育科学中存在四大学科群：基础学科、应用学科、技术学科、管理学科。① 体育哲学在体育科学的存在和发展中居于基础地位，是基础学科群中的一席，影响并渗透于体育的其他基础学科，也影响应用学科、技术学科和管理学科。体育哲学是全方向发展的学科，它在纵向、横向、纵横交叉的方向上影响和渗透于一切体育学科。体育哲学在现代体育科学的发展中，既是马克思主义通向体育科学的"桥梁学科"，又是为体育科学的发展提供世界观和方法论、认识论的"指导科学"②，是一门既有理论性又有明显的应用性的哲学学科，是一种"部门哲学"③。

体育哲学的本质特征在于"主观和客观的一致性"，"它是现实的、批判的、革命的、科学的、发展的"。体育哲学的本质特性表明，体育哲学是体育运动和体育科学发展过程本身哲学问题的反映，又是人的认识过程本身的哲学概括，因而，体育哲学是对体育这一领域中"元问题"的研究④。体育哲学是开展体育运动、发展体育科学的理论基础，是体育的实际工作者和理论工作者进行理论研究活动的重要认识工具。⑤

---

① 黄捷荣. 关于体育哲学研究中的若干问题 ［J］. 哈尔滨体院学报，1988（1）：8.
② 黄捷荣. 关于体育哲学研究中的若干问题 ［J］. 哈尔滨体院学报，1988（1）：8.
③ 李献祥. 关于体育哲学对象范畴和基本内容的研究 ［J］. 体育科学，1990（5）：86.
④ 李献祥. 关于体育哲学对象范畴和基本内容的研究 ［J］. 体育科学，1990（5）：86.
⑤ 黄捷荣. 关于体育哲学研究中的若干问题 ［J］. 哈尔滨体院学报，1988（1）：10.

　　体育哲学是关于体育实践和体育科学发展规律的哲学表达，主要研究对生命认识问题上的哲学斗争、各个历史阶段对人体认识的哲学概括，分析历史上有影响的科学家和思想家对体育、健康、教育等问题上的哲学见解。① 体育哲学是通过揭示现代体育活动的本质和特点及其规律体系，研究人们关于现代体育活动的根本观点和方法论原则，并且加以理论化和系统化，从而为人们提供从事现代体育活动的哲学理论和方法。② 体育哲学实际上是一种体育原理体系。但是和体育原理、体育概论这些学科相比，既有相似之处，又独具特色（见表4.2）。体育哲学主要用马克思主义哲学以及现代哲学在各个领域的研究成果来认识体育在各种制约关系中所呈现的特性和规律：从辩证法的规律认识体育的矛盾发展；从自然辩证法对生命的研究认识体育与生命过程的关系；从医学哲学对人体研究的成果中来认识体育与人的生命体的关系；从历史唯物主义关于社会研究的原则认识体育在社会发展过程中的历史规律；从科学哲学、美学哲学、教育哲学以及系统哲学等理论和应用哲学中，吸取其结论与方法，以发展对体育诸种关系的认识。此外，体育哲学注重研究不同世界观体系对体育认识的结果，并以马克思主义哲学进行分析鉴别，进而以正确的科学的观点指导体育理论研究与实践。③ "体育哲学和其他体育学科的区别，在某种意义上可说是研究层次上的区别。这种区别本身也限制和规定了体育哲学的范围和对象，体育哲学一旦认认真真解决了几个问题，其自身的生命力也就自然显示出来。"④

---

① 韩丹. 体育哲学与体育的宏观研究［J］. 哈尔滨体院学报，1988（1）：5.
② 李献祥. 关于体育哲学对象范畴和基本内容的研究［J］. 体育科学，1990（5）：86.
③ 韩丹. 体育哲学与体育的宏观研究［J］. 哈尔滨体院学报，1988（1）：5.
④ 惠蜀. 体育哲学拾蠡［J］. 成都体院学报，1987（4）：1.

表4.2　体育原理、体育哲学、体育概论、体育史的比对

	体育原理	体育哲学	体育概论	体育史
相同之处	都是运用马克思主义哲学对体育运动进行研究			
	都是体育宏观研究的知识领域			
	都是体育科学中，高层次的概括性学科		概括性学科	基础性学科
不同之处	把体育仅仅作为一种社会现象加以研究	把体育作为人类的一种认识现象和社会现象进行总体上的考察	把体育作为一种宏观的体育实践进行综合考察	提供历史事实和结论
	要深入探讨体育的本质、目的、内容、结构、方法等，解决如何促进体育发展的问题	一般不直接研究体育的结构、内容、方法等问题	比体育原理更接近体育实践	研究体育发展中的原因、本质、规律、必然性
	从科学领域，即从体育科学（包括运动科学）的发展成果中进行概括性的宏观研究	从哲学领域对体育进行宏观的理性认识	是对体育领域各个方面（理论研究、工作实践）的概括反映	从人类历史纵的发展的全过程来认识体育
	着重于体育发展与存在之中出现的实际问题的阐述与研究	着重从世界观方面研究人们对体育的认识问题	侧重人们对体育的概括性认识	侧重提供科学化发展的依据
	侧重于对体育领域的具体方面进行比较具体的研究	着重以比较抽象的思维方式进行研究和表达	主要是起到综揽全局、入门指导作用	强调对体制改革、体育发展的意义

	体育原理	体育哲学	体育概论	体育史
关系	相辅相成 互补、互促进 有机统一			

注：体育宏观研究学科群的成员还有体育思想史、体育文化研究、体发展战略研究等。

二、体育哲学的核心范畴及框架结构

（一）体育哲学的核心范畴

体育哲学的范畴，实质上可以理解为体育中所包含的一些基本关系及对这些关系的认识和概括，包括：人天关系、身心关系（灵肉关系、形神关系）、生死关系、动静关系、遗传与锻炼的关系、自我与超越的关系等。认识这些体育中最基本的范畴，是体育哲学研究的重要任务之一。

范畴一：人天关系

惠蜀曾基于对"天"的三重意蕴解读"人天关系"范畴①（见表4.3）。认为对人天关系的探讨，尤其是对"外部自然规律与人体或生命发展规律在体育运动中的统一"的过程的研究和探讨，是揭示体育运动规律的重要任务之一。

表4.3 "人天关系"的三重意蕴及其与体育的联系

类型	天空之天	天命之天	天道之天
含义	自然的天空，"天""地"为两大实体，人在天地之间，受天地的养育	超自然的，至高无上的人格神，是上帝或神的处所，有意志能创造万物、主宰一切，是皇天之天，主宰之天	蕴含在万事万物之中的"理""道"，具有客观规律的含义

---

① 惠蜀．关于体育哲学的若干范畴［J］．成都体育学院学报，1990（4）：9.

类型	天空之天	天命之天	天道之天
人天关系	表现为人与外部自然的关系。 外部自然对人的存在及人的活动产生直接的作用和影响	表现为人道和神道的关系。 在东西方神学决定论的历史中，神或上帝至高无上的万能性表现在万物的创造者和万物命运的主宰者两方面。 马克思主义的唯物史观彻底而科学地否定了神决定论，揭示了劳动创造了人。人不是外物或外在力量的奴仆，而是自己活动的产物	表现为人与规律的关系。 是人与外部自然关系、人道与神道关系这两条线索发展的逻辑归宿
与体育的联系	影响体育运动形式的形成（"南人善舟，北人善马"的地理环境作用）； 影响体育运动效果（不同时间、空间存在锻炼效果的差异）	体育活动是人类改造自身的一种特殊的实践活动，其中透射出来的哲学意义在于人对神学决定论的否定和对人自身力量的证明	体育活动是一种特殊的以自身为客体来改造和发展自身的实践活动，既与外部自然有关，又是以人自身的感性肉体存在为载体来实现的。研究体育活动的规律，既要研究外部自然规律，又要研究人体自身发展规律，更要探讨外部自然规律与人体或生命发展规律是如何在体育运动中得到统一的

人体观是天人关系中的一个核心问题，有什么样的人体观，直接影响对体育本质、功能、作用、价值的认识，因而人体观也是体育工作和体育政策的理论基础，有研究总结了关于人体整体认识的观点和理论：

一是钱学森倡导的人体是一个复杂、开放的巨系统，人体巨系统在自我生命活动中呈现出有序的运动态。指导人体科学研究的哲学理论叫作"人天观"，理论特点是：（1）说明人体是一个多元多层次的结构统一体；（2）人体是由意识调控的活动体；（3）人体是一个受环境制约，与环境进行双向交流的人天合一的存在体；（4）人体活动呈现出有序的相对稳定的功能态。

二是杨玉辉提出的"人体是由物质、信息、精神三种基本成分构成的，是物质、信息和精神的统一体"①。其理论特点是：（1）把人体视作物质运动三种形式即实物与场的统一的物质运动、信息运动和精神运动的统一体；（2）人体的发展、变化的动因和过程，全由三基素的矛盾运动构成，人的生命活动就是三基素的矛盾运动过程。

三是章韶华指出的人体是"由宇宙间几乎所有的物质元素有机结合成的、具有自我意识和自觉活动特性并与外界息息相通的有机体。是'显在''潜在''超在（或超潜在）'统一而成的特殊物质形态，是一种具有'自然—人道主义'本性的有机体"②。其理论特点是：（1）从社会、劳动的角度透析人体的本质或本性；（2）批判以往的人体科学的片面性、孤立性、局限性；（3）致力于联系现有的科学成果，接受人体观念的验证，广泛联系各个学科成果，得到关于人体最一般的认识，揭示人体本质。基于对既往人体观的反思，提出要建立全新的体育哲学人体观，原则是要遵循马克思主义哲学的基本原理，要依据当代系统科学（包括六论）的基本思想新方法。③ 基于对主要人体观的考察，韩丹指出："人体观绝不应是单纯的自然人体观，应当从系统哲学结构与功能的角度，从社会分工中劳动着的人的角度、从人的本质的

---

①　韩丹. 论体育哲学的人体观［J］. 体育与科学，1997（1）：40.

②　韩丹. 论体育哲学的人体观（续完）［J］. 体育与科学，1997（2）：25.

③　韩丹. 论体育哲学的人体观（续完）［J］. 体育与科学，1997（2）：25.

角度对人体进行综合的审视。"① 应当建立一种"以现实社会中进行着生命活动的人为基本点的体育哲学的人体观，这是一个由自然人体观、劳动人体观、社会人体观和自我自觉人体观统一融合的综合体"②。

2. 范畴二：身心关系（灵肉关系、形神关系）

身心关系是与哲学、宗教、艺术、医学等联系得十分紧密的一个范畴。身心关系的形成与原始人对各种生命现象、生理现象（如梦的产生）的理解有关，尤其和灵魂观念分不开。③

关于"身心关系"范畴的研究主要集中于三个层面④：

首先，是关于身心的存在形态问题。

关于身与心的存在形态有三种主要观点⑤：一是古代朴素的唯物主义身心一元论，肯定人的肉体是物质的，灵魂也是一种无形的物质；二是唯心主义的身心观，认为灵魂或精神是第一性的，先于肉体的存在并决定和影响着身体的状况；三是辩证唯物主义的身心观，认为人的身体是第一性的物质存在，精神现象是以肉体存在为基础的，是人体大脑的属性。精神现象随着物质身体的死亡而寂灭⑥。

第二，是关于身心各自的地位问题。

在人类漫长的早期历史中，灵魂不灭、不朽的观点一直占据统治地位，尤其中世纪，占绝对统治地位的宗教神学在割裂肉体和精神（灵魂）的联系基础上，片面强调精神或灵魂的独立性，视肉体的存在为肮脏之物，是精神的桎梏，提倡以惩戒身体的方式来获得灵魂的安宁与升华。这严重阻碍了以人的身体为依托的体育运动发展。

---

① 韩丹. 论体育哲学的人体观（续完）[J]. 体育与科学，1997（2）：30.
② 韩丹. 论体育哲学的人体观 [J]. 体育与科学，1997（1）：40.
③ 惠蜀. 关于体育哲学的若干范畴 [J]. 成都体育学院学报，1990（4）：9.
④ 惠蜀. 关于体育哲学的若干范畴 [J]. 成都体育学院学报，1990（4）：9–11.
⑤ 牛亚莉. 浅论体育哲学的范畴——对身心关系的认识 [J]. 甘肃社会科学，1997（2）：48.
⑥ 惠蜀. 关于体育哲学的若干范畴 [J]. 成都体育学院学报，1990（4）：10.

第三，是关于身与心的相互作用问题。

身体与心灵之间的统一性问题是体育哲学关心的重要问题。无论在东方还是西方，这一问题始终被提出，持续被回答。其中有不少有价值的观点，以古希腊和中国古代对于身心关系的认识为例（表4.4）：

表4.4　古希腊与古代中国对身心关系的认识比对

	古希腊	中国古代
表　述	灵肉关系	形神关系
观　点	好的身体与好的灵魂是必须关联的	形与神是一个统一体的两个方面；精神必须依赖肉体而存在
目　的	均衡与和谐	批判与辩证
代表性论述	"他们几乎不能相信有精神的美，除非它反射在美的肉体之上"[①]	《管子·内业》篇提出：形由气构成，神由精气构成，形神合而为人；《庄子·养生主》以薪火喻形神的关系：指穷于为薪，火传也，不知其尽也；荀子：形具而神生（肯定形体与精神的主从关系）；东汉哲学家恒谭以烛火喻形神，阐明了形亡与神灭的观点；南朝范缜《神灭论》："形者神之质，神言其用；形之于神，不得相异也。""形存则神存，形谢则神灭"；以刀刃和锋利比喻说明形神关系："神之于质，犹利之于刃；形之于用，犹刃之于利。利之名非刃也，刃之名非利也。然而舍利无刃，舍刃无利。未闻刃没而利存，岂容形亡而神存？"
特　点	注重身心统一、协调、相互促进	注重形神相即，坚持唯物主义形神观

① ［英］G·狄更生. 希腊的生活观［M］. 彭基相，译. 上海：商务印书馆，1933：150.

续表

	古希腊	中国古代
体育观	体育锻炼可以增强体质； 体育是对灵魂的洗礼； 体育是对高尚道德的培养； 体育是一种美的享受； 体育是通向人类所追求的最高目标——"善"的一条重要途径	体育能够强壮筋骨； 体育能够增进知识； 体育能够协调情感； 体育能够增强意志； 体育能够使德、智、美相互促进、共同发展

"身心关系是体育中一对基本而又十分重要的范畴……体育活动中的身心关系主要表现在：体育活动中人的精神和肉体的相互作用和体育活动中人的精神和肉体的协调发展这两个基本方面。"① 以往也曾有对于身体与精神相互分离、不能并完的偏见："用思想之人，每歉于体；而体魄蛮健者，多缺于思""四肢发达，头脑简单"② ……这些观念影响体育的健康发展，其实是没有认识到体育对人精神的促进作用，是偏谬的身心观的体现。体育对人精神的作用主要在于"为精神生活提供了必要的、健康的身体基础；为精神活动提供了内容；对人的精神活动起着调节作用；对提高精神活动的效率具有积极的促进作用；能使精神本身得到发展"③。"体育活动能改变人的精神和心理状态，有利于塑造和培养健康理想的人格，使人具备勇敢、顽强、豁达、进取、果断、沉着等良好的心理素质和优良品质"④。

---

① 牛亚莉. 浅论体育哲学的范畴——对身心关系的认识［J］. 甘肃社会科学，1997（2）：49.

② 惠蜀. 关于体育哲学的若干范畴［J］. 成都体育学院学报，1990（4）：11.

③ 牛亚莉. 浅论体育哲学的范畴——对身心关系的认识［J］. 甘肃社会科学，1997（2）：49.

④ 惠蜀. 关于体育哲学的两对范畴——对"人天关系"及"身心关系"的认识［J］. 体育科学，1991（5）：25.

3. 范畴三：生死关系

在面对生死问题上，体育表现着一种积极的人生态度，是人的生命意志面对未来的投射，是人以运动这一手段来实现生命的创造，追求生命的完美存在。体育在以一种特殊的方式回答着有关生死的问题。① 其中包括对生死存在的价值的态度问题、关于生死是否命定的问题、关于生命的有限性问题等②。

其一，关于生死存在的价值态度问题。首先表现在对生命的存在价值的肯定与否定上，肯定生命存在的价值，就会重生、强身、养生、健身，否定生命存在的价值，就会轻生、弱身、贱生、毁身。个体生命的存在总是与各种矛盾相缠绕，面对困扰和痛苦，也表现出了两种人生态度，一种是积极的，重视生命的价值，肯定生命存在的意义，力求通过生命的追求和创造获得完美的人的存在和实现理想的人生；另一种是消极的，对人的生命价值持否定态度，视人生为无垠的苦海，认为一切奋斗、执着、拼搏都是毫无意义的，并认为只有通过禁锢自己、压抑自己才可能获得解脱和安宁。而体育则是积极的人生态度的显现，"体育首先肯定了人生的意义及生命的价值，通过各种运动手段来强身、养身、健身"③，努力实现人的全面发展的最终目的。

其二，关于生死是否命定的问题。"生死由命"观是一种宿命论，认为人对生死寿夭无法干预，祸福吉凶无法驾驭，全部都由外部力量主宰和支配，这种观点的危害在于从根本上否定了人为发展生命、健全生命所进行的一切活动，包括体育活动的价值。在体育看来，人是积极的富有创造性的存在物，可以利用已经认识的各种生命规律来发展生命，使生命的存在向着更健康、更和谐、更完美的状态推移。④

其三，关于生命的有限性问题。核心便是生命的有限与无限的矛盾。贯穿于体育运动始终的一条主线就是感性个体生命的有限性与无限生命之流的

---

① 惠蜀. 关于体育哲学的若干范畴 [J]. 成都体育学院学报，1990 (4)：11.
② 惠蜀. 对体育哲学中"生死范畴"的思考 [J]. 四川体育科学，1990 (4)：4-5，37.
③ 惠蜀. 关于体育哲学的若干范畴 [J]. 成都体育学院学报，1990 (4)：11.
④ 惠蜀. 关于体育哲学的若干范畴 [J]. 成都体育学院学报，1990 (4)：12.

矛盾斗争。站在族类的立场上看，生命之流是无限而永恒地向前延伸着，作为生命的具体体现和承担者，则每一个感性个体的生命之光总是短暂有限的。如何才能使个体生命在有限的存在中获得一种完美无限的存在？体育是以一种感性的实践的方式在探索回答这一问题。"在体育看来，对无限完美存在的追求，只能立足于有限的生命，靠对有限生命的不断改造、完善来实现，靠有限生命的不断进取、追求、奋搏来超越有限，使之向着无限完美的境界推移。体育靠自身的实践品格、自身的批判精神和创造精神为解决生命哲学关于有限与无限的矛盾冲突提供了一条途径。"①

儒家的生死观核心围绕"仁"展开，首先儒家从现实主义的人生观出发，重视生命的价值，养生的根本目的是为了"养生以有为"，去实现"经世济民"的政治抱负；其次，儒家强调精神作用与道德境界，肯定自我人格价值；最后，儒家具有群体意识，强调把国家、民族的利益放在第一位，当国家和民族处于危机之中，便会舍生取义。②

4. 范畴四：动静关系

动静关系是与哲学、体育密切相关的一对范畴，具体包含三层含义③（如图4.3）：

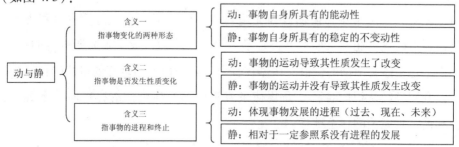

图4.3 动与静关系的三层含义

---

① 惠蜀. 关于体育哲学的若干范畴 [J]. 成都体育学院学报, 1990 (4)：12.

② 陈胜. 论儒家养生思想对古代体育哲学产生的影响 [J]. 教育与职业, 2004 (18)：70-71.

③ 惠蜀. 关于体育哲学的若干范畴 [J]. 成都体育学院学报, 1990 (4)：13.

体育中所涉及的动与静关系，主要是针对事物的存在状态而言的。人类在长期的观察与实践中认识到万物（不论是宏观还是微观视界）都在运动之中，且这种动的本性是与万物的生存相关的。因而逐渐摸索、总结和创造出一些以身体运动来强身、养身、健身的方法。同时，也意识到，"静"是与"动"互补的一种存在，也是于身体有积极意义的。在中国的传统体育中，就存在着大量的以"静"的形式来练习身体的方法。中国在动静对人的作用关系上所形成的系统认识，尤其是关于动静的辩证关系以及主张以"动静相依、互补互促"方法发展身体的思想，在世界体育思想史中是罕见而有卓越价值的。在关于"动"与"静"关系的研究中，还有一个概念是十分重要的，即"量"的问题，"量"涉及锻炼周期的安排、训练量的控制和掌握等方面，对"量"的问题的解决是"从经验体育走向科学体育的标志之一"①。

5. 范畴五：遗传与锻炼的关系

"生命在于运动"深刻地阐明了运动对促进人体发展的作用和意义，一方面说明了运动是我们的生命存在方式，另一方面说明了运动可以增强人的体质。体质是人体的质量，是人的有机体在遗传变异和后天获得性的基础上所表现出来的机能和形态上相对稳定的特征，人体质量又包含两个哲学概念，一个是人体的"质"，是指血肉之躯的物质属性，是一种具有生命形态的生物物质；另一种是人体的"量"，量是指事物的规模、程度、速度以及构成事物的成分在空间的排序等，是可以用数量来表示的规定性。人体的量就是身体形态、机能所反映出来的可以测量的内容，如肺活量、肌肉体积、身高体重、脉搏输出量、血压以及更微细组织可以用量来表示的内容，如血糖、微量元素、红细胞、白细胞等。② 体质具有相对稳定性和一定的可变性。因而科学合理的体育锻炼在其中有一定的积极作用。

"无论从考古发现，还是对远古类人猿生活情景的推测，以及对现代灵长

---

① 惠蜀. 关于体育哲学的若干范畴 [J]. 成都体育学院学报，1990（4）：13.

② 王苏杭. 对"增强体质"的哲学思考——体育哲学漫谈之四 [J]. 体育文化导刊，2004（10）：22.

类动物的研究，没有任何证据显示人类的始祖有快速奔跑的能力，人类进化过程中也不具备利用身体快速奔跑来获取食物和逃避天敌的条件。"① 达尔文认为，在自然界，生物物种的进化遵循着统一的客观规律。这个规律就是自然界的有机体由于自然选择的作用而适应着自然界的环境与条件。适应是自然界的环境条件对有机体的变异进行选择的结果。② 尽管人类有与生俱来的不善奔跑的缺陷，但是"快速奔跑"是一种非常重要的战斗能力，可以从许多历史著作中见到有关"军事训练"的记载，除了训练士兵奔跑能力之外，还要训练力量、灵巧、跳跃等身体活动能力。③ 现代社会中，存在着大量"使人跑得快"的教育和训练体系，一些优秀运动员借助各种训练、营养以及科技手段，其奔跑能力已经快到了惊人的程度。例如，牙买加短跑名将博尔特是当今世界上男子 100 米（9 秒 58）、200 米（19 秒 19）世界纪录保持者，成为奥运会 120 年历史上，第一个完成男子百米飞人大战三连冠的选手。生物进化论中关于"用进废退"法则告诉我们长久不用的器官系统会功能下降，而经常使用的器官系统则会得到充分发展，并逐渐形成形态学和生理学的特征④。因而，身体锻炼能够在一定程度上实现遗传因素的制约，实现自我潜能的开发和能力的超越。

在一项对长寿者的调查发现，除了有豁达的性格、无不良嗜好、具有家族遗传史及其他特征外，还有一项就是适当参加体力劳动，而不是参加打球、跑步之类的运动。从身体活动所带来的人体生理上的变化来讲，打球跑步与体力劳动是没有本质区别的，体力劳动中的肌肉活动同样可以改变心跳和呼

---

① 王苏杭. "我为什么要跑得这么快?" ——体育哲学漫谈之一［J］. 体育文化导刊, 2004（7）：17.

② 王苏杭. "我为什么要跑得这么快?" ——体育哲学漫谈之一［J］. 体育文化导刊, 2004（7）：17.

③ 王苏杭. "我为什么要跑得这么快?" ——体育哲学漫谈之一［J］. 体育文化导刊, 2004（7）：17.

④ 王苏杭. 体育能健身吗? ——体育哲学漫谈之三［J］. 体育文化导刊, 2004（9）：12.

吸频率，使相关器官系统产生应答进而发展身体①，那么人们为什么会舍弃体力劳动这种"运动"对游戏、竞技之类的"运动"情有独钟呢？因为游戏是自由的、充满乐趣，而且可以被参加者控制，参加者可以通过虚设目标，运用体力和智慧排除各种障碍而获得成功，从中得到极大的满足。乐趣、自由、成就感就像一层糖衣把大肌肉活动所带来的不舒服的感觉包裹起来。因而相对于体力劳动中被约束、被动、单调、枯燥的"运动"形式而言，游戏的诱惑是强烈的，使人们愿意为此付出体力。②

6. 范畴六：自我与超越的关系

自我与超越是与体育的精神实质相关的一对范畴，是对人天关系、身心关系、生死关系、动静关系等一系列范畴的概括与总结。体育是以人为主体而开展的活动，其中蕴含着人的追求、人的意志和目的。因而"体育活动也表现为人的价值追求和价值取向的过程"③。自我与超越这对范畴是对浸隐在各种感性的体育活动之中的本质关系所进行的思考与归纳，"自我"主要指处在现实中的精神与肉体相统一的人；"超越"是指某种理想的人或人格、某种完美的人的存在，和现存、现有相对应，具有应有、应存、理想的意思。④ 体育锻炼必然以人对自我的现存状态不满意、不满足为前提，希望通过体育锻炼来改造自我、弥补自身不足，成为"自由于这些关系（身心不和谐、动静失调、对外部自然不适应、疾病的威胁等）中的我"即实现某种超越，成为理想的"我"、应有的"我"。体育锻炼的过程是人对自身的肉体及精神的现存状态的批判否定过程，是扬弃"故我"、创造"新我"的超越过程。⑤

（二）体育哲学的框架结构

对于体育哲学，一般而言有三种理解：一是把它作为体育的指导思想、

---

① 王苏杭. 体育能健身吗？——体育哲学漫谈之三［J］. 体育文化导刊，2004（9）：11－12.

② 王苏杭. 人类为什么要"额外"的身体活动——体育哲学漫谈之二［J］. 体育文化导刊，2004（8）：28.

③ 惠蜀. 关于体育哲学的若干范畴［J］. 成都体育学院学报，1990（4）：14.

④ 惠蜀. 关于体育哲学的若干范畴［J］. 成都体育学院学报，1990（4）：14.

⑤ 惠蜀. 关于体育哲学的若干范畴［J］. 成都体育学院学报，1990（4）：14.

宗旨、哲学观点等含义来解释和运用；二是把体育哲学一词泛指体育方面的哲学、社会科学方面的研究；三是把体育哲学作为一门新兴学科来研究和运用。① 体育哲学学科发展的中心地北美，在 20 世纪 80 年代时还有没有统一的教材，教学内容因教授而异，在众多的不同内容架构中，以亚利桑那大学的奥斯特豪特博士的观点颇具代表性，他将体育哲学的内容划分了形而上学状态、认识论状态、价值论状态三个主要方面（详细架构如图 4.4）：

惠蜀先生认为，体育哲学的研究问题应该具有如下特征：

第一，"真问题"是体育哲学研究的前提和基础。所研究的问题"必须是体育中客观存在的真实的问题，而不是凭主观推测或想象出来的"②。

第二，体育哲学研究体育中最基本的、最有代表性的问题。"它应该能够说明体育中其他低层次的问题，而非低层次的问题所能解释说明的"③。以保证体育哲学的研究能够抓住主要的环节，对体育作总体上的、本质上的说明。

第三，体育哲学研究以逻辑的形式表达的、具备理论的形态的问题。即"通过概念、范畴的形式来反映，且这些概念、范畴又必须具有体育的独特的含义"④。保证所研究问题能够表现体育哲学本身的特点并且使研究逐渐达到深化。

第四，体育哲学研究的诸问题要具有内在的逻辑联系。"除了体育哲学体系本身所要求的完整性外，更主要的在于通过这些内在的联系使我们能够窥测到体育是如何运动、变化、发展的"⑤，从而去把握体育发展的必然性、规律性。

第五，体育哲学研究的问题需是对现实的体育发展的关切。应该是"充满生命力和时代气息的体育理论问题，而不应是纯粹理论上的空谈"⑥。

---

① 龙天启. 体育哲学研究概况 [J]. 四川体育科学学报, 1987 (4): 6.
② 惠蜀. 关于体育哲学的一些问题 [J]. 成都体院学报, 1985 (12): 5.
③ 惠蜀. 关于体育哲学的一些问题 [J]. 成都体院学报, 1985 (12): 5.
④ 惠蜀. 关于体育哲学的一些问题 [J]. 成都体院学报, 1985 (12): 5.
⑤ 惠蜀. 关于体育哲学的一些问题 [J]. 成都体院学报, 1985 (12): 5.
⑥ 惠蜀. 关于体育哲学的一些问题 [J]. 成都体院学报, 1985 (12): 5.

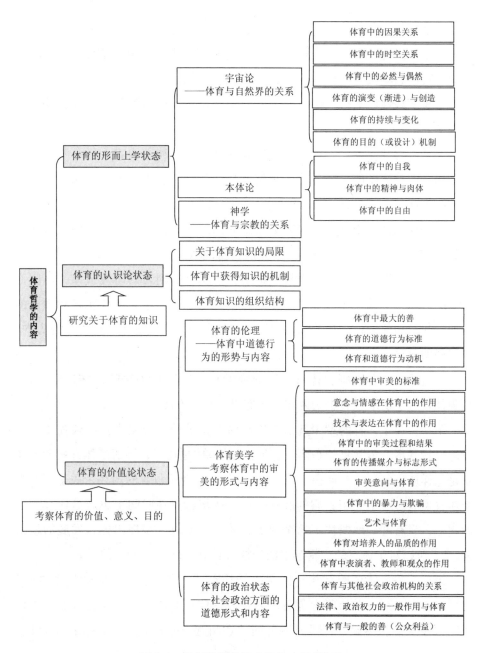

图4.4 奥斯特豪特博士的体育哲学框架

无独有偶，黄捷荣先生也提出了体育哲学研究的几点原则①：

一是理论性原则——在研究中要对体育运动和体育科学的过程与实质、规律与特征、本质与属性进行哲学概括；

二是实践性原则——在研究中要回顾体育实践提出的问题，要为体育实践服务；

三是可行性原则——在研究中确立的体系、结构、内容、任务不是过分复杂的，而是适度的，容易为人理解和接受的，符合现有的理论水平和现实条件，不搞书斋哲学；

四是动态性原则——在研究中注意周围的新成就、新成果，使自身成为开放体系，不断吸收理论营养，以发展自身的体系；

五是创新性原则——在研究中不拘泥于现有的别人的研究成果，不固守现有的体系，不满足于现状，勤于观察、善于思考，注意体育实践和理论的发展，注意相邻学科、相关学科的发展，提出新的研究课题，把握研究方向，取得新的成果。

以这些特征和原则对体育哲学研究的核心问题和关注的范畴进行考量，认为体育哲学所应该容纳的内容主要有以下几个方面：

第一，关于体育的逻辑起点。即从体育这种社会现象中找出最简单、最普遍、最基本、最常见的东西，它是"最简单的抽象"，弄清楚体育科学的体系是怎样产生的，源头何在。"这一逻辑起点本身所包含的内在矛盾是以后整个体育发展过程中一切矛盾的胚芽；这一逻辑起点在时间上也应是体育产生的起点，只有准确地抓住了这个起点，才有可能进一步理出体育发展的线条来"②，所以对于体育的逻辑起点的把握就是对体育之"源"的探寻。

第二，关于体育的结构。体育的结构是体育的"流"，是体育之"源"的引申。通过对一系列概念范畴的分析展现体育的历史发展轨迹，形成体育研究主体内容的构架，它研究体育的"逻辑起点里所包含的潜在的丰富性，

---

① 黄捷荣. 关于体育哲学研究中的若干问题 [J]. 哈尔滨体院学报，1988 (1)：10.

② 惠蜀. 关于体育哲学的一些问题 [J]. 成都体院学报，1985 (12)：5.

是怎样一步步以概念范畴的运动来反映体育由低级到高级、由简单到复杂展开发展的过程，这些概念范畴的关系如何？在其展开过程中与哪些条件有关？在不同的社会形态中、国家中是怎样实现的？其表现形态如何？在不同的阶段上内容和形式有什么演变？"① 这是揭示体育发展的特殊规律的必要条件条件。

第三，关于体育的本质、规律、作用。即在了解体育的起源与发展和认识了体育的结构基础上，概括出具有普遍意义的体育的本质和发展规律性，以提供科学的体育观、方法论、认识论。这也是体育哲学研究的核心目标和逻辑归宿。

第四，关于体育与人类文明的发展。主要探究"人类对体育的发展和认识如何在社会进步的总潮流中一步步从必然王国走向自由王国，从盲目到自觉地运用体育发展的规律来改造和美化人类、发展人类文明的"②。即是从体育与整个人类文明的关系上，研究体育作为人类文化的一个组成部分在推动人类进步中的地位、作用，是对体育的价值、功能、发展趋势的呈现。

胡晓风先生也曾对体育哲学的研究内容进行了六方面的设想③：

一是哲学观——是指用来观察体育科学的哲学观点，即对整个发展过程的各个环节以及各 个环节之间的相互关系进行评价时所持的哲学观点；

二是历史观——涉及体育科学体系、体育学说、体育思想的历史演变；

三是生命观——包括运动对生命的作用及其规律、体育科学在人体科学中的地位和作用；

四是价值观——是把体育作为一个社会现象，作为一个发展过程，研究体育和体育科学的性质、规律及其在社会发展中的地位和作用；

五是整体观——是要把体育科学作为人类认识的现象，从整体上研究它自身的矛盾运动、科学分类、体系结构及其发展趋势；

---

① 惠蜀. 关于体育哲学的一些问题［J］. 成都体院学报，1985（12）：5.
② 惠蜀. 关于体育哲学的一些问题［J］. 成都体院学报，1985（12）：5.
③ 胡晓风.《体育哲学》序言［J］. 哈尔滨体育学院学报，1986（3）：1.

六是方法论——主要是抽象思维和理论概括在体育科学中的广泛运用。

李献祥先生也提出了自己独特的观点，认为体育哲学的内容可分为三大部分①：

一是体育实践论（实践哲学）。

（1）理论部分。探讨体育这一人类社会生活的特殊领域自身的一些问题（体育的本质、社会功能、价值、结构、发展规律等）；探讨体育与社会整体结构其他方面、社会生活其他现象的相互关系（体育与政治、体育与经济、体育与宗教、体育与社会、体育与社会意识形态等）；探讨体育领域中的人际关系（教练员与运动员、运动员与裁判、运动员与运动员、运动员与观众之间的关系）。

（2）方法论部分。指体育实践活动方法论，包括各种适用于各类体育的一般训练方法。

二是体育科学论（科学哲学）。

体育科学哲学是对体育科学的哲学概括，是人们对整个体育、对于各个现象以及人本身在体育活动中的地位和作用的观点的概括的体系。

（1）理论部分。包括生命观、人体观、体育观、体育科学观、整体观。

（2）方法论部分。是指科学认识方法论，包括经验方法和理论方法两大类。理论方法是对感性经验材料在抽象思维形式下进行加工制作的思维方法和思考步骤，包括科学抽象、归纳方法、演绎方法、比较、分类和类比方法、分析结合方法、系统方法、结构与功能方法、数学方法、假说方法等。

三是体育技术论（技术哲学）。

（1）理论部分。研究体育技术中的辩证法（研究体育技术概念及定义、体育技术的本质和特征、体育技术的功能、体育技术的体系和结构、体育技术与社会、体育技术与体育科学的关系、体育技术与运动成绩的关系、体育技术流派研究等）。

---

① 李献祥. 关于体育哲学对象范畴和基本内容的研究 ［J］. 体育科学，1990（5）：86－88，55.

（2）方法论部分。研究各项体育技术领域通用的一般方法、关于如何进行技术开发和设计的一般方法（选题方法、搜集科技情报方法、技术革新方法、创造发明方法、试验方法、预测方法、技术设计方法等）。

秋实纳入前人的体育哲学研究成果，充实、丰富、完善了体育哲学理论体系，突出体现以"人"为主题，探讨体育运动发生、发展、变化的一般规律，以为人的发展服务为目的构建了新的体育哲学理论体系[①]（如图4.5）：

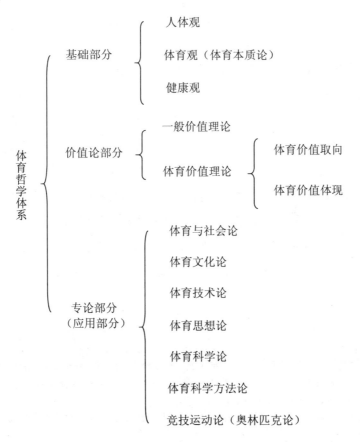

图4.5 以"人"为主题的体育哲学理论体系

---

① 秋实．健康观——体育哲学的一个重要内容［J］．西安体育学院学报，1992（2）：80－83.

第二节　知识论（epistemology）① 之思：体育的原理与方法

　　知识论研究最内核的三个问题就是"人是如何认识这个世界的"，"经验是如何形成抽象的知识的"，"知识如何在社会人群范围内形成知识的推演和历史的继承的"。三个问题以"知识"的形成、发展、传播为线索形成前后相继的过程②。在科学哲学、社会哲学等哲学分支研究中，知识论研究一直是一个不可缺少的重要内容，是近代哲学的一个中心问题，这种颇具康德遗风的知识论观照在费希特哲学中更进一步，将知识论上升到了哲学全部③。"知识论不仅是哲学的中心问题，而且就是哲学本身。"④ 因而考量体育哲学中的知识论问题将使体育哲学得以进一步完善，实现与其他哲学分支和哲学母学科的更深层次对话。⑤ 体育哲学能够帮助人们树立知识论和方法论观点，帮助人们在正确的知识论指导下，系统、科学地认识体育科学体系内的知识要素及其结构、知识产生和发展的过程、知识的生发原理和机制等很多规律性的问题；帮助人们应用辩证法的方法论原则，研究和解决体育科学中的哲学问题，研究和了解现代科学、技术对体育运动和体育科学的渗透。⑥

---

① 知识论，也作认识论。研究的是"知识的起源，在知识生成的过程中经验和理性的作用，知识与确定性、知识与谬误之间的关系，整体性怀疑论的可能性，在新的概念化过程中所形成的知识形式的转变"，详见 Simon B. Oxford dictionary of philosophy ［M］. Oxford：Oxford university press，1996：123.
② 高强. 体育、身体、知识——体育哲学的认识论维度 ［J］. 武汉体育学院学报，2012（3）：5.
③ 周建东，于涛. 体育与知识——基于对知识论体育哲学的考察 ［J］. 体育学刊，2017，24（2）：1–7.
④ 费希特. 全部知识学的基础 ［M］. 王玖兴，译. 北京：商务印书馆，1986：V.
⑤ 高强. 体育、身体、知识——体育哲学的认识论维度 ［J］. 武汉体育学院学报，2012（3）：5.
⑥ 黄捷荣. 关于体育哲学研究中的若干问题 ［J］. 哈尔滨体院学报，1988（1）：8.

一、体育的基本原理与知识结构

体育哲学是关于体育的一般知识论/认识论，其研究的问题应该是体育中最基本、最具代表性的问题①。对于一个学科的本质、特征、功能、内容、规律、作用的探究往往就是哲学思维的馈赠，以体育哲学研究中对于"体育美"的研究为例加以说明。哲学大师李泽厚先生就主张"美学—教育学将成为21世纪的中心学科"②，体育又是教育中颇为重要的部分，在体育运动实践中，涌现出了大量美的现象，因而也产生了一系列关于体育之美的追问：体育活动中什么样的事物才能引起美感？体育美的本质是什么？它有什么特点？怎样科学地阐述体育美的根源及其历史发展？怎样欣赏体育美？体育美的创造有无规律？等等③。除此之外，对于一个范畴与其他范畴关系的研究，也是知识论要关注的问题，比如体育与艺术之间的关系问题，就需要通过历史的、辩证的视角和方法从规律、性质、目的等维度进行分析，才能得出正确的、理性的认识。这就涉及体育学知识的范围的确认，有学者考察了国内外体育学的研究对象，指出："特定的研究对象是学科确立的基本标准之一，学科的知识范围是围绕着特定研究对象展开的。"中国学界的观点主要集中在两点：一是体育学的研究对象是体育运动或体育现象；二是体育学的研究对象是运动的人和人的运动。国外的观点也主要集中在两个方面：一是体育学的研究对象是身体活动或体育锻炼（physical activity；human movement；physical exercise）；二是体育学的研究对象是技能学习（motor learning）。从知识维度来看，体育运动实践是体育学区别于其他学科的一个重要体现，运动实践是默会知识的一种，可以从默会知识的角度讨论体育运动实践，还可以通过默会

---

① 惠蜀. 关于体育哲学的一些问题［J］. 成都体院学报，1985（12）：5.
② 于伟，栾天. 历史本体论与走向情本体的教育［J］. 教育学报，2011（4）：36.
③ 潘靖五、刘慕悟、吴礼文、王德佩执笔，彭跃整理.1985年全国体育哲学社会科学学术报告会综述（续）［J］. 体育科学，1986（6）：23.

知识的显性化进一步讨论体育理论知识的形成，因而划定了体育学知识的范围①（如图4.6）。

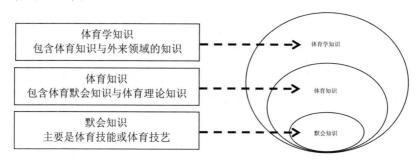

图4.6　体育学知识的范围

一直以来，体育哲学中浓重的本体论导向使知识论研究受到了一定的压制。所以在2010年国际《体育哲学》期刊对世界各语言背景下体育哲学研究议题的总结中认为中国大陆体育哲学主要关注了"体育本体论研究、体育伦理研究、体育价值论研究和体育审美研究"，却唯独缺失了知识论层面上的探讨。② 除此之外，近代以来的哲学界对知识论/认识论研究的"心物二分"的理念及其对"身体"的遮蔽也为体育哲学知识论维度的研究雪上加霜。以"身体运动"为主体的体育被近代认识论/知识论旁落。但这一缺失，随着哲学领域认识论/知识论层面上对"心物二分"思想的反思和在体育哲学研究层面上的"知识"复兴，逐渐进入研究视野。③

Heather L. Reid 梳理了古希腊及其他文明地区的体育运动，以知识为导向，重释诸多古代体育的知识内涵，直接打通古代体育运动和知识之间壁垒。他认为："包括古希腊、美索不达米亚地区、古埃及等文明发源地中产生的类现代体育的古代体育运动更多的是社会地位和价值取向的公开展示，更多的

---

① 王雷. 论体育学的学科特征［D］. 福州：福建师范大学. 2017：142.

② 高强. 体育、身体、知识——体育哲学的认识论维度［J］. 武汉体育学院学报，2012（3）：6.

③ 高强. 体育、身体、知识——体育哲学的认识论维度［J］. 武汉体育学院学报，2012（3）：7.

是对知识的追求，而非是对假设的判断。"① 从"体育是对知识的追求"这一基本点出发，论证了古代体育运动在知识层面上的复兴：首先，古代体育中"竞技"被奉为金科玉律，充斥了不确定性和对真实性的质疑。无论古代还是现代，体育中都存在着对"金钱、荣誉、教育机会"的竞争，"从哲学意义上看，体育挑战着人们业已相信的答案，而不是仅仅去重复原有的状态，是不确定性的形成。这一点直接形成了古代体育中对真实性的质疑"。第二，在古代体育中存在着"开放和中立的比拼（test）"。奥林匹克运动的裁判者和组织者努力让规则变得非常严格，且拒斥一切主观判定的比赛形式。古代奥林匹克运动就展示了古希腊哲学中的理性中立特征。印证了"真理是以一种普遍的、永恒的存在被理解的，所以知识作为事实的表达必须是可信的且是可以被证实的，并不是一个所谓的信念、意见"② 的认识。第三，古代体育对事实采取了公开展示的方式，竞技过程和结果的宣布都是公开的。让竞技结果的展示通过形成共识来达到，而不是付诸传统、权威、信仰，或者暴力。如上所述，古代体育中蕴含的追求知识和真理的内涵在上面的论述中被挖掘，无论是哲学研究还是体育运动，所追求的知识和真理都是同样的，这使得体育哲学的知识论维度形成具备了初步的可能性。

　　而体育哲学的知识论维度形成的必要性，是在现代哲学开始的认识论转向和身体研究异军突起中形成的。③

　　现代哲学的认识论/知识论在三方面消减了本体论问题的束缚，为体育哲学知识论维度提供了哲学基础学科的发展可能性④：一是注重人的生活世界的"生命""意志""实践"，进而超越了传统认识论的主客二分的思维框架，深

---

① Reid H L. Sport, philosophy, and the quest for knowledge［J］. Journal of philosophy of sport, 2009（36）.

② 高强. 体育、身体、知识——体育哲学的认识论维度［J］. 武汉体育学院学报, 2012（3）：7.

③ 高强. 体育、身体、知识——体育哲学的认识论维度［J］. 武汉体育学院学报, 2012（3）：7.

④ 林默彪. 认识论问题的现代转向［J］. 哲学研究, 2005（5）：69－74.

入到连接主客体关系的中介、工具环节；二是深入到以人的"社会生活""交往""实践"为内容和方式的存在领域、历史领域、价值领域；三是放弃了传统认识论在主客二分的认识架构中对认识的绝对基础、绝对本质、绝对来源、绝对可靠的标准的追求，转向于寻求认识的"相对性""或然性"以及在"主体间性"层面上认识的公共性、可信度。至此，当代体育研究已经把体育运动理解成一种颇具主体间交互作用的关系模式和一种富含价值、历史、社会特性的实践模式。

哲学认识论的现代转向中，身体研究的发展为体育知识的研究带来新的曙光，在英国哲学家波兰尼说"所有知识都有其身体根源"①，梅洛·庞蒂现象学传统、尼采—福柯知识考古学传统、莫斯与布迪厄人类学传统实现了身体的重光②，使身体不再是一个血肉之躯，不再是心灵和意识的附属，而是成为某种兼具社会性、自然性的双重中介实体——社会塑造个体的中介、人认识世界影响世界的中介。这些都为体育哲学研究带来了一场"身体风暴"，"身体"成为探究"体育知识"的必由之路。

体育哲学的知识论来自体育、身体、知识的汇聚，"身体"概念是搭建在"体育"与"知识"之间的桥梁，"体育知识"已经不再是一种具体的身体生理生化层面或运动训练层面的操作性知识，而是在认识论哲学基础上的"总体性知识"，构建人对体育的整体认识③。以身体为逻辑起点，可以做出对体育哲学知识论维度的基本问题的回应：

第一，"体育知识"何以形成——体育运动"具身化（embodiment）"过程。

具身化就是身体在不同领域的具体展现，可以分为两个方面：一个是经

---

① 郁振华. 身体的认识论地位——论波兰尼默会知识论的身体性维度［J］. 复旦学报（社会科学版），2007（6）：72 – 80.

② 汪民安，陈永国. 后身体：文化权利和生命政治学［M］. 长春：吉林人民出版社，2003：21.

③ 周建东，于涛. 体育与知识——基于对知识论体育哲学的考察［J］. 体育学刊，2017，24（2）：1 – 7.

验世界中的直接展现，如健康美丽的身体、运动中的身体、衰老的身体；第二个是研究视角下的间接展现，如福柯在《规训与惩罚》中将罪犯的身体处置方式作为探究权力系统如何对人的身体进行操控的一个维度，其中身体的处置方式便成为具身化的另外一个方面。①"体育知识"何以形成这个问题就可以被看作是"体育运动如何通过身体这一中介而形成了知识这一过程"，认为可分为两个过程。第一个过程是在知识论层面上厘清体育与身体之间的关系。就是体育运动的具身化过程，即体育运动中的种种概念、规律、规范由具体的身体或者身体活动来进行表现。第二个过程是经由具身化过程后，形成系统化、内在化、可以被传递的在知识论基础上的"总体性知识"，影响着人的认识能力。

第二，"体育知识"如何得以认识——波兰尼"默会认识"研究与布迪厄"惯习理论"。

"体育知识"如何得以认识，从大体上应该有两种途径：

一种是运动主体自主体悟。理解在体育运动中形成的认识与知识，借助默会知识论的分析是一条捷径，"默会认识就具体地展开于从（from）第一个项目转向（to）第二个项目的动态过程之中，'默会认识是一种 from‐to 的认识'"②。个体参与体育运动的过程就是个体从对肢体的感觉过渡到对目标体的关注的过程，在参与运动中形成的认识势必是一种"默会知识"，"体育知识如何得以认识"这一问题就可以被转化为"对运动肢体辅助意识过渡到运动目标（可以是终点、对手、器械等）焦点意识这一过程的分析"。

另一种是运动主体通过多元渠道间接领会。"体育知识"是可以在人际、代际进行学习、传递的，教练的言传身教，家庭、学校环境的影响也是"体育知识"得以在历史变迁的层面上得以认识的必要环节。将身体与文化、社

---

① 高强. 体育、身体、知识——体育哲学的认识论维度 [J]. 武汉体育学院学报, 2012 (3)：8.

② 郁振华. 身体的认识论地位——论波兰尼默会知识论的身体性维度 [J]. 复旦学报 (社会科学版), 2007 (6)：72‐80.

会行为进行联结的布迪厄惯习（一种与人的身体相关的社会习俗、生活方式的整合①，是一种处于形塑过程中的结构，是一个开放的性情倾向系统②）理论在此发挥了其解释力。"体育知识何以得以认识"这一问题就被转化为"体育知识如何形成体育惯习并如何在历史、社会条件下得以保存"的问题。

体育哲学的知识论维度的基本问题的展开触及和深入了当代现象学、知识论、社会哲学的研究，这为体育哲学与哲学研究互动相长提供了契机。

二、体育研究的过程与方法

体育哲学作为一种科学的方法论，从总体上提供具有普遍意义的一般的认识方法、思维方法、科学方法、研究方法和工作方法等③。

要研究体育的基本原理，首先是要对体育中若干项目按照其运动特征进行分类，从而提炼出不同类属的运动之原理。有人从研究方法适用性角度，把一些经典的项目进行归类：易于量化的——田径、游泳、体操等，因为这些项目的实质是利用自然规律去克服自然力的障碍。运动所处的外界环境比较恒定，动作比较规范，且可以重复再现；不易量化的——球类项目，实质是策略竞赛，即是指挥者为了达到某竞赛目的，使预定策略通过队员随机地采取个人和集体配合战术来摆脱对方的约束，或约束对方的实施行动的过程，运动所处的外界环境是不恒定的，动作不那么规范，且不能重复和再现；基本不能量化的——武术项目，武术出于文化传统的原因，恪守东方古老的传统，自成体系，因而与西方世界近代自然科学方法和数学方法的融合还需要时日。④

马克思曾说，一种科学只有它达到了能够运用数学时才算真正发展了。

---

① Pierre B. "Sport and social class" in Dunning, ERIC & Malcolom, DOMINIC（ed）. Sport：sport and power relation［M］. London：Taylor & Francis，2003：297.

② 皮埃尔·布迪厄，华康德. 实践与反思：反思社会学导引［M］. 北京：中央编译出版社，2004：178.

③ 黄捷荣. 关于体育哲学研究中的若干问题［J］. 哈尔滨体院学报，1988（1）：9.

④ 瞿国凯. 试论体育科学的定量化［J］. 福建体育科技，1985（4）：5.

而将数学方法引进一门科学的研究领域就是定量化。数学是定量的思维工具，仪器是定量的技术手段。定量化是科学性的标志，有利于把握规律，描述复杂现象的内在联系。对于竞技体育来说，定量化主要是指运动技术的研究方法和训练手段的定量化。即对体育运动所研究的人（运动员）和物（器材、食品等）都要规定一系列可用以描述其状态性质的指标或参数（如形态指标、生理指标、素质指标、技术参数等），通过观察、实验和理论计算以获得这一系列指标或参数的具体数据。①

从历史上看，定量化的思想是通过直接与间接这两种方式进入竞技体育的。一方面，在运用运动生物力学、运动生理学等学科研究运动技术时，这些学科就把本身所具有的定量化思想带来了。另一方面，则是数学方法不通过中间媒介直接进入体育，如临场统计和研究某些训练手段与技术环节的相关程度等。②

表 4.5 体育运动研究中运用的三大数学方法

方法	描述对象	适用范围	学科来源
方程式 （微分方程）	必然现象（因果关系）	对动作进行生物力学分析	生物力学
概率论 数理统计	或然现象（可能性）	命中率 事物的相关度	统计学
数学建模	模糊现象（过渡状态）	运动的训练手段 技术环节的相关问题 运动员生长发育趋势预测与选材	模糊数学

在体育运动研究中，运用得比较成功的数学方法只限于三种，分别用于描述人体运动的三种自然现象（见表 4.5）。第一种是体育运动中的必然现

---

① 瞿国凯. 试论体育科学的定量化 [J]. 福建体育科技，1985（4）：1.
② 瞿国凯. 试论体育科学的定量化 [J]. 福建体育科技，1985（4）：1.

象，即事物变化服从确定的因果联系，从前一时刻的运动状态可以推断以后各时刻的运动状态。例如，对动作进行生物力学的分析，微分方程应用得最多。第二种是体育运动中的或然现象，其变化发展往往具有几种不同的可能性，究竟出现哪一种结果带有偶然性，但它遵循统计规律。当或然现象由大量成员组成或出现大量次数时，就能表现出统计平均规律。运用概率论和数理统计来进行处理，就能看出整体趋势，并可计算各种可能出现的结果的平均比例分布。这在研究命中率、种种事物的相关程度等方面运用十分成功。第三种是体育运动中的模糊现象，即一些事物或事物之间的关系处于一种界限并不分明的中间过渡状态。模糊数学专门用来定量描述和处理这一类现象。我国体育界很快就接受这种方法了，已开始运用于运动的训练手段与技术环节的相关问题。甚至用模糊数学为运动员的气质类型建立数学模型。① 此外还有用博弈论等数学方法来研究球类的战术的，但无论在理论研究或实际应用方面都不及以上三种数学方法效果明显。

　　"科学理论的发展，人类认识的深化，从来都和方法上的创新分不开；而所谓落后的思维方式也总是和传统的认识方法有关，要更新体育观念，就必须有方法上的突破。……不妨多采用些（方法），多一种方法往往会多一个视角，多一份解决问题的可能性，同时也少一分片面性。"②当然，"总的原则当然是以马克思主义为指导，以辩证唯物主义和历史唯物主义作为基本的方法，这是毫无疑义的"③。

---

①　瞿国凯. 试论体育科学的定量化［J］. 福建体育科技，1985（4）：2.

②　惠蜀. 体育哲学拾蠡［J］. 成都体院学报，1987（4）：2.

③　惠蜀. 体育哲学拾蠡［J］. 成都体院学报，1987（4）：2.

第三节　价值论之思：体育观念与伦理

体育观念就是主体对体育的理论和实践所持有的基本观点和信念，亦即人对体育的总体看法和根本观点。观念是行为的内隐形式，行为是观念的外在表现，体育观念的重要性就在于它是支配体育行为的最根本的意识，是指导体育实践和形成体育习惯的内在动力。体育伦理即体育道德，是体育活动参加者共同遵循的行为规范，也是体育活动中调整和制约人们相互关系的准则。体育道德通过道德观念的内在约束来维持和实施，不仅是一种内在的人格力量和信念，而且也是一种外在的习惯性强制力量。因而体育观念与体育伦理有着密切的联系，都是价值论意义上的主题。

一、中西体育观念差异

不同地域、不同国家、不同世界的学者所持的哲学观点是不同的，有马克思主义和非马克思主义的哲学观点，也有东方哲学和西方哲学的观点。① 东西方体育文化有其生成和发展的特殊规律性，在不同地域、历史和文化背景中多产生的思维方式、思想观念不尽相同，不同特质、文化形态对生活需要的压抑或引导的差异，已经逐渐暗示了两种体育哲学思想的必然差异（见表4.6）。②

先秦儒家把体育当作人的全面教育的组成部分，把体育视为一种"身心"相结合的文化活动，开创了中国传统的体育哲学，奠定了中华传统体育的精神基础。中华民族将体育作为教学内容，最迟在商代，"序"是商代的学校称

---

① 胡晓风.《体育哲学》序言［J］. 哈尔滨体育学院学报，1986（3）：1.
② 高梅艳. 中国传统体育与西方体育哲学思想差异研究［J］. 搏击（体育论坛），2011（3）：38.

呼，教学内容以习射为主。① 到了儒家孔子这里，提倡多才多艺、文武双全的全面教育，提出"六艺"论，从理论上确保了体育在全面教育过程中的优先地位，六艺当中的"射"与"御"皆与军事有关，儒家便从"有教无类"出发，引"礼"入"艺"，使竞技运动实现了向体育运动的飞跃②，促使军事竞技运动不为战争而为和平、为"仁"服务，确立了"礼为第一，竞技第二"的体育原则，奠定了中国传统体育精神的理论基础。③ 这种思想在先秦儒家诸子中得到传承与发扬，把体育当作道德修养和人格形成的方法，提出"仁者如射"的命题，重视内省的方法以提升个人道德的修养，例如："射有似乎君子，失诸征鹄，反求诸其身。"（《中庸》）"射者正己而后发，发而不中，不怨胜己者，反求诸己而已矣。"（《孟子·公孙丑》上）强调一种自我认识的修身方法，把如何才能行"仁"的思想过程也看作个体道德修养的必要步骤，是从认识论的高度解决知行合一问题的一种尝试。④ 这种对道德修养方法的认识论把握反过来影响了先儒对体育的本质认识。儒家把体育运动纳入了社会的等级秩序和人伦关系之中，从而使体育锻炼具有"强身"和"强化礼义"的双重属性，这是体育的外部功能，而内部功能则是体育精神（集中反映在"礼"和"义勇观"中）和增进健康（集中体现在"养生观"中）。二者都是围绕体育哲学的根本问题——体育过程中人与自然、自然与社会之间的矛盾关系问题。涉及两方面的问题：其一，"社会矛盾的越来越尖锐往往使自然体的人成为社会关系的人的异化力量，强壮的体格往往加剧了战争的残酷性"⑤，因而为了化解这种二律背反的尴尬，"礼""义"的概念被引入体育之中；其二，"中国古代体育的一个重要特点是人们有意识地把一些体育活动与人体保健防病结合起来，运用体育来增进人体健康"⑥，因而儒家在重视外部

---

① 陈科华. 先秦儒家体育哲学思想述评 [J]. 益阳师专学报，1991（2）：53.
② 陈科华. 先秦儒家体育哲学思想述评 [J]. 益阳师专学报，1991（2）：54.
③ 陈科华. 先秦儒家体育哲学思想述评 [J]. 益阳师专学报，1991（2）：55.
④ 陈科华. 先秦儒家体育哲学思想述评 [J]. 益阳师专学报，1991（2）：56.
⑤ 陈科华. 先秦儒家体育哲学思想述评 [J]. 益阳师专学报，1991（2）：56.
⑥ 陈科华. 先秦儒家体育哲学思想述评 [J]. 益阳师专学报，1991（2）：57.

体育的同时，也注重内在的调养，包括"养生"和"养气"，"养生"是关注动静关系，"养气"是关注阴阳平衡。

表4.6　中西体育观念差异比对

	中国	西方
核心价值	生命	健康
体育的价值	养护性 五脏通达、六腑调和	竞技性 达到目标、不断超越
体育的实质	身心相合的文化活动	迸发生命的物理模型①
应用思维	中国古典哲学思维 体悟性思维	科学思维 对象性思维
体育水平的衡量与评价标准	平和、阴阳、气、道等哲学概念	速度、远度、高度、旋转、位移、强度、频度、周期、幅度、频率、节奏等物理概念
精神追求	修养、和谐	奥运精神
思想原则	天人合一 尊重自然、保护自然	天人对立 探求自然、征服自然
审美要点	状态美	形体美
立足点	人的整体	人的身体
人的发展	人与自然的交融与协调发展	人体各部分的均衡协调发展
着重点	注重"养"和"度"。在运动中强调时刻有度、阶段有度、配合有度等	人在体育运动中对自然物的竞争与超越； 强调以身体运动的方式征服自然、克服困难、实现自我价值

---

① 高梅艳．中国传统体育与西方体育哲学思想差异研究［J］．搏击（体育论坛），2011，03：38.

二、体育伦理与道德

潘靖五先生在 1985 年 7 月的首届全国体育哲学社会科学学术报告会综述中提道："体育伦理学在我国是一门新兴学科，可以说仍处在创建初期。但是，随着体育科学的发展，随着人们日益深刻认识体育道德对体育事业发展的重要作用，建立这门新学科，已势在必行，刻不容缓。"① 并主张要发展体育伦理学这一重要学科，"首先要建立起一支专业和业余相结合的体育伦理学研究队伍，活跃体育伦理学研究空气，尽快形成体育伦理学的学科体系"②。

体育道德是体育改革的重要基础之一，体育伦理学在社会主义体育事业发展中具有不同忽视的重要作用，无论是对于专业的运动队还是广大体育爱好者甚至是比赛的观众，都"需要体育伦理学为他们提供一系列体育道德规范和行为准则"③，"要破除那些陈旧的体育道德观念，建立起符合新形势、新情况、新任务的体育道德观念"④，这是体育改革的需要，也是社会主义精神文明建设在体育领域的重要体现，我们要"在抓训练、抓技术、抓普及和提高的同时，还必须抓思想、抓作风、讲道德、攀登精神文明的高峰"⑤。否则，体育事业就不能得到健康的发展。

在"ethics"（伦理学、道德规范）的概念下，理论参与了关于我们应该怎样生活的沉思问题的系统概念的询问，包括中心概念（例如义务、权利、伤害、痛苦、娱乐和许诺）的分析，这种分析要用理论的透视方法（例如义

---

① 潘靖五、刘慕悟、吴礼文、王德佩执笔，彭跃整理.1985 年全国体育哲学社会科学学术报告会综述（续）[J].体育科学，1986（6）：23.
② 潘靖五、刘慕悟、吴礼文、王德佩执笔，彭跃整理.1985 年全国体育哲学社会科学学术报告会综述（续）[J].体育科学，1986（6）：24.
③ 潘靖五、刘慕悟、吴礼文、王德佩执笔，彭跃整理.1985 年全国体育哲学社会科学学术报告会综述（续）[J].体育科学，1986（6）：23.
④ 潘靖五、刘慕悟、吴礼文、王德佩执笔，彭跃整理.1985 年全国体育哲学社会科学学术报告会综述（续）[J].体育科学，1986（6）：24.
⑤ 潘靖五、刘慕悟、吴礼文、王德佩执笔，彭跃整理.1985 年全国体育哲学社会科学学术报告会综述（续）[J].体育科学，1986（6）：23.

务论、功利主义、美德的道德规范等，但经常忽视）①。体育伦理学中主流的研究牵涉两类主题：一个是关于"正义"。竞技体育中的正义理论的研究分为三个层面：一是微观层面，即用正义理论探讨竞技体育中的具体问题；二是中观层面，即用正义理论研究竞技体育制度和竞技体育运动发展问题；三是宏观层面，即研究竞技体育对社会正义的影响。另一个是关于"传统"。运动传统的作用作为年轻人角色模式是以德行理论为基础的，有两种应用，一个是应用于实践，关涉运动道德规范的一些中心概念：义务、权利、伤害、痛苦、娱乐等，例如根据传统的道德规范我们需要判断一个事件的发生是否是公正的（在不平等地赔偿男性和女性运动明星方面的社会公平）或顾及权利的（对不同种族和残疾运动员的尊重），需要反思体育运动中的非正常的次培养（sub training）和不良习俗（例如足球"流氓"、球迷骚乱、假球骗局、使用兴奋剂等），需要警惕娱乐运动的普及与流行客观上成为一些不良观念的滋生场；另一个是应用于理论背景，仇恨、暴力和贪婪往往被用来描述竞技体育的特征，由此引发对一系列问题的质疑，例如基因工程在体育中的应用，为避免文化风险（即由文化差异带给企业经营和管理上的影响）而选择有风险的活动地点，体育在持续性和隐蔽性群体中所扮演的角色、身份和性别特征，全球环保主义者的体育伦理，体育伦理的审计组织及其文化等②。

体育规范理论（normative theories）涉及体育作为人文科学和社会科学的经典话题，即体育与价值的问题，至少包括工具主义、技能提高论、竞技者论（Loland，2004）：工具主义主张体育只是实现宗教、社会、政治等价值的工具，认为竞技体育只是帮助人们强化社会文化中现有价值和使竞技体育参与者认可那些价值，仅是一面镜子，功能在于反射整个社会中业已被人类发现的价值；技能提高论认为竞技体育通过竞技者的训练和竞赛不断提高人类的身体技能；竞技者论认为，竞技体育有着自身内在价值，可以培养竞技者

---

① 许晓峰. 体育哲学与道德问题思索断片 [J]. 科技创新导报，2014（2）：163.
② 许晓峰. 体育哲学与道德问题思索断片 [J]. 科技创新导报，2014（2）：163.

的道德素养和实现道德善。这与"内在主义"①观点相近似：相对于社会而言，竞技体育有很强的自治性、具有"逆常逻辑（gratuitous logic）"②、有着与社会文化中的主流价值不一样的价值：它提供了一种公平、公开的竞争模式，培养人们遵守规则、关爱他人、尊重对手、顽强拼搏的道德品质，创造了一种与其他社会价值不同的"竞技善"。③有研究指出了西方哲学思维下将竞赛道德问题理解为规则有效性的谬误，认为忽视竞赛道德本身具有二重性，即竞赛价值的永远现时性和竞赛道德行为的恰切性；前者回答竞赛道德为何如此的问题，后者回答竞赛道德如何如此的问题。在现实中，竞赛道德在竞赛中被形式化为竞赛道德规则，而竞赛道德问题被理解为竞赛道德规则失范问题。但是，事实上通过制定竞赛道德规则并未有效约束不道德竞赛行为的产生，因此需要从中国传统的形而上学视角审视竞赛道德现象，澄清人们以往对竞赛道德的误解，用道家思想中"无为"的观念，通过构建竞赛主体效法竞赛自然，竞赛道德与竞赛行为"知行合一"的理论模式④为体育公平问题提供疏解之道。

第四节　实践论之思：体育的经验与反思

体育实践论实际上是论说体育活动中认识与实践的关系问题。在体育实践中，经验是非常重要的概念，在某种程度上而言，体育的经验比起其他学科的经验的获得与体验与"身体"有着更为紧密的联结，"身体"既是"经验"的工具，也是"经验"的主体和客体，具有感官和思维的交互性。而体育运动的许多问题仅仅借助经验已经无法解决，日常经验的意义在下降，其

---

① "内在主义"是以契约、习惯、规则、原则等元素构成的体育特质为核心内容，揭示了竞技体育的内在价值和内在德行。

② 指不仅仅只反映或强化社会中的主流价值，它还有自身的内在价值。

③ 杨其虎.西方体育哲学研究述论［J］.成都体育学院学报，2015（3）：48－49.

④ 朱海云.竞赛道德二重性的哲学思考［J］.体育学刊，2017，24（3）：6－9.

局限性在逐渐暴露出来。人们对体育的要求是科学地规划、预测、解释和计算，不满足于经验。① 这就需要对经验的反思与批判，既包括对直接经验的反思，也包括对间接经验的批判。这实质是体育实践与理论的矛盾关系的体现。

一、体育的直接经验的总结与归纳

体育哲学作为系统的理性意识形态，在人们的体育实践活动中具有独特的净化功能。人们在参与体育实践的过程中，会不断地获得感性的、直观的、多样的体验与经验，进而把这些直接的经验进行总结与归纳，然而在这个分拣和整合的过程中，就需要一个正确的价值判断来干预，净化人们的体育观、价值观、竞赛观。使人们在体育实践中，能以正确的观念为指导，能摆正主体价值与客体价值、自我价值与社会价值、个体价值与群体价值的关系，能正确处理胜、败、输、赢的关系②，坚持体育的根本目的。

游戏理论及与体育的关系理论的讨论就是体育对直接经验的反思和形而上学提升的表现。荷兰学者赫伊津哈提出所有人类活动都是游戏，人类社会的伟大原创活动自始都渗透着游戏③，游戏理论对竞技体育的哲学理论产生了巨大影响，人们通过对体育活动的考察反向研究游戏，最有影响力的是英国体育哲学学者休慈（Suits），认为："所有竞技体育项目都是游戏，但是特殊的游戏。体育是特殊的游戏是因为它需要满足四个条件：这种游戏必须是技能游戏，是身体技能游戏，有大量的追随者，追随者有较强的稳定性。"④ 肯尼斯·施米茨（Kenneth Schmitz）在论文《体育与游戏：普遍性的质疑》中提出："自然的世界被留在一个游戏和创造及进入新秩序的决定中。"芬科（Fink）认为，人类游戏创造了一个以愉悦为媒介的虚构活动世界。大卫·努

---

① 瞿国凯. 试论体育科学的定量化［J］. 福建体育科技，1985（4）：1-8.
② 黄捷荣. 论体育哲学的功能［J］. 哈尔滨体育学院学报，1990（3）：18.
③ 赫伊津哈著，游戏的人：关于文化游戏成分的研究［M］. 多人，译. 杭州：中国美术学院出版社，1988：5.
④ MCNAMEE M J. Sports，Virtues，and Vices：Morality Plays［M］. Abingdon：Routledge，2008：14.

克尼克（David Roochnik）声称"游戏是人的一种样态，体育是供人游戏的一个好场所"① 等观点都是对体育游戏不同形式、不同价值、不同本质的认识和反思。

对规则的建构也是这种对直接经验的反思的结果。竞技体育是由体育规则建构出来的活动。在比赛中使用什么手段，哪些行为是正当行为，如何在比赛中获胜都是由适当的规则予以确定。建构主义把体育规则分成两种：一种是设定体育项目的各项规则，称为"建构性规则"，如人类原本没有篮球运动，通过一系列的篮球规则（对球的规定、场地的规定、队员的规定、各种动作的规定等）创设了一种篮球运动。公平竞赛理论强调了遵守规则的重要性，要求任何参赛者都应一视同仁地服从建构性规则，实现竞技体育的规则之治②。另一种是"规范性规则"，这种规则的作用是对犯规者进行惩罚，以之约束竞技者不要犯规。犯规导致比赛的中断，规范性规则可以使比赛恢复到正常状态。③

二、对体育理论的实践检验与批判

实践是人类能动地把握世界的活动，它在人与世界的关系中具有基础性的地位。可以说，在实践中蕴藏着全部人与世界关系的秘密，人与世界关系的丰富内容就是人类实践活动的具体展开。人类的实践活动的基本形式主要有三种：处理人与自然关系的实践、处理人们之间社会关系的实践、创造精神文化的实践。因此，马克思指出："凡是把理论引向神秘主义的神秘东西，都能在人的实践中以及对这个实践的理解中达到合理的解决。"④ 我们建立的是马克思主义的体育哲学，其重要特征之一就是"坚持以现代体育活动的实

①　杨其虎. 西方体育哲学研究述论［J］. 成都体育学院学报，2015（3）：48.

②　MCNAMEE SIGMUND L. Fair Play and the Ethos of Sports：an Eclectic Philosophical Framework［J］. Journal of The Philosophy of Sport，2000（2）：63－80.

③　杨其虎. 西方体育哲学研究述论［J］. 成都体育学院学报，2015（3）：48－49.

④　中共中央马克思恩格斯列宁斯大林著作编译局. 马克思恩格斯选集：第1卷［M］. 北京：人民出版社，1995：56.

践经验为基础"①，现代体育实践，包括整个社会的体育实践活动是马克思主义体育哲学的基础。体育实践的三种形式决定了体育价值的三个维度，在自然维度，体育可以促进个人身心健康；在社会维度，体育可以推动社会和谐进步；在人文维度，体育丰富充实了人们的精神世界，使人们获得美的感受②。

体育哲学的社会功能包括理论功能和实践功能两个方面。理论层面上，对体育主体去认识、实践、创造具有能动作用，帮助人们从体育的整体和一般规律上把握体育社会，提高体育运动、体育科学思维能力，树立正确的体育意识。实践层面上，体育哲学对主体在体育社会的现实活动中起到积极作用：第一，指示人们总结过去，根本点在于对体育运动实践过程进行具体分析，全面地、准确地做出评估，分析因果关系，探求今后的发展方向和道路；第二，指导人们预见未来，主要点在于对体育实践评估的基础上，从总体上把握体育的发展趋势和特点；第三，指导人们的战略决策，为人们应对体育发展的多元化、多面性提供多样性的战略决策及相应的思想理论基础；第四，提示人们统一思想，体育是千百万群众的事业，其中包括不同的社会利益群体，存在着不同的愿望和要求，不同的心态和不同的行动，体育哲学能够为人们统一思想和行动步伐指明方向。③

对体育的特质的认知过程，就体现了体育实践对体育理论的批判和认知深化的促进。关于什么是体育特质，有人认为是"那些确定建构性规则在具体场合如何运用的约定"（达戈斯蒂诺 D'Agostino，1995），有的认为是"竞赛者和观众对规则的认知方式"（李曼 Leaman，1995），有的认为"是竞技运动参与者的特殊理解，是运动如何展开的最紧要的指示（indication）"（泰姆布瑞尼 Tambrrini，2000），也有人觉得"体育特质源自对运动的尊重"（布切尔

①　李献祥. 关于体育哲学对象范畴和基本内容的研究［J］. 体育科学，1990（5）：86.

②　王猛，刘一民. 马克思主义实践观透视下的体育价值［J］. 体育科学研究，2015，19（2）：29－32.

③　黄捷荣. 论体育哲学的功能［J］. 哈尔滨体育学院学报，1990（3）：19.

Butcher，施耐德 Schneider，2001），或认为"体育特质是一种公正精神"（罗兰德 Loland，2002），或者倾向把体育特质理解为"一种麦金泰尔式的社会实践"（摩根 Morgan，1995）①。这些对于体育特质的不同维度、不同视角的认识，都是源自对特定的体育实践的观察与理解，是体育实践带给体育理论思考的创造与超越。

对体育价值的认识和批判也基于体育实践。体育价值是体育实践主体在具体的、历史的体育实践活动中形成的关于体育实践客体是否满足其需要的认识。体育价值是在具体的体育实践活动中形成的，并凝结成人们具体的体育价值观，对人们的体育实践发挥着指导作用。马克思主义的实践观指出，实践是人类有目的地进行的能动的改造和探索现实世界的一切社会性的客观物质活动。实践系统包括实践主体、实践客体以及实践中介三个基本部分，在体育活动中，实践主体是具有一定体育实践能力并实际地从事一定的体育实践活动的人，实践的客体是体育实践活动所指向的人的身体，实践中介则是体育实践中各种实践手段的总和②。在体育实践活动中，存在着主观目的与客观规律的矛盾，如果人作为实践主体通过自身的体育实践，运用各种工具和手段积极地作用于自身身体对象，努力获取关于自身身体对象的本质和规律的正确认识，使体育实践活动既合目的又合规律地展开，直至体育实践目的的最终实现，就意味着主观与客观的矛盾的解决和人的某一特定需要的满足，就会产生体育的正价值。若反之，则产生负价值或反价值。所以体育价值是在体育实践基础上的主客体矛盾的解决过程中形成、发展起来的。此外，体育实践是具体的、历史的，相应的体育价值形态的变迁是动态的、开放的过程，在人们主要依靠体力进行社会物质生产的历史时期，体育未获得独立发展的地位，是依附于经济生产、军事战争等活动的，人们选择体育是为了获得更多的劳动产出或者军事胜利，人们对于体育的价值认知还是经验性的，

---

① 杨其虎．西方体育哲学研究述论［J］．成都体育学院学报，2015（3）：49．

② 王猛，刘一民．马克思主义实践观透视下的体育价值［J］．体育科学研究，2015，19
（2）：29－32．

体育是作为"工具"被认识和利用的；近代工业文明的到来带来了生产力的巨大发展，体育也因而获得了独立发展的契机，体育在学校教育、竞技运动、大众休闲中的地位也得到了提升，体育的价值得到了理性的认识；现代化的生产方式带来了人类经济快速发展的福利的同时，也带来了人的异化问题，体育在新一轮的实践中被赋予了新的时代价值，体育逐渐走向生活化、大众化、人本化、生态化的实践之路。

小　结

基于本章的研究，可以得出这样的结论与启示。

第一，体育哲学首先需要对体育的内涵、体育的本质属性、体育的学科归属、体育哲学的学科地位、体育哲学的核心范畴、体育哲学体系的结构等问题做出本体论应答。认为体育是以身体练习为基本手段，以增强人的体质、促进人的全面发展、丰富社会文化生活和促进精神文明为目的的一种有意识、有组织的社会活动。它是社会总文化的一部分，其发展受一定社会的政治和经济的制约，并为一定社会的政治和经济服务；体育具有自然属性和社会属性，是技术性与社会性的辩证统一；体育是涉及自然科学与社会科学的"交叉学科""综合科学""横断科学"；体育哲学是全方向发展的学科，它在纵向、横向、纵横交叉的方向上影响和渗透于一切体育学科，是"应用学科""桥梁学科""指导科学""部门哲学"；体育哲学的核心范畴包括人天关系、身心关系（灵肉关系、形神关系）、生死关系、动静关系、遗传与锻炼的关系、自我与超越的关系等；体育哲学体系的结构应该涉及体育的基本理论观念（哲学观、历史观、生命观、价值观、整体观、宇宙观、人体观）、基本视角和维度（本体论、知识论/认识论、价值论、实践论、方法论）以及其他一些具有本土性特征的内容（养生、宗教、奥林匹克等）。

第二，体育哲学的知识论来自体育、身体、知识的汇聚，"身体"概念是搭建在"体育"与"知识"之间的桥梁，以身体为逻辑起点，对体育哲学知识论维度的三个基本问题有如下认识：首先，"体育知识"的形成是体育运动"具身化（embodiment）"过程；其次，"体育知识"通过"默会认识"和"惯习"两种途径得以认识；再次，体育通过被理解成一种颇具主体间交互作用的关系模式和一种富含价值、历史、社会特性的实践模式实现自身知识的推演与继承。此外，体育哲学作为一种科学的方法论，从总体上提供具有普遍意义的一般的认识方法、思维方法、科学方法、研究方法和工作方法等。

第三，中西方体育价值维度上具有较明显的异质性。中国的体育受到中国传统儒家、道家宇宙观、人体观的影响，认定生命、健康为核心价值，认为体育的价值在于养护性，追求五脏通达、六腑调和，秉持天人合一的思想原则，倡导对自然的尊重与保护；西方体育受到科学哲学的影响，认为体育实质是迸发生命的物理模型，要在不断设立目标、超越目标的过程中征服自然、超越自己，因而西方体育带有很强的对象性和竞技性，追求更高更快更强的奥运精神。对于竞技体育而言，其道德的规范性表现在两个方面，一个是"正义"，指向事件、制度、社会；一个是"传统"，指向个体、行为、文化。

第四，我们的体育实践是以马克思主义体育哲学为指导的，是在历史唯物论和辩证法指导下的体育实践，体育实践对体育理论不断批判而实现深化对体育的理解和认识。体育实践在反思批判体育理论、净化提升人们的体育观念、促进人们掌握规律等方面具有积极意义。

第五章

范式之维——体育哲学研究的旨趣

研究旨趣就是研究的方法论取向，根据美国社会学家劳伦斯·纽曼从 20 世纪 60 年代对社会科学诸多研究的评估中提取的有关观察、测量和了解社会现实的不同方式的思想理想化模型，将一般的社会科学研究方法取向划分为三大研究旨趣，即诠释的（interpretive）、实证的（positivistic）、批判的（critical）三种范式（paradigm）①。

第一节　诠释性旨趣与体育研究

诠释的社会科学源于 19 世纪的一种关于意义的理论——有关系。可以追溯到德国社会学家韦伯（1864—1920）和德国哲学家狄尔泰（Wilhem Dilthey，1833—1911）。认为自然科学是基于抽象的解释，人文科学是根植于移情式的理解，需要研究有意义的、有目的的社会行动。强调详细的阅读或检验文本（text），文本可以是一席对话、书面文字或图片，研究者把自己的主观经验带进文本中并试着吸收或进入文本中所提出的整体观点，最终形成对各部分与整体之间的相关性的深刻理解。

---

① "范式"指对理论与研究所持的基本取向，一般而言，是指某一科学家集团围绕某一学科或专长所具有的共同信念。研究范式是一整套思想体系，其中包括：基本假设、想要回答的重要问题或是想要解答的难题、使用的研究技术，以及什么是可靠的研究的范例。

一、用以诠释的理论基础

诠释研究取向采取的是实践取向（practical orientation），指为了能够对人们如何创造与维持他们的社会世界有所理解并给予诠释。① 诠释的社会科学有许多种不同的类型：诠释学、建构主义、常人方法论、认知社会学、唯心论社会学、现象学社会学、主观主义社会学以及定性社会学。诠释社会学的研究取向与社会学中的象征互动论或是 20 世纪二三十年代的芝加哥学派相结合，常被称为研究的定性方法②。

"有些人总是希望从纯本体论的角度对'体育的本质'加以考察和规定，其实，纯粹的本体论的规定往往带有一种先验的神秘的性质。而要真实客观地揭示体育的本质，必须借助于认识论。因为客体的任何性质、属性，只有在主体的渗透介入中才能获得和被认识。"③体育人文科学的研究对象是作为一种意义而存在的体育，对其研究方法的选择应当摒弃旧有的社会科学研究思路，转向对体育之意义的理解与解释。这一解释性研究方法的运用需要研究者倾注自身的情感体验于其中，充分激发人文科学研究者所独有的创造力，促成体育精神世界的客观化这一体育人文科学研究的目的，构筑体育的人文世界。④ 中国传统养生思想中无处不体现这种主体的渗入式体悟。当时的养生思想有两种趋势，一个是先秦朴素唯物主义哲学对人体的影响与当时的医疗、保健及身体锻炼活动相结合，这是主流；另一个是受佛教、道家思想影响，主张超脱出世，求仙炼丹，以求长生不老之术。⑤ 古代养生观和导引术都讲求

---

① ［美］纽曼. 社会研究方法：定性与定量的取向（第五版）［M］. 郝大海，译. 北京：中国人民大学出版社，2007：98.
② ［美］纽曼. 社会研究方法：定性与定量的取向（第五版）［M］. 郝大海，译. 北京：中国人民大学出版社，2007：97.
③ 惠蜀. 体育哲学拾蠡［J］. 成都体院学报，1987（4）：1.
④ 杨韵. 体育人文科学的研究旨趣与逻辑进路——基于卡西尔文化哲学的方法论视角［J］. 体育科学，2018，38（6）：38－43.
⑤ 杜美. 中国体育哲学思想探析［J］. 山西科技，2007（2）：44.

"行气"，是人类生命机体与外界进行物质、能量交换的基本方式之一，古人以"吐故纳新"加以诠释。我国古代很多对于身心、生死、动静等问题的描述都是采用比拟、借喻等修辞进行描述，因而诠释的旨趣在中国有更深远的传统。

主体对事物本质的认识的渗透不是盲目和狂放不羁的，需要有一种方法、一种思维去保障认识的科学性和可靠性，这便是逻辑，逻辑的思维方法也成为诠释性研究的重要理论基础。"任何对体育本质的揭示和规定都具有相对的意义，而非一成不变的。"①"必须从逻辑上（对体育的本质）做出新的规定，即扩展其外延，浅化其内涵。"②

逻辑方法中较为主要的三种方法是归纳法、演绎法和类比法。

归纳法是从个别事实中概括出一般原理的思维方法，其中常用的是简单枚举法和穆勒五法。

演绎法是从一般到个别的推理，预测就是演绎法的具体运用。

类比法是根据两个（或两类）对象之间在某些方面的相似或相同而推出它们在其他方面也可能相似或相同的一种逻辑方法。在借鉴国外的研究成果方面，定性的类比法发挥着重要的作用。

此外，还有一种方法是"假说"法。假说是指人们以已知的经验事实和科学理论为根据，对未知现象或规律所做出的推测性的解释。科学假说必须通过实践的检验才能转化为科学的理论，而检验假说的方式一是从假说事实出发，运用演绎推理、逻辑分析来验证，二是由实践来检验。③

除去以上的这些较为一般的方法而言，在诠释研究中，经常使用的还有一种方法——置括号法（bracketing）。置括号法是一项智力练习，研究者先确认出某个社会情境下视为理所当然的假设，然后把他们暂时搁置在一旁，研

---

① 惠蜀. 体育哲学拾蠡 ［J］. 成都体院学报，1987（4）：2.

② 惠蜀. 体育哲学拾蠡 ［J］. 成都体院学报，1987（4）：2.

③ 王洪彪. 体育的哲学批判与批判的体育哲学：对体育科学本质的一种解读 ［J］. 沈阳体育学院学报，2010（6）：25.

究者询问并同时检验日常事件中对置身其中的人有明显意义的那些事件，置括号法透露了什么是大家都知道的事，什么是大家都认定如此却很少说明的事，这有助于研究者显示促使其他事件成为可能的社会情境所具有的关键特性，也使行动所根据的基本理解框架得以显现出来①。

二、诠释性研究的应用的范围

作为人对事物认识的一个重要环节——感性认识的经验，其作用永远不会消除。体育这样一门实践性极强的科学是不能忽视经验的。② 经验是人脑根据采集到的信息所做的一个模糊判断，研究就是需要剔除错误的经验，保留实践中行之有效的经验，并使之理论化。直观经验可以在现象层次上生成自下而上的理论，用以指导体育的实践。但是如果单纯地"把理性问题归结为感性问题，把本体论意义的命题还原为经验问题，并用后者去证明或否定前者，这是体育哲学研究中庸俗化倾向最突出的表现"③。对体育的哲学观照不能将目光滞留于技术迷人的运动员的表现之上，更非裁判员、教练员、观众身上。尤其中国传统思维注重实践经验，重了悟而不重实证，借助于知觉体会，以经验为基础，通过由此及彼的类比联系和意义涵摄，沟通人与他者的协同效应，认为外界呈现在人面前的是一个感性的现象世界，不可分析，讲求用直觉顿悟的内心体验的思维方式去悟出自然法则④。在体育运动中，不提倡孤立地锻炼身体，而是强调强心健身融为一体，例如在对中国民族传统体育——武术的研究中，就大量应用经验性、整体性的思维与表述，大多属于诠释性的研究。

---

① ［美］纽曼. 社会研究方法：定性与定量的取向（第五版）［M］. 郝大海，译. 北京：中国人民大学出版社，2007：103.
② 瞿国凯. 试论体育科学的定量化［J］. 福建体育科技，1985（4）：6.
③ 司马蓉. 体育走向文化的基点——兼评阿部忍教授的《体育哲学》［J］. 体育与科学，1994（3）：25.
④ 高梅艳. 中国传统体育与西方体育哲学思想差异研究［J］. 搏击（体育论坛），2011（3）：39.

司马蓉指出"体育与文化的综合必须以'极性互冲'的逻辑精神为借喻基点，统摄杂多纷陈的体育表象，运用现代解释学成果，阐发出体育语言的丰彩"①。认为"形式逻辑是实验科学的灵魂，唯辩证逻辑为哲学之精灵。它是以思想、范畴、理念去代替人类意识之中的情绪、直观、欲望、意志等表象性规定，是对经验、常识、熟知的一种反动，是纯粹思维的自由天地"②。不应该一上来就给体育染上应用学科（医学、生理学、心理学、物理学、生物学等）的性格，追求立竿见影的意义、效果、价值。因为它们关注作为肉体、生物体、物体的身体，导致极力排除"神""绝对之无""空""绝对精神""禅"等维度的品性。这种"排斥理性精神的现象是体育理论界理论研究思维的方式错误、庸俗化的趋势"③。

正如伽达默尔的指示："只有游戏者在游戏中失去自己，游戏才实现了它的目的。游戏有它独立于玩游戏的人的意识本质，游戏实体就是游戏本身，实体即主体。"④ 也就是说，运动者不是体育语言的主人，不是产生体育语言的主体。因为运动者不是处于语言之外，也不是高于体育运动语言之上。运动者的存在意义都是由体育语言的具有创造力的开放性所建立的。同样，梅洛·庞蒂在现象学的层面上，描述了运动员团队中具备的"游戏大局观"，即在运动竞技过程中无须"事后认识"和"理性计算"，但能对队友们和对手们的活动做出迅速判断的直觉凸显了体育运动过程中认识形成过程和其中所具有的言语不能表达的直觉特性。⑤ 因此需要诠释性研究的思维方式和话语进

---

① 司马蓉. 体育走向文化的基点——兼评阿部忍教授的《体育哲学》[J]. 体育与科学，1994（3）：24.

② 司马蓉. 体育走向文化的基点——兼评阿部忍教授的《体育哲学》[J]. 体育与科学，1994（3）：25.

③ 司马蓉. 体育走向文化的基点——兼评阿部忍教授的《体育哲学》[J]. 体育与科学，1994（3）：25.

④ 司马蓉. 体育走向文化的基点——兼评阿部忍教授的《体育哲学》[J]. 体育与科学，1994（3）：26.

⑤ 高强. 体育、身体、知识——体育哲学的认识论维度 [J]. 武汉体育学院学报，2012（3）：8.

入对体育的社会本体意义的探究之中，使体育哲学成为真正的文化科学研究的对象。

体育哲学的一个主要功能便是"描述性功能"，主要表现在对思维方式作用的基本功能的基础上形成的对本体论、认识论、方法论、价值论的描述性上：体育哲学描述体育运动、体育科学的产生、形成和发展，阐明体育运动的物质与意识的辩证关系，揭示体育运动、体育科学的发展规律，论证体育运动发展的时空形式；体育哲学描述体育理论和实践的矛盾运动，推动体育运动和体育科学的发展，揭示体育中存在的哲学问题；体育哲学阐明哲学方法与体育方法之间内在关系，论述经验方法、理论方法、逻辑方法以及现代科学方法在体育应用的可行性和重要性，以及体育方法与发展体育运动、体育科学的本质关系；体育哲学描述在纵向、横向及交叉关系上体育的价值功能，阐释其中社会的需要和人的需要。[①] 这些都是诠释性研究旨趣可以致力于的范围。

第二节　实证性旨趣与体育研究

实证主义的研究旨趣是使用最为广泛的，尤其是自然科学的研究领域。始于孔德（Auguste Comte，1798—1857）所建立的一支 19 世纪的思想学派。实证研究的目的在于发现现象背后的法则，以便人类可以进行预测与控制。是基于人是利己的、理性的人性假设的一种认识论和研究方法取向。实证主义研究者喜欢精确的定量资料，时常使用实验法、调查法、统计分析法，以寻求严谨确实的测量工具与"客观"的研究，并通过仔细分析测量所得的数据来检验假设。[②]

---

① 黄捷荣. 论体育哲学的功能 [J]. 哈尔滨体育学院学报，1990（3）：17 - 18.
② ［美］纽曼. 社会研究方法：定性与定量的取向（第五版）[M]. 郝大海，译. 北京：中国人民大学出版社，2007：91.

近代科学开始逐步运用分析实验的研究方法对自然界的各个部分、领域进行分门别类的解剖式的探索研究，体育的研究也由于生理学、解剖学的建立而逐渐由经验形态向科学形态转移，开始试图从运动对人体生理机制的作用影响上来对体育加以揭示和说明。科学研究中的定量化与实验的设计数学化是有密切关系的。这是体育进入现代化发展阶段的一个新的特点和趋势。应当充分认识到定量化是现代科学发展的趋势和基本要求，体育科学也必须加强定量化的研究。这是体育自身的研究需要，是过渡到对体育作本质认识的必经阶段，也是对古代朴素的经验体育观的发展及合理的扬弃。①

体育哲学从现代体育科学中相对独立出来，作为一门学科同其他体育科学之间的关系，就是一种哲学和实证科学之间的关系。② 体育哲学的生命力就在于对当代体育现实生活的不断发展和不断理解，就在于自觉地用未来的目光去反省和调整人们对体育世界的理解和要求，并进一步通过对现实体育的理论升华而扬弃已有的理解模式并重构新的理论模式。③

一、体育研究中的定量化与数学化

体育作为兼具自然科学属性和社会科学属性的交叉性学科，其研究的过程与方法随自然科学和社会科学研究发展的变化而变化。自然科学发展的内在规律之一就是从定性的描述进入到定量的分析。

20 世纪 80 年代，随着科学技术的发展，不仅自然科学，甚至连社会科学的各学科都普遍处于定量化的过程之中。④ 从历史上看，定量化的思想是通过直接和间接两种方式进入竞技体育的：直接方式是指"数学方法不通过中间媒介直接进入体育"⑤；间接方式是指"在运用运动生物力学、运动生理学等

① 惠蜀. 关于体育哲学的一些问题 [J]. 成都体院学报，1985（12）：3.
② 李献祥. 关于体育哲学对象范畴和基本内容的研究 [J]. 体育科学，1990（5）：86.
③ 张争鸣. 论体育哲学的现代意义与建构原理 [J]. 贵州体育科技，1996（2）：8.
④ 瞿国凯. 试论体育科学的定量化 [J]. 福建体育科技，1985（4）：1-8.
⑤ 瞿国凯. 试论体育科学的定量化 [J]. 福建体育科技，1985（4）：1.

学科研究运动技术时，这些学科就把本身所具有的定量化思想带进来了"①。

定量化的目的是使体育科学化，就是使之合乎客观规律，其最终检验的标准是体育运动实践。对于竞技体育而言，定量化主要是运动技术的研究方法和训练手段的定量化，是对体育运动所研究的人和物都要规定一系列可用以描述其状态性质的指标或参数，通过观察、实验和理论计算以获得这一系列指标或参数的具体数据。② 一般要用到实验方法、数学方法、逻辑方法，而实验的设计离不开系统论、信息论、控制论。系统论、信息论、控制论把事物当作一个系统综合处理，用系统方法有意识地构成一个最满意的系统/方案/模式，找出规律，抽象成一个数学模型，运用计算机计算该系统的效果，通过反馈进行精确的控制，并根据需要改进参数，已达到最佳效果。因而"三论"方法大大推动着体育科学的定量化，也提出了数学方法现代化和测量仪器电子化的课题③。

在 80 年代，关于体育运动系统的研究中，就有学者应用了系统论的思维方式，以数学化地表达阐释了"体育运动就是一个系统，它是诸因素及其属性相互的关系集合，是诸因素的有机结合体"④ 的观点。

如图 5.1⑤（根据阐释需要已对原图做出修正），体育运动不是诸因素的机械相加，而是这些因素按照一定的组合而建立起来的整体，假设 SP 代表体育运动系统，a，b，c，d…，n 代表构成体育运动的诸因素，则：

$$SP \neq a + b + c + d + \cdots\cdots + n$$

而是　　　　　$SP = F(a + b + c + d + \cdots\cdots + n)$ 的函数式。

体育哲学是在体育社会科学群中以哲学形式出现的科学，是一门理论体系的学问，因此它也必须对体育运动系统进行概括，不能照搬体育运动的诸因素（材料），否则会给"哲学"降格，起不到哲学的指导作用。要通过概

① 瞿国凯．试论体育科学的定量化 [J]．福建体育科技，1985（4）：1.
② 瞿国凯．试论体育科学的定量化 [J]．福建体育科技，1985（4）：1.
③ 瞿国凯．试论体育科学的定量化 [J]．福建体育科技，1985（4）：3.
④ 劳帜红．试论体育哲学的体系 [J]．广州体院学报，1987（2）：72.
⑤ 劳帜红．试论体育哲学的体系 [J]．广州体院学报，1987（2）：72.

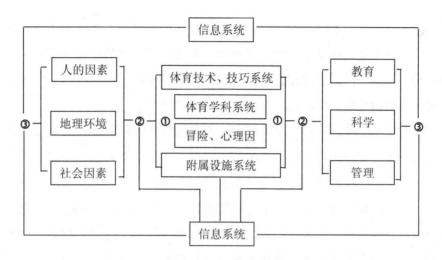

图5.1 体育运动系统与层次

【图解】：①第一层次是构成体育运动最基本、最简单的因素，居于体育运动系统的表层；

②第二层次是提供发展和联系的纽带，是"循环系统"，这一系统一旦发生梗阻，体育的进一步发展就瘫痪；

③第三层次是信息系统——教育，是体育运动系统的软件，包括对运动员的智力开发和技术训练。

括形成方法论，且通过分析认识体育运动的本质和基本矛盾，建立"体育哲学"自己相应的系统/体系。

二、实证性研究的应用的范围

人体运动是一个极其复杂的、不确定的、动态的系统，许多问题是很难定量的。因此，对体育定量的问题不能搞绝对化、简单化，而应辩证地进行分析。人体运动是高级的物质运动形式，定量研究主要适宜于人体体育运动中那些涉及力学、物理学和化学方面的问题，此外在有关体育事业及体育科研的管理问题，以及体育竞赛的组织安排和体育教学训练中的一些问题的研究中开展定量研究是有广阔的前途的；对于人体运动中那些难于定量或目前还不能定量的问题，不应采取"一刀切"绝对化的要求，因而要求体育专业的研究生毕业论文一律要定量化处理是不切合实际和片面的；在体育科学研究中既要重视定量化，也应加强定性的研究。要处理好定量研究和定性研究之间的相互制约关系。①

定量化不仅仅是纯粹数学的问题，而是同许多学科对体育的广泛渗透分不开的。体育定量化具有不平衡的特点，即在体育运动各项目中定量化的水平参差不齐，在田径项目中，数学方法用得最多，也最成功；其次是游泳和体操项目；球类项目再次之；在武术项目中，数学方法用得最少。② 这是由体育项目本身的特性决定的。因而，定量化并非仅仅止于把经验用定量的形式表示出来，而且要通过多学科综合研究，把经验抽象为理论，使认识从现象进入本质，在较深的本质层次上进行定量，这种本质层次上的定量化要高于经验的定量化。③

实证性研究的一个常用的方法就是数理统计法，有研究者将数理统计法应用于对国家体育总局体育哲学社会科学研究项目课题的分析中，归纳了2001—2010十年间的体育哲学社会科学课题指南，对群众体育、竞技体育、体育产业、体育发展战略、体育管理与体制改革、奥林匹克的相关问题、体育法制建设和基础理论问题八个领域进行了研究，统计了研究主要领域的内容、数量及其发展特征，根据统计结果显示，群众体育、竞技体育是体育哲学社会科学研究课题的重中之重。关于群众体育研究统计结果显示，以2008年为界分为两个阶段，2008年以前重点研究"国民体质现状、保障广大人民群众享有基本体育服务的法规和服务体系、公共体育场地设施的规则、建筑、管理、使用问题"，2008年以后进一步探索"学校体育、农村体育、城镇社区体育发展的规律、趋势以及对策研究，青少年、社会弱势人群体育，社会

---

① 龙天启. 体育的科学化与体育哲学——1984年体育哲学学术讨论会综述 [J]. 体育科学，1985 (1)：86 – 89.

② 瞿国凯. 试论体育科学的定量化 [J]. 福建体育科技，1985 (4)：5.

③ 瞿国凯. 试论体育科学的定量化 [J]. 福建体育科技，1985 (4)：6.

转型和人口老龄化等对群众体育的影响，少数民族地区体育节日、民族传统健身理论与方法研究，健身气功对外宣传与推广模式的相关问题，《全民健身计划纲要》《全民健身条例》的实施与配套机制研究等问题"。① 而在竞技体育方面，同样，2008 年以前针对"奥运争光计划、新世纪世界体育格局与发展趋势、竞技体育后备人才现状及对策、运动队管理和思想政治工作、赛事安全问题"的研究较多；2008 年奥运之后，研究热点转向"我国优势运动项目成功的规律与可持续发展，我国竞技体育发展模式的改革和创新，全运会、城运会、全国体育大会等综合性赛事以及单项体育赛事的运作机制、作用和效益，运动训练竞赛创新，《反兴奋剂条例》"② 等问题的研究。

第三节 批判性旨趣与体育研究

批判的社会科学提供方法论意义的第三种选择。这个研究取向可以向前追溯到马克思（Karl Marx，1818—1883）、弗洛伊德（Sigmund Freud，1856—1939）。这个研究取向的版本被称为辩证唯物主义、阶级分析和结构主义。常与冲突理论、女性主义分析、激进的心理疗法联系在一起，也和批判理论（最早在 20 世纪 30 年代由德国法兰克福学派发展起来）有关联。批判的社会科学将法则取向与表意取向混合在一起。它同意诠释研究取向对实证主义的许多批评，但是又加上它自己的批评：使用理性方式过于狭隘、反民主、违反人性。在某些地方批判的研究旨趣也不同意诠释的社会科学的主张，例如布迪厄（Pierre Bourdieu）提出理论研究的基本取向是反实证主义和反诠释学的，既拒斥实证主义者所采取的客观的、如同法律一样的、定量的经验研究，

---

① 杨焕江，陈铁成 . 21 世纪我国体育哲学社会科学课题指南回顾与前瞻 [J] . 曲阜师范大学学报（自然科学版），2011（3）：109.

② 杨焕江，陈铁成 . 21 世纪我国体育哲学社会科学课题指南回顾与前瞻 [J] . 曲阜师范大学学报（自然科学版），2011（3）：110.

也拒绝诠释的社会科学采取的唯意志论的研究取向。

一、批判思维对体育研究的推动

批判即批评与判断。它反映了一切理论与实践在其发展过程中，对事物尤其是对自身所具有的一种科学的求实求真、否定、反省与超越的内在本性。批判不承认有任何中级的、空谈的、僵化的、教条的、神秘的或封闭的事物及其状态。①"大凡过去已成定论的基本概念、理论和定义，在今天都相继出现了所谓的'危机'势头。这情景又不能以主观的好恶和意愿来加以取舍。只要从直观的、直线的、简单的、封闭的思维方式中挣脱出来，便必然地不断展开和深化对发展着的体育运动与自然、社会和人的普遍联系的认识。"②一个科学或者学科的生存、发展、完善既是指导实践活动的根本标准和最终目的，也是设计、选择、反思、考察、批判它的最根本标准和尺度，体育科学发展的本质在于以哲学批判为标准的理论设计。③

由于运用分析实验的方法研究体育，是割裂了体育的内部诸因素的联系和体育与外部的联系，不是把体育放在人类社会广阔的文化背景中去考察，不是从体育内部与外部纵横交错的复杂多样的联系和作用中去研究体育，而是依赖于个别少数学科孤立、静止、片面地研究体育这一十分复杂的社会现象，这种时代所赋予的认识和研究方法的特点使得近代体育的研究往往以偏概全，虽在局部上有所突破和深化，却不能从总体上对体育的产生、功能、本质、规律等问题做出全面的、综合的回答，因而担负不起科学地认识体育这一使命。④

马克思的历史唯物主义和辩证唯物主义的创立在哲学史、认识史上为研究体育这种社会现象奠定了科学的理论基础，使我们有可能从人类的生产史、

---

① 王洪彪. 体育的哲学批判与批判的体育哲学：对体育科学本质的一种解读 [J]. 沈阳体育学院学报，2010（6）：24.

② 惠蜀. 体育哲学拾蕊 [J]. 成都体院学报，1987（4）：1.

③ 王洪彪. 体育的哲学批判与批判的体育哲学：对体育科学本质的一种解读 [J]. 沈阳体育学院学报，2010（6）：25.

④ 惠蜀. 关于体育哲学的一些问题 [J]. 成都体院学报，1985（12）：3.

文明史、认识史的发展过程中去正确地揭示和说明体育的问题，而在自然科学方面，以三大发现为标志宣告了形而上学研究方法的终结，科学之间高度分化基础上的综合趋势、自然科学和社会科学相互渗透合流的趋势、基础理论同应用科学的联系和转化加剧的趋势，打破了体育的科学基础仅仅为少数学科所垄断的片面、薄弱的局面，体育的基础理论队伍迅速扩张，遗传学、医学、生物学、力学、化学、计算机理论等一大批自然科学和哲学、经济学、体育史学、心理学、教育学、美学、管理学、统计学、未来学、社会学等一大批社会科学先后应用于对体育的研究中。① "从人类学的角度，从社会学的角度，从文化学的角度，从哲学、心理学的角度，借助历史的方法、结构的方法、比较的方法、辩证的方法和实证的方法等，开始了对体育的再认识，或者说'反思'。试图从更广阔的背景中去透视体育，从更高层次上去俯瞰体育，以求得相对完整的、系统的体育观。"②

当代体育哲学建构既是时代精神追求的合理表达，又必然体现历史的超越意识。体育哲学对时代还表现出一种"批判精神"。体育哲学的批判性品格根源于人类体育实践的批判性，在马克思看来，人的主体性不是先天的，而是人自己创造的；人的实践活动既可以把人提升成为主体，也可能把人的主体性否定掉。因此人对自己的体育实践活动不应采取自我崇拜的盲目态度，而应采取自我批判态度。③

二、批判性研究的应用的范围

有学者指出"对体育科学本质的本质之追问与上升到哲学层次的批判有助于对体育的理解"④，以问题——分析——解答为进路，梳理体育哲学的争

---

① 惠蜀. 关于体育哲学的一些问题 [J]. 成都体院学报，1985（12）：3-4.
② 惠蜀. 体育哲学拾蠡 [J]. 成都体院学报，1987（4）：1.
③ 张争鸣. 论体育哲学的现代意义与建构原理 [J]. 贵州体育科技，1996（2）：8.
④ 王洪彪. 体育的哲学批判与批判的体育哲学：对体育科学本质的一种解读 [J]. 沈阳体育学院学报，2010（6）：23-26.

议，分析体育学科的性质，理清体育相关概念实质，从体育哲学与哲学体育的双重批判出发，系统论述体育科学的本质及其发展动因。认为："有必要且必须承认体育科学缺欠的存在，只有通过批判、再批判才能使体育科学向前发展，而对本质批判的根据、标准和尺度应从既定的哲学理论出发，体育的批判是且应当是哲学批判，同时体育哲学也应当是批判的哲学。"①

学者范大明围绕"体育哲学的定位"问题，对前人三种关于体育哲学定位的观点进行了批判反思（如表5.1）。认为体育哲学的定位反映了我国体育哲学研究的足迹，而目前体育哲学还没与找到合适的切入点；体育哲学迫切需求在理论奠基、前后一致的思维程序、新颖明晰的语言表达、体育哲学思想系统化等方面研究的突破；建议体育哲学的研究以身体哲学为立足点，并进行相关的拓展研究，形成具有本土文化的体育哲学。②

表5.1 对三种体育哲学定位观点的反思

	我国体育哲学的定位	批判与分析③
第一种	体育哲学是在哲学走向现代化和应用化的形势下与体育实践、体育科学相结合而发展起来的一门新兴学科。 是马克思主义哲学在体育领域的应用，处于体育科学体系的最高层次，是运用辩证唯物主义观点对体育的理论和实践问题进行哲学探讨和科学解释的一门基础理论学科。④	体育哲学是马克思主义哲学原理在体育领域的具体应用，研究事物的特殊性才能科学地改变世界，才是马克思确定研究目标的方法； 体育哲学处于最高层次，这个"最高层次"的立足点没有点明； 把体育哲学局限于理论研究，从而把体育的实证功能排除在外，存在哲学基本概念混淆的事实。

① 王洪彪.体育的哲学批判与批判的体育哲学：对体育科学本质的一种解读［J］.沈阳体育学院学报，2010（6）：24.
② 范大明.刍议我国体育哲学的定位［J］.考试周刊，2011（65）：142.
③ 范大明.刍议我国体育哲学的定位［J］.考试周刊，2011（65）：141－142.
④ 龙天启.体育哲学基础［M］.北京：北京体育学院出版社，1989：15.

续表

	我国体育哲学的定位	批判与分析①
第二种	体育哲学以一般哲学为指导，以具体体育学科为基础，是探讨体育本身及其发展同人类对体育认识的发展关系的学科。 体育哲学不同于一般的哲学，也不从属于教育哲学，而是哲学与体育的交叉学科，是哲学和体育嫁接的产物。②	如果体育哲学以一般哲学为指导，这个一般哲学指什么？由此会引申出体育哲学是一般哲学的反向推论； 体育哲学不从属于教育哲学，而是体育与哲学的交叉学科，那么体育哲学始终会在哲学和体育内容变更的夹缝里挣扎，缺少扎实的基础； 体育哲学是哲学和体育嫁接的产物，那么嫁接的过程又是如何进行的，这才是体育哲学能否成立的关键。
第三种	体育哲学不仅要回答"什么是体育"，而且要探究"体育对人和社会发展的意义"，前者反映了体育的本质，后者反映了体育的价值。 体育哲学是运用哲学方法探究体育本质及其价值的一门学科。③	体育本质的立足点不明确，忽略体育是基于人身体的方式彰显的，容易形成失去实践意义的烦琐哲学。（科学的解释：纯记叙性的体育本质现象探讨；规范的解释：对于体育规范、道德义务、动机选择、行为对错提出正面的肯定答复；后设式解释：澄清道德概念或判断，设定相关的标准等）； 体育教育从低到高分为身体活动、心理活动、知识探求、美感经验、体育教育智慧、体育教育思想与目标六个层面，体育哲学研究需要设定终极目标来反映体育的价值； 没有重视体育哲学的创造，也没有形成与之相匹配的体育哲学方法论。

---

① 范大明. 刍议我国体育哲学的定位［J］. 考试周刊，2011（65）：141-142.
② 惠蜀. 体育哲学［M］. 成都：四川教育出版社，1992：17.
③ 卢元镇. 体育人文社会科学概论高级教程［M］. 北京：高等教育出版社，2003：81.

　　女性主义研究的基因中就带有鲜明的批判性特征，运用女性主义哲学思想和方法对体育现象与问题的反思是批判性研究旨趣的一个典型代表。有研究依据女性主义哲学思潮中三类颇具代表性的女性主义哲学观点，结合女性社会角色、身体观念、自我认同的转变历程，对女性体育发展的阶段特征及所蕴含的"政治运动—思想观念—文化载体"交互关系进行解析。认为 19 世纪末 20 世纪初，女性体育发展以自由主义的女性主义为思想武器，实现了女性体育权利意识的启蒙，但理论上存在认知局限性，实践上欠缺彻底性与集体性；20 世纪六七十年代，女性体育借助激进的女权潮流，把女性体育作为破除性（性别）制度的权力场域，致力于消灭差异和生理超越，虽客观上取得长足进步，但理论上陷入本质主义，实践上存在体育伦理意义上的僭越与隐患；20 世纪末，生态女性主义的反思给予异化发展的女性体育以警醒和可能出路，建议按照道法自然、尊重差异、合度开发的基本原则发展女性体育。因此，女性体育观的变化与女性主义哲学思潮和女性解放运动的实践具有一致的阶段特征和鲜明的时代性，是人类社会"政治运动—思想观念—文化载体"之间的交互作用关系的反映，是特定历史阶段政治／文化观念交互作用和权力／制度力量博弈的产物。①

　　体育科学的进步要求我们以批判的体育哲学为基本点，以一定的方法和手段包括：横向的批判——跨地域、跨学科的借鉴与移植；纵向的批判——历史的回顾与审视；理论的批判——概念、定义的语义分析，价值多元化的判断与逻辑的推敲；实践的批判——理性的检查评定与实证；自我的批判——自身的构建与开放；批判的批判——对"元"体育哲学的拷问等为路径，结合体育哲学自身的反思与建设，去完善、发展体育科学。②

---

①　关景媛，陶玉晶. 女性主义哲学思潮对女性体育观的影响［J］. 体育学刊，2016（4）：
　　18 - 24.

②　王洪彪. 体育的哲学批判与批判的体育哲学：对体育科学本质的一种解读［J］. 沈阳
　　体育学院学报，2010（6）：26.

第四节　适应性及其局限

一、三种研究旨趣的适应性

（一）诠释性研究在体育研究中的适应性

诠释研究取向许多年来一直以实证主义的忠实反对者自居："一个多世纪以来，诠释研究取向在这场论战①中已经占据了强势少数派的位置。"② 笛卡尔运用其所制定的理性演绎法建立起来的哲学体系就是一种具有典型意义的理性体系。主客二分应当看作是人类哲学思想和认识发展中的重要进步，但问题在于往往把主客、心物、思有分裂和绝对对立起来，认为"肉体"基本上是机器，遵守着物质法；"精神"本质上是思想，遵守着推理。古代科学由于受到实践深度和广度的限制，还无法对体育进行深入细致的研究，而历史地产生了建立在"经验、直观"基础上的朴素的体育观，即从总体上对体育的问题做笼统的感性的描述。③我们并不反对经验，而是反对狭隘的经验主义。经验的方法、定性的方法是可以与科学的、定量的方法并存于体育研究中的，且在一定程度上和适用范围内，均是值得相信的。在体育学科领域内，诠释性研究随着质性研究的升温，将逐渐被认可和重视，在科学量化手段测不准和力不从心之处，往往诠释性研究能够提供一条解决问题的路径。

---

① 简单而言，是有关八个问题的争论：为什么要进行社会科学研究？社会现实的基本特征是什么？什么是人类的基本特征？科学与常识之间的关系是什么？有哪些因素构成了对社会现实的解释或理论？如何确定一个解释是对还是错？什么才算是好的证据，事实信息是什么样的？社会政治价值从哪一点上介入了科学？

② ［美］纽曼. 社会研究方法：定性与定量的取向（第五版）［M］. 郝大海，译. 北京：中国人民大学出版社，2007：90.

③ 惠蜀. 关于体育哲学的一些问题［J］. 成都体院学报，1985（12）：3

（二）实证性研究在体育研究中的适应性

实证主义是最古老、最广为使用的研究取向。"实证主义是科学最常见的哲学面貌。"① 近代西方哲学的人文精神突出地表现为理性主义精神，这与随着自然科学的兴起而出现的科学精神是互为表里、彼此促进的。凡是人所需要的一切均可通过人本身的理性获得像数学推理一样清晰而精确的理解。② 所有科学，包括社会科学，都享有一组共同的原则与逻辑，认为社会科学是"为了发现并证明一组用来预测人类活动一般模式的概率性因果法则而将演绎逻辑与对个人行为所做的精确的经验观察结合起来的一个有组织的方法"③。因而，在体育学科领域，实证性研究仍然占有重要地位，在许多问题的探究方面，尤其与运动人体科学、运动心理学等学科的相关研究中都适用。

（三）批判性研究在体育研究中的适应性

批判性研究是一个开放性的、创造性的取向。在我国，由于体育哲学、体育科学的研究总体上都是以马克思主义哲学为指导思想，而马克思主义哲学原理就是历史的、实践的、辩证的、批判的，我国的很多体育理论研究也是有着批判的品格，运用批判思维回答体育问题较具代表性的人物是毛泽东，他在《体育之研究》中对体育的论述处处闪耀着智慧的光芒和批判的精神。我国体育学科发展尚存很大空间，尤其是体育哲学的研究，还存在许多盲区和薄弱之处，对于西方的体育哲学、运动哲学的了解有待深入，对我们中国传统的体育哲学、养生哲学的反思还不到位，因而，批判性研究是当前体育理论工作者应当予以重视和尝试的取向。

---

① ［美］纽曼. 社会研究方法：定性与定量的取向（第五版）［M］. 郝大海，译. 北京：中国人民大学出版社，2007：90.
② 马景芹，于涛. 论近代西方哲学对体育哲学的影响［J］. 体育文化导刊，2005（12）：24.
③ ［美］纽曼. 社会研究方法：定性与定量的取向（第五版）［M］. 郝大海，译. 北京：中国人民大学出版社，2007：91.

二、三种研究旨趣的局限性

（一）诠释性研究在体育研究中的局限性

诠释研究取向受到的批评在于它过于主观、过于相对主义、与道德无关的、被动的。诠释的社会科学明显只关心主观的现实，认为所有的观点都具有同等的价值，把人们的思想看得比实际的状况更加重要，把焦点放在地方化、微观层次以及短期的环境中，而忽略了更为广阔的、长期的社会背景。

（二）实证性研究在体育研究中的局限性

20 世纪 60 年代实证主义取向在英国、加拿大、斯堪的纳维亚和美国的主要社会学期刊中占据主导地位，而实证主义虽然在自然科学、科学哲学领域以及研究者中间已有一段漫长的历史，但在一部分研究者看来，实证主义已经变成了一个令人心生轻蔑、唯恐避之不及的标签，到了八九十年代实证主义取向在欧洲期刊中的地位又急剧下降："实证主义不再是一个清晰的指示物，相反，很明显对于许多人来说，做个实证主义者并不是件好事"[1]。人们运用科学的方法建立新世界的倾向对体育界的影响之一便是今天多数的SPORT 世界寻求客观的标准："人们只以记分板上的数字来检测运动员的优秀程度"[2]。体育世界数字化的做法一方面可使运动成绩更加客观、公正，避免了许多人为因素的干扰。但另一方面，价值无法被客观化的特性势必会造成对体育价值判断的极度混乱。二元论思想往往会导致体育运动强调身体因素而忽视精神因素的倾向，认为运动就是身体的活动，与思想的参与无关，即体育是对肉体部分的教育，将人的身体看作是某种机械的物体进行研究、实验，最大限度地发挥出人体的运动能力。一方面，研究的科学化和不断深入，使得运动方法更为合理，人的运动能力也得到了相应的提高；而另一方面，

---

[1] ［美］纽曼. 社会研究方法：定性与定量的取向（第五版）［M］. 郝大海，译. 北京：中国人民大学出版社，2007：91.

[2] 马景芹，于涛. 论近代西方哲学对体育哲学的影响［J］. 体育文化导刊，2005（12）：24.

由于忽视人的精神生活，体育变成了一种技能教育，在教授和训练时不重视人的精神方面的要求，而导致人身体单方面的发展①。从某种意义上讲，质性研究也是继承了实证主义旨趣的重要研究方法，可能会在应对体育哲学中的部分问题时成为定量研究的"朋友"和"帮手"，为混合研究打开可能空间，对讲求主体间性的中国传统体育而言尤其如此，中国武术文化从身体与精神、人与人、人与物、人与社会、人与自然等关系中认定主体间性的存在，在"身心之和""人我之和""师徒之和""人与器和""武与政和""门派之和""天人之和"等多个层面的文化深描和哲思钩沉都需要定性与定量研究的联手，走出一条具有本土特色的后实证研究之路。

（三）批判性研究在体育研究中的局限性

批判性研究在理论上化解了诠释性研究和实证性研究的矛盾，取二者之长，事半功倍地解决体育理论和实践问题。但是目前看来，我国的体育哲学研究中，对于批判性研究的指导思想、理论学说还较为单一，缺乏具有前沿性的批判理论与体育研究融合的成果。此外，批判理论特别具有本土性，因而，在体育研究中要想取得批判性的成果还有赖于哲学、教育学领域生成本土性的批判理论，有可靠的、具有文化适应性的批判理论，是展开这种旨趣的研究的基础。哲学家、社会学家们普遍认识到方法的重要性，把方法看作是体系的灵魂。从笛卡尔和培根开始，思想家们从欧几里得几何学发展出推理演绎方法；从牛顿物理学发展出经验归纳法；康德创立了先验方法论；黑格尔第一次系统地表达了辩证法。② 上述方法都可用来对体育问题、体育现象进行哲学分析，诠释研究可能从事探索性研究，实证主义可能进行成本效益分析，而批判研究偏好行动取向研究。在具体的问题面前，需要对这三种理想型的旨趣特征和应用性（见表5.2）有所了解，才能够为解决问题找到最扎实的研究方法取径。

---

① 马景芹，于涛. 论近代西方哲学对体育哲学的影响［J］. 体育文化导刊，2005（12）：24.

② 马景芹，于涛. 论近代西方哲学对体育哲学的影响［J］. 体育文化导刊，2005（12）：25.

作为理想型的诠释的、实证的和批判的三大研究旨趣拥有一些共同的特征①，也就是不同研究范式之间基于科研基本原则上的一致性认同（见表5.2）：首先，都是经验论的，即每个研究取向都根植于景象、声音、行为、情境、讨论和行动等可观察的现实，研究绝不是单凭造假与想象便能完成的；第二，都讲求系统化，即每个研究取向都强调以精密与仔细的态度来从事研究，全都拒绝临时起意的、伪造的或松散的思考与观察；第三，都有理论，虽然理论的本质各有不同，但是均强调概念的使用与模式的观察，没有一个主张社会生活一团混乱和毫无秩序，全部都主张解释或理解是有可能实现的；第四，都强调公开，全部都认为研究者的工作必须老老实实地让其他的研究者知晓，应该说明得清清楚楚和大家分享，全都反对把研究过程藏起来、留作私用或秘而不宣；第五，都强调自我反省和监督，每个研究取向都认为，研究者必须认真思索他们要做些什么，并保持自觉，决不可盲目做研究或不经思索便进行研究，研究涉及严谨的筹划，并且需要有自我意识；第六，都强调开放过程，都视研究为不断前进的、演进的、变化的，询问新的问题，以及追求领先的过程，没有一个视研究为静态的、固定的或封闭的过程。当前的知识与研究程序不是"写在石头上的"或是已经盖棺定论的，他们都关涉到以开放的心态来面对持续的变迁，并且接受新的思考方式与做事方式。

表5.2 经典研究范式多维比较

经典范式	诠释的（interpretive）	实证的（positivistic）	批判的（critical）	后现代的（Post – modern）
研究目的	理解与描述有意义的社会行动	发现自然法则，以便人类可以进行预测与控制	粉碎神话、唤醒民众、改变现状	以一种有趣的方式来表达主观自我，取悦并激励他人

① ［美］纽曼著. 社会研究方法：定性与定量的取向（第五版）［M］. 郝大海，译. 北京：中国人民大学出版社，2007：118.

续表

经典范式	诠释的（interpretive）	实证的（positivistic）	批判的（critical）	后现代的（Post–modern）
现象与本质	本质是建构的，情景的定义充满了流动的特性并由人类互动创造	事先存在着的稳定模式与秩序，等待人们的发现	现象常常掩盖着本质，隐藏着的基本结构充满了冲突，同时冲突受其宰制	无序的、不定的，没有任何真正的模式或控制计划
人性假设	人是创造意义的社会人，并不断的理解他们所生存的世界	人是利己的，有理性的，受制于外在力量的型塑	充满创造性的适应性的民众，有着没有实现的潜力，受制于虚幻与剥削	人类具有创造性并且活力十足，但他们的潜能并未实现
常识的角色	强有力的日常生活理论，广泛地被平常人所用	显然不同于科学，而且不具效度	错误的信仰把权利与客观情况隐藏起来	社会现实性的实质是优于科学或官僚主义推理形式的
理论样态	对个体或群体活动的文化意义进行深描和解释，对意义体系如何产生、维持提出描述	相互关联的定义、原理、原则所构成的合乎逻辑的归纳体系	显示真正的情况，提出的批判能够帮助人们看到迈向更好世界的方式	是一种艺术性表达的实现或操作，使人们得到愉悦、震撼和刺激
对真的解释	获得被研究者的共鸣与认同	逻辑上没有矛盾，符合观察到的事实	为人们提供改变世界所需的工具	没有一种解释会更加真实，对于那些接受它们的人来说，所有的解释都是真实的

续表

经典范式	诠释的 （interpretive）	实证的 （positivistic）	批判的 （critical）	后现代的 （Post – modern）
好的证据	对文化意义有较强的解释力，镶嵌在流动的社会互动之中	基于明确、精准的观察，其他人可以重复获得	能有效地粉碎神话、唤醒自觉，由能够解释幻觉的理论提供	后现代主义具有一种美学特征，并能与人们内在的感觉或情感产生共鸣
价值的地位	价值是社会生活整体的一部分，没有一种群体的价值是错误的，有的只是差异	科学是价值中立的，除了选择主题之外，价值在科学研究中是没有地位的	所有的研究都是从某个价值立场出发的，立场有正确和错误之分	价值是研究的重要组成部分，所有的价值都具有相同地位
共同特征	都是经验论的：根植于可观察的事实。 都讲求系统化：强调以精密与仔细的态度来从事研究。 都有理论：理论的本质各有不同，但是均强调概念的使用与模式的观察。 都强调公开：研究者的工作需要公开、透明、清楚、分享，反对掩藏不宣。 都强调自我反省（元认知）：研究者必须认真思索他们要做些什么并保持自觉。 都强调开放过程：研究是不断前进的、演进的、变化的、具备开放的态度。			

　　在体育哲学的研究中，尽管有着不同的研究取向，各个取向之间存在着差异，但是在过去四十年的学科发展史中，那种通过理论构建者群体自我反省和自始自终的革新态度去创造经过系统收集的、建立在经验之上的体育理论与实践知识的持续努力鲜明可见。依据不同的哲学对研究的目的与社会现实之本质所做的假设，体育理论的研究也出现若干互相竞争的研究取向，社会研究取向的三大理想型取向对体育哲学研究的若干基本问题提出了不同的解答，当然也需要认识到，三大研究途径对于我们意味着目前没有一个绝对

正确的进行体育科学研究的取向，这并不是说，怎么做都可以，也不是说三者之间没有暂时性的一致意见，相反的，是指进行体育哲学研究的基础尚未定于一尊，这也解释了体育研究中会出现的复杂视角和混合性研究的现象。这也意味着，当从事体育哲学研究时，研究者试图达到的目标将随着所选择的研究取向的不同而有所差异，研究所使用的各种技术（抽样、访问、参与观察）完全取决于不同研究取向的假设。所以，合宜的、适切的理论立场和方法论选择成为研究体育哲学的必备武器，而敏锐的问题嗅觉、精准的问题聚焦能力是维系体育哲学研究创新性的核心奥义，持续的自省和开放的心态则是体育哲学研究生命力的终极保障。

结　语

通过对体育哲学学科四十年演进历程的全景观看与省察，获得了一些观点和结论，搁笔之际，反思自己的研究，认为可以感到欣慰之处在于三个方面：

第一，与西方对体育哲学的研究类似，每隔一个阶段，就会对既往的学科发展史进行梳理和阶段总结。黄捷荣、李修珍、王建国、吕沂、于昕、于涛等学者都基于不同的时段对体育哲学学科的阶段进行了划分，然后综观各位前辈的观点，大多数是基于历史学思维，按照时间维度，以重要历史事件为考量，进行划分，优点在于能够提供清晰的演进脉络，但是存在问题在于它是历史地看待历史的做法，而非历史地还原历史的方法。因而，我的考量是以马克思主义哲学思想为指导，从事物发展内在动因考察学科的发展变化，不仅从历史学视角，更从发生学视角去看待体育哲学的理路，据此提出新的划分观点及其依据。

第二，当前我国体育哲学的研究实际上仍然处于半显半隐的状态。所谓"显"，是对比20世纪80年代以前，我国的体育哲学没有作为体育科学体系中一个占有独立学科地位的境况而言，现在的体育哲学已经拥有了自己的体系、明确了独特的研究范畴、创生出了一些独特的话语和方法，更拥有一群专门从事体育哲学研究的理论人才，因而，可以说它的身份、价值、功能、地位得到了前所未有的广泛认同；而所谓"隐"，是针对体育哲学的研究始终藏躲于哲学、史学、教育哲学等学科身后，缺少自我确证性的处境而言，其知识合法性始终是向外寻求的。基于这种处境，本研究对既有的体育哲学体系兼容并蓄，自下而上整理归纳体育哲学研究中的核心主题，同时自上而下按照本体论、知识论、价值论、实践论的理论视角对其分拣整合，形成"主题—视角"双向建构的应答性学科体系。

第三，既往研究对体育哲学方法论的研究往往是中观层面的。关注具体的方法、关注方法论的指导意义。然而作为体育哲学本身而言，受到体育自身生物性、社会性、文化性、审美性等属性的影响，体育哲学的研究方法势必不是单一的、孤立的，而复杂方法的应用往往在具体研究中交错使用，用得恰当与否，则需要宏观层面的研究方法旨趣的探讨。因而本研究借用纽曼关于社会科学研究方法论的理论，考察"方法的方法"、接近"方法的源头"，这对于我们重新认识一直以来作为我国人文社会科学研究总方法论的马克思主义哲学提供了更为深刻的理解。

而笔者对于本研究的重大遗憾在于，由于初涉体育研究时日未久、资源惭愧，对于多年来为体育学科发展尤其是体育哲学学科的创立与成长笔耕不辍的前辈学者们知之甚少、了解甚浅，因而在研究设计之初，希望能够呈现的四十年来"体育哲学研究者群像"的工程难以铺展，设想中对于体育哲学学人的学术生涯、研究理念、学术关系、思维模式、作品风格的挖掘十分力不从心，不禁感慨，构想的美好，抵不过时间和能力的双重尴尬。只希望在后续的研究中，能够借助学院、学校的平台，依靠师长们的助力和引荐，有机会收集到更多一手的口述材料，挖掘珍贵的历史细节，从而为中国体育哲学学术研究之路上，那些曾为我们踩下脚印、留下路标的前辈学人们发出声音，还原他们的历史功绩，续写他们的学术梦想，留下更为鲜活而真实的片段。

参考文献

［著作类］

［1］［美］ HARPER W A, MILLER D M, PARK R J, et al. The Philosophic Process in Physical Education ［M］. 1st Edition. Philaddphia: lea & Febiger, 1961.

［2］ SIMON B. Oxford dictionary of philosophy ［M］. Oxford: Oxford university press, 1996.

［3］ MECHIKOFF R A, ESTES S G. A History and Philosophy of Sport and Physical Education: From Ancient Civilization to the Modern World ［M］. New York: The McGraw – Hill Companies, Inc., 2002.

［4］ PIERRE B. "Sport and social class" in Dunning, ERIC & Malcolom, DOMINIC (ed). Sport: sport and power relation ［M］. London: Taylor & Francis, 2003.

［5］ SIMON R L. Fair Play: the Ethics of Sport ［M］. 2nd Editon Bonlder: Westview Press, 2004.

［6］ MCNAMEE M J. Sports, Virtues, and Vices: Morality Plays ［M］. Abingdon: Routledge, 2008.

［7］ MARINKOVA I, PARRY S J. (Eds.). Phenomenological Approaches to Sport ［M］. Abingdon: Routledge, 2012.

［8］ LOLAND S, MCNAMEE M. Philosophy of Sport ［M］. London: Routledge，2014.

　　［9］STOLZ S A. The Philosophy of Physical Education：A new perspective［M］. London and New York：Routledge，2014.

　　［10］［日］久保正秋. 体育·スポ一ツの哲学的见方［M］. 东京：东海大学出版会，2010.

　　［11］［英］狄更生. 希腊的生活观［M］. 彭基相，译. 上海：商务印书馆，1933.

　　［12］［荷］赫伊津哈. 游戏的人：关于文化游戏成分的研究［M］. 多人，译. 杭州：中国美术学院出版社，1988.

　　［13］［英］MCNAMEE M J，PARRY S J. 运动伦理学（Ethics and Sport）［M］. 许立宏，译. 台北：师大书苑出版社，2004.

　　［14］［法］皮埃尔·布迪厄，华康德. 实践与反思：反思社会学导引［M］. 北京：中央编译出版社，2004.

　　［15］［美］纽曼. 社会研究方法：定性与定量的取向（第五版）［M］. 郝大海，译. 北京：中国人民大学出版社，2007.

　　［16］龙天启，李献祥. 体育哲学（初稿）［M］. 北京：北京体育学院自然辩证法教研组（内部出版），1982.

　　［17］沈阳体育学院，哈尔滨体育学院，天津体育学院，解放军体育学院，上海体育学院，西安体育学院，吉林体育学院，广州体育学院. 体育哲学［M］. 哈尔滨：哈尔滨体育学院科研处，1986.

　　［18］龙天启. 体育哲学导论［M］. 北京：北京体育学院出版社，1987.

　　［19］龙天启，李献祥. 体育哲学［M］. 北京：北京体育学院出版社，1987.

　　［20］黄捷荣. 体育哲学［M］. 沈阳：沈阳出版社，1988.

　　［21］龙天启. 体育哲学基础［M］. 北京：北京体育学院出版社，1989.

　　［22］周志武，宋子英，朱鲁路. 体育哲学纵横谈［M］. 北京：人民体育出版社，1990.

［23］刘一民．运动哲学研究——游戏、运动与人生［M］．台北：师大书苑出版社，1991.

［24］刘仁东，刘志敏，金宝玉．体育哲学研究［M］．大连：大连理工大学出版社，1992.

［25］惠蜀．体育哲学［M］．成都：四川教育出版社，1992.

［26］龙天启，黄捷荣，高铭鼎主编．体育哲学理论与实践［M］．广州：广东高等教育出版社，1993.

［27］樊正治．运动哲学导论［M］．台北：师大书苑出版社，1993.

［28］王善胜．体育哲学新探［M］．北京：北京体育大学出版社，1994.

［29］潘靖五，龙天启．体育哲学与伦理问题新探［M］．北京：北京体育大学出版社，1995.

［30］吴翼鉴．赣北教育"体育的哲学思考"专刊［M］．九江：九江市教育学会，1996.

［31］李力研．野蛮的文明——体育的哲学宣言［M］．北京：中国社会出版社，1998.

［32］卢元镇．体育人文社会科学概论高级教程［M］．北京：高等教育出版社，2003

［33］刘一民．运动哲学新论——实践知识的想象痕迹［M］．台北：师大书苑出版社，2005.

［34］许立宏．运动哲学教育［M］．台北：冠学文化出版社，2005.

［35］刘一民，周育萍．运动哲学心灵飨宴［M］．台北：师大书苑出版社，2005.

［36］刘一民．运动哲学研究——游戏、运动与人生［M］．台北：师大书苑出版社，2005.

［37］石明宗．运动哲学——愉悦＋智慧之旅［M］．台北：师大书苑出版社，2009.

［38］于涛．体育哲学研究［M］．北京：北京体育大学出版社，2009.

［39］布特.和谐体育的哲学探索——现代体育的文化哲学批判与建构［M］.北京：北京体育大学出版社，2011.

［40］熊欢.身体、社会与体育：西方社会学理论视角下的体育［M］.北京：当代中国出版社，2011.

［41］秋实.体育哲学［M］.西安：陕西人民出版社，2011.

［42］王宏.中欧体育哲学思想比较［M］.武汉：湖北人民出版社，2014.

［43］刘欣然.生命行为的存在——体育哲学、历史与文化的线索［M］.北京：北京体育大学出版社，2014.

［44］宋继新.林笑峰体育文集［M］.长春：东北师范大学出版社，2014.

［45］马卫平.体育哲学［M］.北京：北京体育大学出版社，2015.

［46］薛亚钢，梁林.体育与哲学［M］.北京：北京体育大学出版社，2015.

[论文类]

［1］MCNAMEE S L. Fair Play and the Ethos of Sports：an Eclectic Philosophical Framework［J］.Journal of The Philosophy of Sport，2000（2）：63 – 80.

［2］TOMOHIKO SATO. A Philosophical Study on the Cultural Aspects of the Human Body［J］.International Journal of Sport and Health Science，2003，1（1）：55 – 60.

［3］TWIETMEYER G. The Merits and Demerits of Pleasure in Kinesiology［J］.Quest，2012，64（3）：177 – 186.

［4］BROWN S. De Coubertin's Olympism and the Laugh of Michel Foucault：Crisis Discourse and the Olympic Games［J］.Quest，2012，64（3）：150 – 163.

［5］LARSSON H & QUENNERSTEDT M. Understanding Movement：A Sociocultural Approach to Exploring Moving Humans，［J］.Quest，2012，64（4）：

283 – 298.

[6] GRECIC D & COLLINS D. The Epistemological Chain: Practical Applications in Sports [J] . Quest, 2013, 65 (2): 151 – 168.

[7] KIRKWOOD K. Does the Existence of Steroid Addiction Alter the View That Steroid Use in Sport is Cheating? [J] . Quest, 2014, 66 (4): 485 – 494.

[8] STEVEN C. BARNSON S C. Toward a Theory of Coaching Paradox [J] . Quest, 2014, 66 (4): 371 – 384.

[9] HOCHSTETLER D. Narratives, Identity, and Transformation [J] . Quest, 2015, 67 (2): 161 – 172.

[10] ISIDORI E, MIGLIORATI M, MAULINI C, et al. Educational Paradigms and Philosophy of Football Coaching: A Theoretical and Practical Perspective [J] . Procedia – Social and Behavioral Sciences, 2015: 614 – 621.

[11] TWIETMEYER G. God, Sport Philosophy, Kinesiology: A MacIntyrean Examination [J] . Quest, 2015, 67 (2): 203 – 226.

[12] TWIETMEYER G. The Cardinal Virtues and Kinesiology [J] . Quest, 2015, 67 (2): 119 – 137.

[13] HOPSICKER P M & HOCHSTETLER D. The Future of Sport Philosophy in Higher Education Kinesiology [J] . Quest, 2016, 68 (3): 240 – 256.

[14] Jenny S E, MANNING R D, KEIPER M C, et al. Olrich. Virtual (ly) Athletes: Where eSports Fit Within the Definition of "Sport", [J] . Quest, 2017, 69 (1): 1 – 18.

[15] TWIETMEYER G. Culture, Kinesiology, and the Free Society [J] . Quest, 2018, 70 (2): 213 – 233.

[16] ELOMBE T L. Sport Philosophy Inquiry in 3D: A Pragmatic Response to the (Sport) Philosophy Paradox [J] . Sport, Ethics and Philosophy, 2018, 12 (3): 317 – 333.

[17] BREIVIK G. From "philosophy of sport" to "philosophies of sports"?

History，identity and diversification of sport philosophy ［J］．Journal of the Philosophy of Sport，2019，46（3）：301－320.

［18］古月．体育哲学浅介 ［J］．成都体育学院学报，1982（10）：13.

［19］龙天启．体育的科学化与体育哲学——1984 年体育哲学学术讨论会综述 ［J］．体育科学，1985（1）：86－89.

［20］瞿国凯．试论体育科学的定量化 ［J］．福建体育科技，1985（4）：1－8.

［21］张尚权．正确认识体育事业归属第三产业 搞好体育事业的管理与经营——1985 年全国体育 哲学社会科学学术报告会体育经济学组学术综述 ［J］．技术经济，1985（12）：4－9.

［22］惠蜀．关于体育哲学的一些问题 ［J］．成都体院学报，1985（12）：3－7.

［23］龙天启、张尚权、刘洪彬、曹湘君、刘德佩执笔，彭跃整理．1985 年全国体育哲学社会科学学术报告会综述 ［J］．体育科学，1986（3）：18－24.

［24］胡晓风．《体育哲学》序言 ［J］．哈尔滨体育学院学报，1986（3）：1－2.

［25］伊朱边．《体育哲学》简介 ［J］．哈尔滨体育学院学报，1986（3）：2.

［26］潘靖五、刘慕悟、吴礼文、王德佩执笔，彭跃整理．1985 年全国体育哲学社会科学学术报告会综述（续）［J］．体育科学，1986（6）：23－26.

［27］劳帜红．试论体育哲学的体系 ［J］．广州体院学报，1987（2）：70－73.

［28］龙天启．体育哲学研究概况 ［J］．四川体育科学学报，1987（4）：6－9.

［29］惠蜀．体育哲学拾蠡 ［J］．成都体院学报，1987（4）：1－4.

［30］卢先吾．苏联体育哲学社会科学研究动向 ［J］．体育与科学，

1987 (6)：12 - 13.

[31] 韩丹. 体育哲学与体育的宏观研究 [J]. 哈尔滨体院学报，1988 (1)：3 - 8.

[32] 黄捷荣. 关于体育哲学研究中的若干问题 [J]. 哈尔滨体院学报，1988 (1)：8 - 11, 27.

[33] 高铭鼎. 关于体育哲学学科建设的几个问题 [J]. 哈尔滨体院学报，1988 (1)：11 - 14.

[34] 黄捷荣. 论体育哲学的功能 [J]. 哈尔滨体育学院学报，1990 (3)：17 - 19.

[35] 任海. 体育哲学在北美的发展简况 [J]. 体育科学，1990 (3)：87 - 90.

[36] 惠蜀. 对体育哲学中"生死范畴"的思考 [J]. 四川体育科学，1990 (4)：4 - 5, 37.

[37] 惠蜀. 关于体育哲学的若干范畴 [J]. 成都体育学院学报，1990 (4)：8 - 14.

[38] 李献祥. 关于体育哲学对象范畴和基本内容的研究 [J]. 体育科学，1990 (5)：86 - 88, 55, 97.

[39] 蓝犁. 体育哲学和体育哲学研究 [J]. 湖北社会科学，1990 (11)：64.

[40] 陈科华. 先秦儒家体育哲学思想述评 [J]. 益阳师专学报，1991 (1)：53 - 57.

[41] 陈科华. 先秦儒家体育哲学思想述评 [J]. 益阳师专学报，1991 (2)：53 - 57.

[42] 胡建平. 略论体育哲学与体育科学的关系 [J]. 哈尔滨体育学院学报，1991 (2)：13 - 16.

[43] 惠蜀. 关于体育哲学的两对范畴——对"人天关系"及"身心关系"的认识 [J]. 体育科学，1991 (5)：21 - 25, 93.

[44] 胡建平. 体育哲学发展的一个重要生长点 [J]. 哈尔滨体育学院学报, 1992 (1)：20 - 21.

[45] 秋实. 健康观——体育哲学的一个重要内容 [J]. 西安体育学院学报, 1992 (2)：80 - 83.

[46] 韩丹. 在满足社会需要中发展体育哲学 [J]. 体育与科学, 1992 (3)：8 - 9, 23.

[47] 李修珍. 略论体育哲学学科建设与发展 [J]. 体育科学研究, 1993 (2)：1 - 3.

[48] 张德福. 新版《体育哲学》评论 [J]. 体育与科学, 1993 (5)：44 - 46, 4.

[49] 黄捷荣. 体育哲学的结构特性与机制 [J]. 哈尔滨体育学院学报, 1994 (1)：9 - 11.

[50] 王光华, 王国槐, 敖德秀. 国家调控与市场机制是发展体育的动力——市场经济与体育哲学的理论思考 [J]. 湖北体育科技, 1994 (1)：1 - 4.

[51] 张元. 毛泽东与体育哲学——试析毛泽东的《体育之研究》 [J]. 体育科学, 1994 (3)：14.

[52] 司马蓉. 体育走向文化的基点——兼评阿部忍教授的《体育哲学》 [J]. 体育与科学, 1994 (3)：24 - 28.

[53] 韩丹. 体育哲学同体育市场之相关度 [J]. 体育与科学, 1994 (5)：13 - 15.

[54] 李修珍. 世纪之交的中国体育哲学 [J]. 武汉体育学院学报, 1995 (4)：12 - 16.

[55] 张争鸣. 论体育哲学的现代意义与建构原理 [J]. 贵州体育科技, 1996 (2)：7 - 11.

[56] 牛亚莉. 浅谈体育哲学的范畴和对人天关系的认识 [J]. 甘肃社会科学, 1996 (2)：16 - 17.

[57] 朱淑春. 深化体育哲学研究若干问题的思考 [J]. 天津体育学院学报, 1996 (4): 49-51.

[58] 韩丹. 论体育哲学的人体观 [J]. 体育与科学, 1997 (1): 40-39.

[59] 韩丹. 论体育哲学的人体观 (续完) [J]. 体育与科学, 1997 (2): 25-30, 34.

[60] 牛亚莉. 浅论体育哲学的范畴——对身心关系的认识 [J]. 甘肃社会科学, 1997 (2): 49-50.

[61] 周爱光. 论建立体育哲学学科的必要性和可能性 [J]. 体育学刊, 1997 (4): 31-34.

[62] 王建国, 吕沂. 世纪之交我国体育哲学研究的思考 [J]. 辽宁体育科技, 1999 (6): 65-66, 71.

[63] 王建国, 王秀香, 张晓红. 略论我国体育哲学研究的发展、问题与展望 [J]. 沈阳体育学院学报, 2000 (2): 48-49.

[64] 王俊奇. 试论毛泽东早期体育哲学思想 [J]. 上饶师专学报, 2000 (3): 73-76.

[65] 秋实. 试论体育哲学教学在体育院系教学过程中的地位和作用 [J]. 西安体育学院学报, 2001 (2): 92-94.

[66] 翟国范, 张林学. 西方体育哲学之道德嬗变 [J]. 北华大学学报 (社会科学版), 2001 (2): 12-15.

[67] 颜玖, 文献检索法在社会科学研究中的应用 [J]. 北京市总工会职工大学学报, 2001 (6): 44.

[68] 邵伟德, 汪超. 柏拉图体育哲学思想探讨 [J]. 山东体育学院学报, 2003 (4): 35-36, 41.

[69] 胡庆山, 肖琴. 试论体育哲学与体育实践的共存机制 [J]. 南京体育学院学报 (社会科学版), 2004 (1): 59-61.

[70] 李希水. 对体育哲学精神范畴的文化阐释之管窥 [J]. 吉林体育

学院学报，2004（2）：15－16.

　　［71］王苏杭."我为什么要跑得这么快?"——体育哲学漫谈之一［J］.体育文化导刊，2004（7）：17－19.

　　［72］王苏杭.人类为什么要"额外"的身体活动——体育哲学漫谈之二［J］.体育文化导刊，2004（8）：27－29.

　　［73］王苏杭.体育能健身吗?——体育哲学漫谈之三［J］.体育文化导刊，2004（9）：11－12.

　　［74］陈胜.论儒家养生思想对古代体育哲学产生的影响［J］.教育与职业，2004（18）：70－71.

　　［75］王振成，刘少华.当代体育哲学文化反思之一：当代体育的时间之维［J］.体育文化导刊，2004（10）：19－21.

　　［76］王振成，刘少华.当代体育哲学文化反思之二：当代体育的空间之维［J］.体育文化导刊，2004（11）：23－25.

　　［77］王振成，李月丰，刘少华.当代体育哲学文化反思之三："对话"精神［J］.体育文化导刊，2004（12）：11－13.

　　［78］王苏杭.对"增强体质"的哲学思考——体育哲学漫谈之四［J］.体育文化导刊，2004（10）：22－25.

　　［79］王振成，李亚英，刘少华.当代体育哲学文化反思之四：体育、身体与"狂欢"［J］.体育文化导刊，2005（1）：31－33.

　　［80］王金艳.中美两国学校体育哲学思想历史比较［J］.哈尔滨体育学院学报，2005（4）：7－9.

　　［81］郑小英.我的体育哲学［J］.广东教育，2005（5）：66.

　　［82］马景芹，于涛.论近代西方哲学对体育哲学的影响［J］.体育文化导刊，2005（12）：24－25.

　　［83］谭军.体育哲学浅议［J］.江西青年职业学院学报，2006（2）：51－52.

　　［84］王捍东.试论体育哲学精神在培养体育师资过程中的作用［J］.

宜春学院学报（自然科学版），2006（2）：142－144.

[85] 宋震昊."体育"本体论（一）——体育哲学宣言 [J]．南京体育学院学报（社会科学版），2006（2）：15－17.

[86] 李斌，郭成杰，吕利平．中国近代体育哲学的奠基人——严复 [J]．中国体育科技，2006（3）：30－32.

[87] 戴志勇，王方雨．试论高校体育院系学生体育哲学精神的培养 [J]．江西青年职业学院学报，2006（4）：24－25，29.

[88] 石龙，谭华．西方体育运动观的历史变奏——《体育史与体育哲学：从古代社会到当代世界》评介 [J]．体育文化导刊，2006（11）：80－82，79.

[89] 毕明军．身心观与体育运动 [D]．济南：山东师范大学，2006.

[90] 王捍东．关于培养体育技术课程师资体育哲学精神的哲学思考 [J]．安徽体育科技，2007（1）：70－72.

[91] 杜美．中国体育哲学思想探析 [J]．山西科技，2007（2）：44－45.

[92] 公续亮．论毛泽东的体育哲学 [J]．工会论坛（山东省工会管理干部学院学报），2007（3）：120－121.

[93] 葛翠柏，王正伦，唐永干，等．体育哲学的力作——读李力研《野蛮的文明》感言 [J]．体育文化导刊，2007（4）：78－80.

[94] 金富赞．韩国体育哲学的形成过程及展望 [J]．北京体育大学学报，2007（5）：615－617.

[95] 郁振华．身体的认识论地位——论波兰尼默会知识论的身体性维度 [J]．复旦学报（社会科学版），2007（6）：72－80.

[96] 伊恩·亨利，徐通．英国和欧洲大众体育哲学思想的变迁 [J]．体育学刊，2007（9）：31－33.

[97] 王晓刚．体育院系开设体育哲学课程探析 [J]．教育理论与实践，2007（12）：49－51.

［98］谭广鑫. 简评《体育哲学导论》［J］. 体育学刊，2008（3）：74.

［99］付道华，孙晓伟. 体育哲学与竞技体操实践的共存机制研究［J］. 体育科技文献通报，2008（11）：105－106.

［100］李柏. 西方体育哲学基本理论概述［J］. 内蒙古体育科技，2009（3）：9－10，25.

［101］毛运海. 马克思主义体育观与高职体育哲学教育［J］. 襄樊职业技术学院学报，2009（5）：69－72.

［102］张晓龙. 价值论视野中的体育哲学［D］. 上海：上海体育学院，2009.

［103］刘欣然，李亮. 游戏的体育：胡伊青加文化游戏论的体育哲学线索［J］. 体育科学，2010（4）：69－76，97.

［104］刘欣然，张学衡. 基于游戏理论的体育哲学考察［J］. 上海体育学院学报，2010（4）：39－43.

［105］菅永忠.《体育之研究》折射的毛泽东体育哲学思想［J］. 沧桑，2010（4）：177－178.

［106］游俊，刘超，汪鑫. 休闲体育哲学思考［J］. 体育文化导刊，2010（6）：101－102，105.

［107］王洪彪. 体育的哲学批判与批判的体育哲学：对体育科学本质的一种解读［J］. 沈阳体育学院学报，2010（6）：23－26.

［108］李英春，张婷，李平靖. 发展人的感性能力——反思体育哲学的核心理念［J］. 前沿，2010（20）：34－36

［109］张军献，沈丽玲. 竞技本质游戏论——本质主义的视角［J］. 体育学刊，2010，17（11）：1－8.

［110］刘欣然. 胡伊青加文化游戏论中的体育哲学内涵［C］//中国体育科学学会（China Sport Science Society）2011第九届全国体育科学大会论文摘要汇编（1）. 上海：中国体育科学学会（China Sport Science Society），2011：1.

[111] 蒋冀骋. 何为体育？——《体育哲学》序 [J]. 湖南师范大学教育科学学报, 2011 (1): 2.

[112] 熊斗寅. 时代的召唤 历史的必然——读顾拜旦《现代奥林匹克主义的哲学基础》[J]. 体育文化导刊, 2011 (2): 149 - 154.

[113] 刘欣然, 余晓玲. 竞技本质非"游戏论"——就本质主义立场与军献兄商榷 [J]. 体育学刊, 2011, 18 (3): 7 - 13.

[114] 韩正好, 江丽梅, 任志超. 体育哲学的隐学学科地位分析 [J]. 佳木斯教育学院学报, 2011 (3): 446.

[115] 高梅艳. 中国传统体育与西方体育哲学思想差异研究 [J]. 搏击 (体育论坛), 2011 (3): 38 - 39.

[116] 杨焕江, 陈铁成. 21 世纪我国体育哲学社会科学课题指南回顾与前瞻 [J]. 曲阜师范大学学报 (自然科学版), 2011 (3): 108 - 112.

[117] 马德浩. 解释学视域下的体育本质 [J]. 体育学刊, 2011 (3): 14 - 19.

[118] 于伟, 栾天. 历史本体论与走向情本体的教育 [J]. 教育学报, 2011 (4): 36 - 45.

[119] 陈燕, 曾宪刚. 体育美本质初探——关于马克思"人的本质力量对象化"经典学说的现代思考 [J]. 湖北美术学院学报, 2011 (4): 12 - 15.

[120] 刘伟. 体育事业发展本质与运动员金牌产权问题——体育哲学视角 [J]. 经营管理者, 2011 (4): 202.

[121] 周元超. 毛泽东早期体育哲学思想及其形成研究 [J]. 湖南科技大学学报 (社会科学版), 2011 (5): 19 - 22.

[122] 杨韵. 后哲学文化演进中的体育哲学——基于理查德·罗蒂哲学思想的探究 [J]. 体育科学, 2011 (7): 92 - 97.

[123] 马冠楠, 刘桂海. 竞技体育政治功能新探 [J]. 体育文化导刊, 2011 (7): 140 - 142.

[124] 范大明. 刍议我国体育哲学的定位 [J]. 考试周刊, 2011 (65): 141－142.

[125] 高梅艳. 论中西体育哲学差异 [D]. 太原：中北大学, 2011.

[126] 周栋. 体育哲学：哲学对体育的反思与批判 [J]. 河北体育学院学报, 2012 (1): 27－29.

[127] 刘林, 刘诚香. 大众健美操运动的体育哲学内涵 [J]. 内江科技, 2012 (1): 45.

[128] 高鹏春, 肖渊实. 基于人体动作计算机建模论计算机科学哲学与体育哲学的统一性 [J]. 体育科技文献通报, 2012 (2): 119－120.

[129] 韩立明. 中西方体育哲学思想的差异 [J]. 邢台学院学报, 2012 (2): 158－159.

[130] 于昕. 我国体育哲学研究 [C] //中国体育科学学会体育社会科学分会 2012 全国体育社会科学年会——转变体育发展方式的探索论文集. 黄山：中国体育科学学会, 2012: 117－118.

[131] 高强. 体育、身体、知识——体育哲学的认识论维度 [J]. 武汉体育学院学报, 2012 (3): 5－9, 15.

[132] 陈剑兴. 基于游戏理论的体育哲学分析考察 [J]. 文体用品与科技, 2012 (16): 6.

[133] 覃立. "有人"的体育——《体育与人——一种体育哲学》评介 [J]. 体育研究与教育, 2013 (1): 17－21.

[134] 石磊, 吴玉静, 高丹娜, 等. 基于卢梭自然主义教育观的体育哲学解读 [J]. 少林与太极（中州体育）, 2013 (4): 4－6.

[135] 王健, 郑丽丽, 许婕, 等. 方法与进展：基于国家体育总局体育哲学社会科学项目的文本研究 [J]. 天津体育学院学报, 2013 (5): 402－407.

[136] 刘同众, 李宏. 奥林匹克运动发展的人文困境——基于体育哲学的视角 [J]. 学术界, 2013 (5): 163－169, 286.

[137] 高强. "灰色"的哲学理论与"常青"的体育之间——体育哲学

研究中引入哲学人类学方法探析 [J]. 体育与科学, 2013 (6): 32 - 36.

[138] 刘颖. 体育哲学身心观的辩证分析 [J]. 科技视界, 2013 (7): 43.

[139] 项涓.《中国体育哲学社会科学研究 (1978—2010)》出版 [N]. 中国体育报, 2013 - 07 - 12 (003).

[140] 廖建华. 现代思想启蒙中的体育哲学论略 [J]. 科技信息, 2013 (9): 305.

[141] 刘颖. 西方体育哲学的存在论基础 [J]. 科技信息, 2013 (11): 180.

[142] 许晓峰. 体育哲学与道德问题思索断片 [J]. 科技创新导报, 2014 (2): 163.

[143] 胡惕, 韩云峰. 国际体育哲学研究热点及其启示 [J]. 体育文化导刊, 2014 (4): 203 - 206.

[144] 易剑东, 任慧涛. 长跑、马拉松以及体育的哲学向往——从村上春树《当我谈跑步时我谈些什么》谈起 [J]. 体育与科学, 2014, 35 (6): 14 - 19.

[145] 刘欣然, 余晓玲. "是" 的本真与 "体育" 的所是——体育本体论研究 [J]. 武汉体育学院学报, 2014 (7): 10 - 15.

[146] 谭华, 刘春燕. 身体、观念与体育——评罗伯特·麦基考夫的《体育哲学史》[J]. 武汉体育学院学报, 2014 (7): 5 - 9, 46.

[147] 孙宜辰, 郭文亮. 从《体育之研究》看毛泽东的体育哲学思想及当代价值 [J]. 毛泽东邓小平理论研究, 2014 (8): 75 - 79, 92.

[148] 谢昊霖. 哲学视野下网球运动的发展探析 [D]. 湘潭: 湖南科技大学, 2014.

[149] 王琇淇. 北京体育大学开设体育哲学选修课程的可行性研究 [D]. 北京: 北京体育大学, 2014.

[150] 王顺熙, 李丹梅. 黑格尔体育哲学思想研究 [J]. 吉林体育学院

学报，2015（3）：14-17.

[151] 史海旺. 国际《体育哲学》（JPS）动态的可视化研究（1998—2014）[D]. 济南：山东师范大学，2015.

[152] 杨其虎. 西方体育哲学研究述论 [J]. 成都体育学院学报，2015（3）：46-52.

[153] 刘涛，金春光. 西方体育哲学的发展历程回顾 [J]. 体育文化导刊，2015（5）：195-198.

[154] 许振刚. 体育哲学的宣言——论"人的体育化" [J]. 广州体育学院学报，2016，36（1）：37-39.

[155] 乔凤杰. 反思"常识"：运动的功能是固有的吗？[J]. 体育学刊，2016（2）：48-51.

[156] 高强. 从"技艺"到"体育技艺"——基于神话学与当代"认识论-本体论"理论的考辨 [J]. 西安体育学院学报，2016（2）：186-192.

[157] 付玉龙. 竞争与合作——论体育竞争 [J]. 体育文化导刊，2016（3）：197-201.

[158] 龚建华. 身体德性：体育的奠基性基础 [J]. 吉林体育学院学报，2016，32（3）：26-30.

[159] 胡科. 体育：可能世界的身体筹划 [J]. 体育学刊，2016（4）：12-17.

[160] 关景媛，陶玉晶. 女性主义哲学思潮对女性体育观的影响 [J]. 体育学刊，2016（4）：18-24.

[161] 阮纪正. 传统太极拳的生命智慧 [J]. 体育学刊，2016，23（5）：4-12.

[162] 张再林. 身体哲学范式与体育论旨间的互窥——以中国古代射艺为例 [J]. 体育学刊，2016，23（5）：13-20.

[163] 唐吉平，胡科. 论体育之平庸 [J]. 体育学刊，2016，23（5）：21-24.

［164］刘欣然，黄传想，李丽君. 意义的凝聚：基于"力"的体育自然哲学考察［J］. 武汉体育学院学报，2016（5）：19 - 25.

［165］王猛，刘一民. 体育美：一种超越性的人文维度——基于人的悖论性存在理论［J］. 中国学校体育，2016，3（5）：23 - 28.

［166］王永顺，胡惕，刘鎏. 美国体育哲学的发展与启示［J］. 体育文化导刊，2016（5）：188 - 193.

［167］高强. 从"身体"到"身体运动"——斯宾格勒理论视域下对体育哲学身体研究的再思考［J］. 北京体育大学学报，2016（7）：37 - 44.

［168］胡欣敏，罗军委，耿烨，等. 对于涛教授《体育哲学研究》简析［J］. 当代体育科技，2016（14）：147 - 148，150.

［169］高强. 体育学与哲学：基于学科关联的历史考察［J］. 体育科学，2016，36（11）：82 - 90.

［170］刘小明. 民俗体育哲学论［J］. 体育文化导刊，2016（12）：39 - 43.

［171］乔超. 体育运动中的身体问题研究［J］. 体育文化导刊，2017（2）：195 - 200.

［172］周建东，于涛. 体育与知识——基于对知识论体育哲学的考察［J］. 体育学刊，2017，24（2）：1 - 7.

［173］朱海云. 竞赛道德二重性的哲学思考［J］. 体育学刊，2017，24（3）：6 - 9.

［174］李传奇，李海燕，张震. 身体的觉醒与挺立——从尼采的身体哲学到顾拜旦的奥林匹克哲学［J］. 体育学刊，2017，24（3）：1 - 5.

［175］任慧涛. 超级马拉松、圣徒与内在体验：兼论面向未来的体育哲学［J］. 体育与科学，2017，38（3）：58 - 62.

［176］蒋德龙. 健康体质学的逻辑起点——健身［J］. 体育学刊，2017，24（5）：10 - 15.

［177］唐宝志，罗嘉司. 体育哲学的形而上性质研究［J］. 辽宁经济职

业技术学院学报. 2017 (5)：46 – 48.

[178] 邹月辉，张佳. 体育：还原"文明病"下身体的自由 [J]. 武汉体育学院学报，2017，51 (6)：32 – 37.

[179] 高强. 体育哲学的史学之维与现象学之路——泛法体育哲学学会主席 Bernard Andrieu 教授访谈 [J]. 体育与科学，2017，38 (6)：22 – 26.

[180] 解忍，王新雷，张晓丽. 运动伦理：理性现实下的感性反思 [J]. 沈阳体育学院学报，2017，36 (6)：88 – 92.

[181] 陈玲，董川，邵继萍. 武术文化的主体间性辨释 [J]. 武汉体育学院学报，2017，51 (6)：72 – 76，82.

[182] 沙金，姚瑶. 高举习近平体育思想伟大旗帜 推动新时期体育产业全面发展 [N]. 中国体育报，2017 – 07 – 03 (007).

[183] 周庆. 透过哲学的视角看体育 [J]. 运动，2017 (11)：121 – 122.

[184] 周建东. 体育知识范式论 [D]. 济南：山东师范大学，2017.

[185] 汪宇峰. 学校体育教育价值取向研究 [D]. 武汉：华中师范大学，2017.

[186] 王雷. 论体育学的学科特征 [D]. 福州：福建师范大学. 2017.

[187] 高强，康义萌. 从"形而上学式"到"历史主义式"体育哲学——始于体育概念无穷性困境的思考 [J]. 体育科学，2018 年，38 (1)：63 – 70，89.

[188] 胡科. 体育：文化世界的身体建构 [J]. 体育学刊，2018，25 (1)：17 – 21.

[189] 吴永金，陆小聪. 扭曲的身体与自然的体育——卢梭体育教育观的整体面向 [J]. 体育学刊，2018，25 (2)：1 – 8.

[190] 张琪，夏春，龚正伟. 竞技本质技艺论的质疑与竞技技艺论的建构 [J]. 体育学刊，2018，25 (2)：9 – 16.

[191] 车旭升，律海涛. 欧美体育哲学和体育伦理学的研究历程及动向

分析 [J]．河北体育学院学报，2018，32（2）：28－34.

[192] 贺幸辉，陈天昊，邢艳琪．体育纪录电影中的"运动哲学"——索契冬奥会和冬残奥会官方电影谢尔盖·米洛什尼琴科，索菲亚·格韦勒导演访谈录 [J]．体育与科学，2018，39（2）：41－45.

[193] 李金锁，刘欣然，黄亚玲．李力研体育哲学思想内涵探析 [J]．成都体育学院学报，2018，44（3）：70－75.

[194] 李祝青，张振华．论体育哲学的对象与任务 [J]．安徽师范大学学报（自然科学版），2018，41（3）：299－302.

[195] 解忍，张晓丽，李晓栋．运动伦理与生存伦理的临界点：体育矛盾再反思 [J]．河北体育学院学报，2018，32（3）：69－74.

[196] 田嘉鑫．冲破理性思维的屏障让感性重生——体育哲学思想浅析 [J]．当代体育科技，2018（4）：221－222.

[197] 解忍，张晓丽，李晓栋．断裂与融合：古希腊身体力与身体理矛盾初探 [J]．河北体育学院学报，2018，32（4）：25－31.

[198] 高梓峰．体育社会科学的定位及与相关概念的关系 [J]．当代体育科技，2018，8（5）：159，165.

[199] 秦蓉蓉．基于体育哲学视域下的桥牌 [J]．当代体育科技，2018（5）：197，199.

[200] 卫才胜．三次科技革命对奥林匹克运动技术化影响的哲学探析 [J]．武汉体育学院学报，2018，52（5）：11－15.

[201] 高强．"竞技"与"语言"：对体育与语言流变关系的语言哲学思考与谱系学考察 [J]．北京体育大学学报，2018，41（6）：33－42.

[202] 杨韵．体育人文科学的研究旨趣与逻辑进路——基于卡西尔文化哲学的方法论视角 [J]．体育科学，2018，38（6）：38－43.

[203] 赵歌．作为"身体化"审美活动的体育健身的文化哲学研究——基于莫里斯·梅洛－庞蒂和理查德·舒斯特曼身体思想 [J]．体育科学，2019，39（1）：85－97.

[204] 赵富学. 习近平新时代体育强国思想的马克思唯物主义立场及价值引领 [J]. 武汉体育学院学报, 2019, 53 (2): 5 – 11.

[205] [法] ANDRIEU B. From Enaction to Emersion: A body perception by awareness of living body [J]. 成都体育学院学报, 2019, 45 (3): 7 – 13.

[206] 周乐, 高强. "从生成到涌现: 生命体意识的身体知觉" 译与析 [J]. 成都体育学院学报, 2019, 45 (3): 14 – 16.

[207] 高强, 程一帆. 从 "体育哲学中的身体" 到 "体育中的身体" ——对体育哲学身体研究范式的现象学批判与重建 [J]. 体育科学, 2019, 39 (4): 29 – 38.

[208] 任海. 聚焦生活, 重塑体育文化 [J]. 体育科学, 2019, 39 (4): 3 – 11.

[209] 郭恒涛, 刘欣然. 身体的自由: 体育的生命伦理审视 [J]. 伦理学研究, 2019 (5): 107 – 112.

[210] 高强. 体育概念之争与哲学思辨 [J]. 成都体育学院学报, 2019, 45 (5): 22 – 23.

[211] 刘芳. 习近平体育工作重要论述的哲学意蕴 [J]. 聊城大学学报 (社会科学版), 2019 (6): 36 – 41.

[212] 解忍, 张晓丽, 王新雷. 论体育自然人国度的幻想与破灭——从 《野蛮的文明: 体育的哲学宣言》 谈起 [J]. 河北体育学院学报, 2019, 33 (6): 54 – 59.

[213] 孙国友, 桑飞鸣. 习近平关于体育工作重要论述的逻辑起点、实践追求和价值旨归 [J]. 体育学研究, 2019 (6): 40 – 46.

[214] 高海利, 卢春天. 身体素养的构成要素及其理论价值探微 [J]. 体育科学, 2019, 39 (7): 92 – 97.

[215] 施艺涛, 崔华, 解有毅. 身体素养哲学基础、概念界定和评测体系的系统评价 [J]. 体育科学, 2019, 39 (8): 3 – 11.

[216] 刘亮, 吕万刚, 沈克印. 中国特色体育话语的生成逻辑、实践进路、

解释框架与新时代的使命 [J]．体育科学，2019，39（9）：24 - 30，67.

[217] 于思远，刘桂海．体育与构建人类命运共同体：机理与路径 [J]．体育科学，2019，39（9）：82 - 88.

[218] 尹贤彬，张绪婷．习近平新时代体育强国思想的理论特质和时代特征 [J]．创造，2019（11）：11 - 16.

[219] 冯振．体认理论视野下的跆拳道技击审美研究 [J]．当代体育科技，2019（33）：239，241.

[220] 刘美含，李有强，侯同童，等．习近平新时代中国特色社会主义思想与新时期体育文化建设 [C] //第十一届全国体育科学大会论文摘要汇编，中国体育科学学会会议论文集．南京：中国体育科学学会，2019：343 - 344.

[221] 李佛喜．新时代体育文化自信初论——基于习近平文化自信理论 [C] //第十一届全国体育科学大会论文摘要汇编，中国体育科学学会会议论文集．南京：中国体育科学学会，2019：351 - 352.

[222] 桑飞鸣，孙国友．习近平关于体育重要论述的逻辑起点、实践追求和价值旨归 [C] //第十一届全国体育科学大会论文摘要汇编，中国体育科学学会会议论文集．南京：中国体育科学学会，2019：353.

[223] 孙悦，刘欣然．狂欢的背后：身体运动与节庆文化的体育哲学意向 [C] //第十一届全国体育科学大会论文摘要汇编，中国体育科学学会会议论文集．南京：中国体育科学学会，2019：373 - 374.

[224] 阳丽，刘欣然．公共空间的建构与体育哲学的思考——基于马克思主义人学理论视角 [C] //第十一届全国体育科学大会论文摘要汇编，中国体育科学学会会议论文集．南京：中国体育科学学会，2019：3991 - 3993.

[225] 柏媛媛．习近平新时代中国特色社会主义思想的传统文化底蕴研究 [D]．北京：北京体育大学，2019.

[226] 占雅男．马克思主义技术思想的体育哲学研究 [D]．南昌：江西师范大学，2019.

[227] 王伟民．人类生命暴力的体育哲学思辨 [D]．南昌：江西师范大

学，2019.

　　[228] 解忍. 西方身体哲学视域下运动伦理审视 [D]. 太原：中北大学，2019.

　　[229] 高强. 体育哲学：究竟是"体育哲学"还是"体育的哲学" [J]. 上海体育学院学报，2020，44 (1)：11.

　　[230] 张亚文. 体育学与哲学：基于学科关联对体育哲学的考辩 [J]. 福建体育科技，2020，39 (2)：18 - 20，32.

　　[231] 郝东方. Bernard Suits 的游戏哲学及相关争论 [J]. 体育学刊，2020，27 (3)：9 - 16.

　　[232] 周建东. 国际体育哲学研究的热点与走向——近三届世界哲学大会"体育哲学"专题评介 [J]. 成都体育学院学报，2020，46 (3)：38 - 45.

　　[233] 徐正旭，龚正伟. 何以在体育中"学做人"——第 24 届世界哲学大会会议综述与传统成人理论回应 [J]. 成都体育学院学报，2020，46 (3)：46 - 51.

　　[234] 蒋小杰，张卓林. 体育健康权的分配正义研究——疫情后体育健康事业发展的哲学反思 [J]. 北京体育大学学报，2020，43 (3)：39 - 45.

附　录

附录一：北京体育学院自然辩证法教研组（内部出版）的《体育哲学（初稿）》（龙天启、李献祥，1982.7）的体系框架

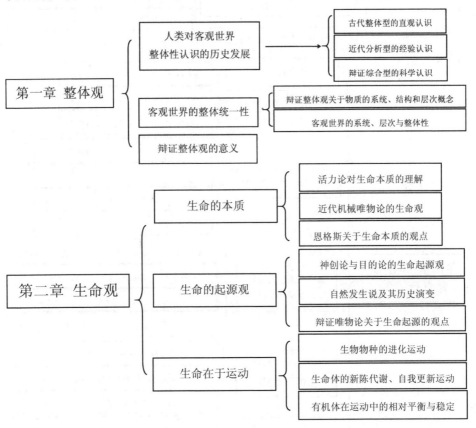

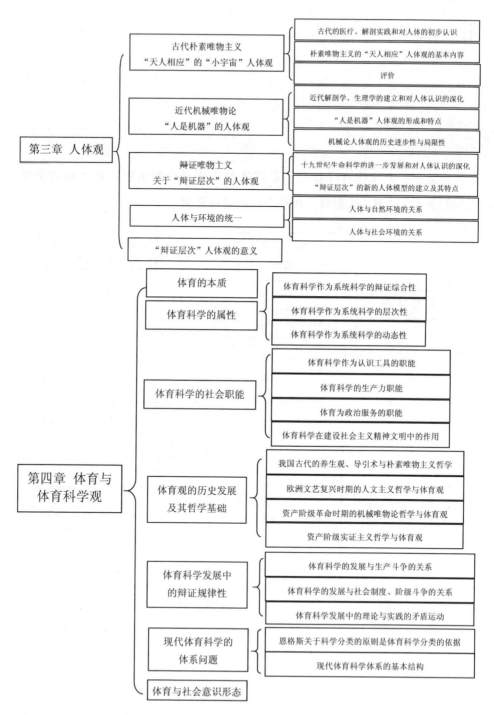

古代的医疗、解剖实践和对人体的初步认识

朴素唯物主义的"天人相应"人体观的基本内容

评价

古代朴素唯物主义
"天人相应"的"小宇宙"人体观

近代解剖学、生理学的建立和对人体认识的深化

"人是机器"人体观的形成和特点

机械论人体观的历史进步性与局限性

近代机械唯物论
"人是机器"的人体观

第三章 人体观

十九世纪生命科学的进一步发展和对人体认识的深化

"辩证层次"的新的人体模型的建立及其特点

辩证唯物主义
关于"辩证层次"的人体观

人体与自然环境的关系

人体与社会环境的关系

人体与环境的统一

"辩证层次"人体观的意义

体育的本质

体育科学作为系统科学的辩证综合性

体育科学作为系统科学的层次性

体育科学作为系统科学的动态性

体育科学的属性

体育科学作为认识工具的职能

体育科学的生产力职能

体育为政治服务的职能

体育科学在建设社会主义精神文明中的作用

体育科学的社会职能

我国古代的养生观、导引术与朴素唯物主义哲学

欧洲文艺复兴时期的人文主义哲学与体育观

资产阶级革命时期的机械唯物论哲学与体育观

资产阶级实证主义哲学与体育观

体育观的历史发展
及其哲学基础

第四章 体育与
体育科学观

体育科学的发展与生产斗争的关系

体育科学的发展与社会制度、阶级斗争的关系

体育科学发展中的理论与实践的矛盾运动

体育科学发展中
的辩证规律性

恩格斯关于科学分类的原则是体育科学分类的依据

现代体育科学体系的基本结构

现代体育科学的
体系问题

体育与社会意识形态

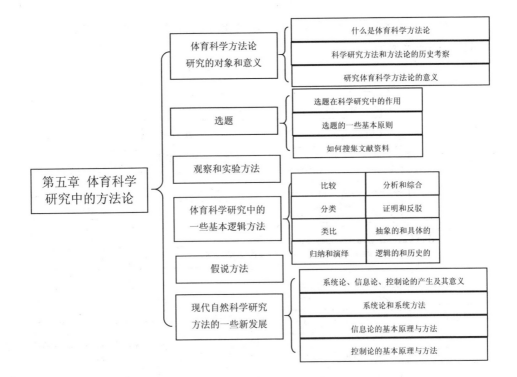

附录二：八所体院联合编写，哈尔滨体育学院科研处出版的《体育哲学》（1986）的体系框架

绪 论
- 体育哲学的对象
- 体育哲学的基本内容和任务
- 研究体育哲学的目的、方法和意义

第一章 生命观
- 生命的起源
- 生命的基本特征
- 生命在于运动

第二章 人体观
- 人体观的历史发展
- 人体的系统、结构和功能
- 人体发展过程和特点

第三章 体育观
- 体育观及其内容
- 体育观的历史发展过程
- 辩证的体育观

第四章 体育运动的系统观
- 体育运动是多种因素组成的复杂的开放系统
- 体育运动的结构性和层次性
- 运动系统科学方法是提高体育运动功效的有效途径

第五章 体育运动的发展观
- 体育运动是一种特殊的物质运动形式
- 体育运动的基本矛盾及其运动
- 体育运动矛盾的多样性
- 体育运动发展的规律性

第六章 体育运动的价值观
- 价值、价值观和体育价值观
- 体育运动的价值认识
- 体育价值工程

第七章 体育科学的特征和作用
- 体育科学的本质特征和属性
- 体育科学的系统、结构和层次
- 体育科学的地位和作用

第八章 体育科学的产生和发展
- 体育科学的产生
- 体育科学发展的动力
- 现代化体育科学的发展趋势

第九章 体育科学的外部联系
- 体育科学与哲学
- 体育科学与其他科学
- 建立科学劳动联盟

第十章 体育方法论
- 方法与方法论
- 体育行业的一般方法
- 体育运动方法论

第十一章 运动技术论
- 体育科学与哲学
- 体育科学与其他科学
- 建立科学劳动联盟

第十二章 体育管理论
- 体育管理及其特征
- 体育管理的实质
- 体育管理最佳化

第十三章 体育运动内部的若干矛盾分析
- 社会体育矛盾
- 学校体育矛盾
- 竞技体育矛盾

第十四章 体育的现状与未来
- 体育的现状
- 体育的未来

附录三：

1、北京体育学院出版的《体育哲学导论》（龙天启，1987）的体系框架

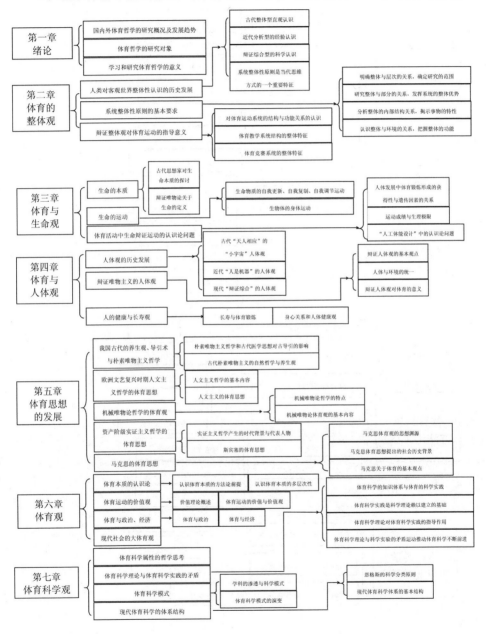

2、北京体育学院出版的《体育哲学》（龙天启，李献祥，1987）的体系框架

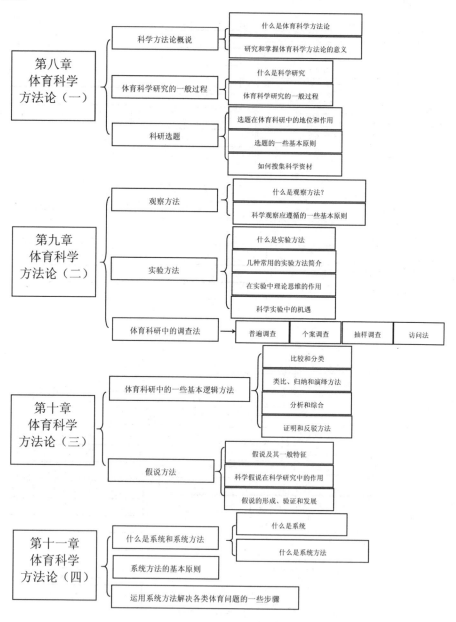

　　说明：根据此书前言部分所述，该书的基本内容和体系结构以他们1982年秋在国内首次编出的《体育哲学（初稿）》为基础，并总结其在教学与科研实践中的体会做了一定的修改补充。第一章至第七章由龙天启撰写（前七章内容同北京体育学院出版的《体育哲学导论》，龙天启，1987）；第八章至第十一章由李献祥撰写。因此这两部著作的体系框架合并为附录三统一呈现。

附录四：沈阳出版社出版的《体育哲学》（黄捷荣，1988.9）的体系框架

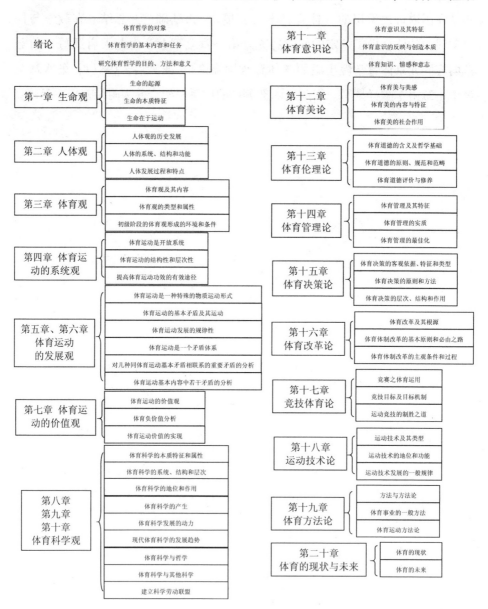

附录五：北京体育学院出版社出版的《体育哲学基础》（龙天启，刘永平，李修珍，李崇坤，1989.6）的体系框架

附录六：人民体育出版社出版的《体育哲学》（周志武，宋子英，朱鲁路，1990.9）的体系框架

一、运动员需要学点哲学——从一篇充满唯物辩证法的讲话谈起	二十六、一项特殊的规定——具体情况具体分析
二、气功神奇，并不神秘——世界是物质的	二十七、"魔术师"的绝招——求同与求异
三、丰富多彩的体坛——物质世界的多样性	二十八、走自己的路——共性与个性
四、飞箭动还是不动？——运动与静止是辩证统一的	二十九、运动训练要适度——质和量是统一的
五、排球快攻技术"三差"的奥秘——时间和空间是物质运动的存在形式	三十、一年三破世界纪录的人——盾变以量变为基础
六、"兵贵神速"——时间的不可逆性	三十一、布阵不同，结果不一样——排列序列上的变化引起质变
七、女排是怎样夺得第一个金杯的？——意识的能动性	三十二、袁伟民的公式：6>6——结构和功能
八、"牵一发而动全身"——事物的普遍联系	三十三、也谈"狼来了"——肯定因素和否定因素
九、信息是现代体育发展的重要动力——事物存在和发展是有条件的	三十四、运动技术发展的三部曲——否定之否定
十、92:92——事物都是一个系统	三十五、常胜将军是没有的——事物发展道路的曲折性
十一、"铁三角"的启示——部分和整体	三十六、为什么会出现"极点"？——原因和结果
十二、女子体操运动员也要练舞蹈基本功——物质运动形式的区别和联系	三十七、铁元素的效应——因果联系的普遍性
十三、体育运动为什么能延年益寿？——物质运动形式之间的相互关系	三十八、广东队的实力和运气——必然性和偶然性
十四、跳高技术的演变——一切事物都在运动、变化和发展	三十九、运动装与体育运动——形式和内容的关系
十五、由科学训练某些环节所想到的——客观事物运动是有规律的	四十、"密谋"——现象和本质
十六、中国足球一度冲出亚洲的由来——内因和外因	四十一、出其不意，攻其无备——再谈现象和本质
十七、技术发展与阵形演变——矛盾是事物发展的源泉	四十二、最多一半是先天，一半是后天——实践是认识的基础
十八、小个子能打大个子吗？——相反相成	四十三、李宁吊环上的创新——实践出真知
十九、强中有弱，弱中有强——矛盾双方相互渗透	四十四、海曼猝死之谜——世界是可知的
二十、"煮熟的鸭子"怎么会飞了？——矛盾双方的互相转化	四十五、关于田径运动场的争论——实践是检验真理的唯一标准
二十一、压力变动力——再谈矛盾的转化	四十六、受挫之后——失败是成功之母
二十二、从逆境中走出来——矛盾斗争的作用	四十七、大意失荆州——主观与客观的关系
二十三、分析矛盾，扬长避短——客观事物都存在着矛盾	四十八、虚假的奖牌——实事求是
二十四、短跑运动中的途中跑问题——主要矛盾和次要矛盾	四十九、偏重个人攻击的弊端——个人与集体的关系
二十五、攻守不可偏废——坚持两点论	五十、古今竞赛观念为何不同？——社会存在决定社会意识

附录七：台北师大书苑出版的《运动哲学研究——游戏、运动与人生》（刘一民，1991．7）的体系框架

一、游戏篇
- 第一章 人类为游戏之灵
- 第二章 游戏的深层结构分析
- 第三章 描绘现象学与休闲概念的研究

二、运动篇
- 第四章 以运动庆祝生命
- 第五章 运动中的仪式型动作
- 第六章 热情的陷阱
- 第七章 超越空虚追求意义
- 第八章 马拉松的思路
- 第九章 运动教练的自我认识
- 第十章 "省心"与"省身"的沉思
- 第十一章 认识中学生运动员的动机

三、体育篇
- 第十二章 爱它呢？还是怕它？
- 第十三章 从存在哲学的观点论体育现象与体育教学
- 第十四章 体育乐趣的探讨
- 第十五章 含德之厚，比于赤子
- 第十六章 过度教学的迷思

四、附录
- 第十七章 网球的心灵游戏
- 第十八章 网球、父亲与我
- 第十九章 游戏与严肃性
- 第二十章 运动是一种西方的瑜伽
- 第二十一章 体育研究所死亡公式
- 第二十二章 游戏、运动和闲暇行为的社会科学分析
- 第二十三章 二十一世纪的体育发展
- 第二十四章 一封爱的告白

附录八：大连理工大学出版社出版的《体育哲学研究》（刘仁东，刘志敏，金宝玉，1992.4）的体系框架

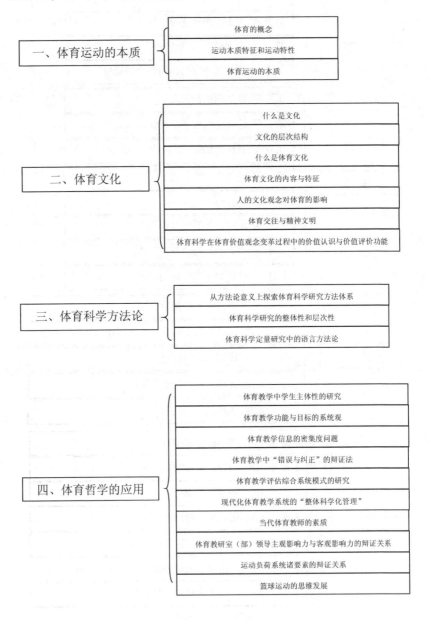

一、体育运动的本质
- 体育的概念
- 运动本质特征和运动特性
- 体育运动的本质

二、体育文化
- 什么是文化
- 文化的层次结构
- 什么是体育文化
- 体育文化的内容与特征
- 人的文化观念对体育的影响
- 体育交往与精神文明
- 体育科学在体育价值观念变革过程中的价值认识与价值评价功能

三、体育科学方法论
- 从方法论意义上探索体育科学研究方法体系
- 体育科学研究的整体性和层次性
- 体育科学定量研究中的语言方法论

四、体育哲学的应用
- 体育教学中学生主体性的研究
- 体育教学功能与目标的系统观
- 体育教学信息的密集度问题
- 体育教学中"错误与纠正"的辩证法
- 体育教学评估综合系统模式的研究
- 现代化体育教学系统的"整体科学化管理"
- 当代体育教师的素质
- 体育教研室（部）领导主观影响力与客观影响力的辩证关系
- 运动负荷系统诸要素的辩证关系
- 篮球运动的思维发展

附录九：四川教育出版社出版的《体育哲学》（惠蜀，1992.8）的体系框架

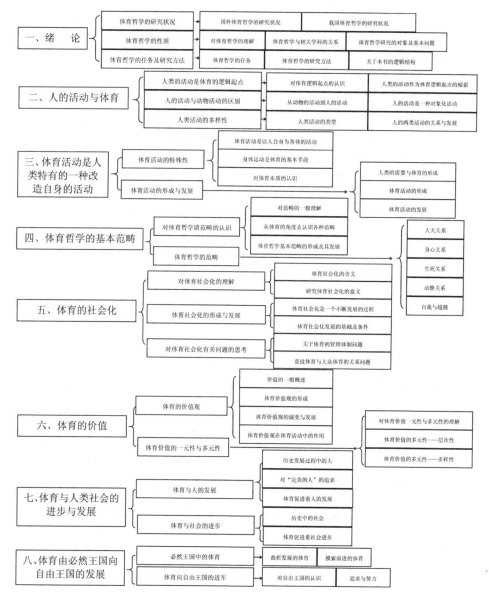

附录十：广东高等教育出版社出版的《体育哲学理论与实践》（龙天启，黄捷荣，高铭鼎等，1993.8）的体系框架

附录十一：北京体育大学出版社出版的《体育哲学新探》（王善胜，王芬，孙宝才，秦彦博，1994.6）的体系框架

第一章 竞技体育与哲学
第二章 武术运动为什么能延年益寿？——物质运动形式之间的相互关系
第三章 世界乒乓球运动的发展——世界的普遍联系和辩证发展
第四章 散手运动员必须练武术基本功——事物的相互联系和无限发展
第五章 按照客观规律进行健美训练
第六章 体育运动中的内在矛盾
第七章 浅谈排球运动中的辩证法
第八章 训练原则的辩证法
第九章 科学训练和管理的辩证关系
第十章 对竞技体育中几个关系的辩证思考
第十一章 质量互变规律在举重训练中的应用
第十二章 "失败者的路"——跳高训练中的否定之否定
第十三章 对体育本质的探讨——通过现象认识本质
第十四章 透析"七运会"的首场举重比赛——透过现象看本质
第十五章 1+1等于几？——田径运动训练中的整体与部分
第十六章 体育运动中的必然与自由——浅析马家军崛起的成因
第十七章 马家军和中国游泳队的科学训练与选材——实践在认识中的决定作用
第十八章 从田径运动的发展过程看人类社会的发展
第十九章 科学技术是第一生产力——科技与马家军的崛起
第二十章 毛泽东同志军事指挥艺术和哲学思想
第二十一章 体育竞技与哲学
第二十二章 三十六计浅说
第二十三章 孙子兵法十三篇

附录十二：中国社会出版社出版的《野蛮的文明——体育的哲学宣言》（李力研，1998.4）的体系框架

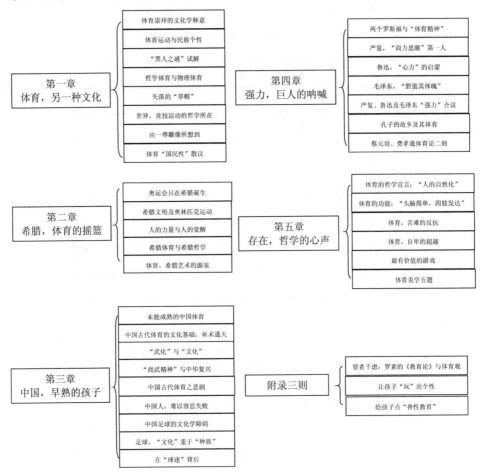

第一章
体育，另一种文化
- 体育崇拜的文化学释意
- 体育运动与民族个性
- "黑人之谜"试解
- 哲学体育与物理体育
- 失落的"草帽"
- 差异，竞技运动的哲学所在
- 由一尊雕像所想到
- 体育"国民性"散议

第四章
强力，巨人的呐喊
- 两个罗斯福与"体育精神"
- 严复，"尚力思潮"第一人
- 鲁迅，"心力"的启蒙
- 毛泽东，"野蛮其体魄"
- 严复、鲁迅及毛泽东"强力"合议
- 孔子的故乡及其体育
- 蔡元培、费孝通体育论二则

第二章
希腊，体育的摇篮
- 奥运会只在希腊诞生
- 希腊文明及奥林匹克运动
- 人的力量与人的觉醒
- 希腊体育与希腊哲学
- 体育，希腊艺术的源泉

第五章
存在，哲学的心声
- 体育的哲学宣言："人的自然化"
- 体育的功能："头脑简单，四肢发达"
- 体育，苦难的反抗
- 体育，自卑的超越
- 最有价值的游戏
- 体育美学五题

第三章
中国，早熟的孩子
- 未能成熟的中国体育
- 中国古代体育的文化基础：巫术通天
- "武化"与"文化"
- "尚武精神"与中华复兴
- 中国古代体育之悲剧
- 中国人，难以容忍失败
- 中国足球的文化学障碍
- 足球，"文化"重于"种族"
- 在"球迷"背后

附录三则
- 智者千虑：罗素的《教育论》与体育观
- 让孩子"玩"出个性
- 给孩子点"兽性教育"

附录十三：《体育的哲学思考》（吴翼鉴，1996.4）的体系框架

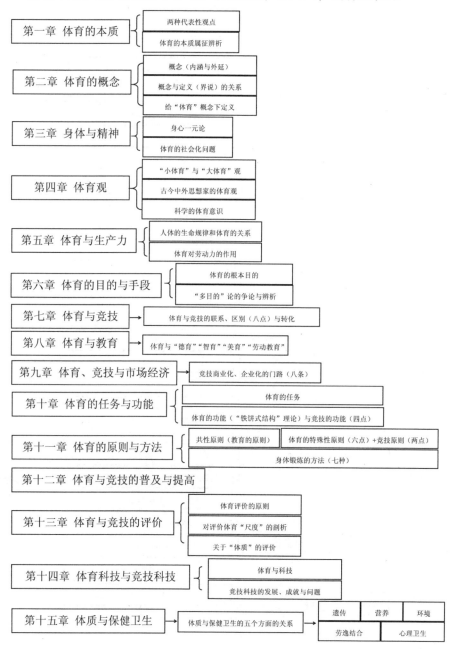

附录十四：陕西人民出版社出版的《体育哲学》（秋实，2011.10）的体系框架

附录十五：台北师大书苑出版的《运动伦理学》（M. J. McNamee & S. J. Parry，许立宏译，2004.2）的体系框架

| 序言 |

| 导论 |

第一部分：
伦理学与运动哲学的贡献
- 运动跟哲学课题有关吗（除了伦理学上的课题外）
- 温和的形上学：好的运动伦理学的一个前导
- 伦理学及运动的双重性格：对运动伦理学系统化讨论的尝试

第二部分：
公平竞争与运动行为
- 游戏、规则及契约
- 公平竞争：历史落伍论或概括的理想
- "就只是肉吗？"运动及游戏中对人的尊重

第三部分：
伦理学、体育及运动教练
- 体育具有什么样的道德教育意义？——一个需要澄清的问题
- 运动的道德发展研究及其客观性的探求
- 赞美信任：德行及规则于运动教练的道德行为中
- 运动属于失败者

第四部分：
当代运动中伦理上的课题
- 跨国运动与文学活动及它们的社会：文化故事的道德突显
- 当代运动中的暴力及攻击行为
- 运动中的欺骗及自我瞒骗
- 运动实践活动中的个人自律及公共道德
- 在场域内：海德格与运动

附录十六：台北师大书苑出版的《运动哲学新论——实践知识的想象痕迹》（刘一民，2005.9）的体系框架

学门篇
- 运动哲学的传承与重建——打造新世纪运动哲学的理论系统
- 台湾运动哲学研究的回顾与前瞻
- 体育研究可能的典范转移
- 质性研究的异想世界——一个知识想象史的探勘

运动篇
- 运动身体经验探源——主体性与创造性经验的反省
- 运动经验的现象学考察——透过运动观照生命本体
- 最优运动经验文本的解读与重构——一个新诠释观点的形成
- 团队凝聚经验剖白——游于无不相容的美感之情
- 奥运、年轻与卓越
- 球场故事三部曲——运动故事的结构与意义

游戏篇
- 游戏存有学新诠——透过游戏聆听存有的奥秘
- 以游戏为镜——体贴教育的初心
- 体育道上的选择——工作或游戏的迷思
- 休闲研究的新典范——后现代休闲论述的"现代"演绎

体育篇
- 汇聚学校体育教学改革的能量——实践群与研究群论述相互为用
- 建构运动玩家世界——运动玩家开启方式的省思
- 有趣与无聊——谈乐趣化体育教学改革
- 接纳运动技术的感召——走在绝对性和主控权的边缘
- 传统身体活动传承策略的哲学反省——以传统武术为例
- 解除台湾身体文化的魔咒——重建野性的身体
- 阅读英雄的内在旅程

附录十七：台北冠学文化出版的《运动哲学教育》（许立宏，2005.9）的体系框架

一、导论：哲学与体育运动研究的关系	运动哲学释义及其研究方法
	存在哲学与现象学在体育运动上的应用
	运动的概念

二、运动价值与教育	现代社会的运动价值观
	业余精神与运动教育
	运动的"内存善"与道德教育

三、运动伦理与教育	运动伦理学的重要性及国际研究趋势
	种族歧视与运动教育
	公平竞争与运动教育
	违规用药与运动伦理
	道德思维、运动规则与教育

| 四、学校体育的危机与未来 | 学校体育的危机与转机 |
| | 从体育危机看奥林匹克教育的可能性 |

附录十八：台北师大书苑出版的《运动哲学心灵飨宴》（刘一民，周育萍，2005.10）的体系框架

序	给运动爱好者的一封信——运动生涯的正当性
一、运动现场篇	一个哲学与运动爱好者的省思
	爱恨交织的运动场
	界限——网球场上的异化现象
二、运动身体经验篇	东西方身体意蕴的比较研究
	试论节庆与身体的几个研究取径
	山难与苦痛的意义
	运动"身体主体"的空间性经验之探索
	谁才是真正的表演者？——身体主体与机械复制之探讨
	从"文明化身体"反思运动的角色——谈塑造与颠覆两面性
	约束——失序——松绑——"我的"身体经验回溯
三、东方运动哲学篇	释家"有"观对运动现象认识之探讨与批评
	太极拳法则"静"的思想研究——以老庄思想的观点来探讨
	《易经》哲学的动静思维与太极拳
	运动与养生
四、运动伦理学篇	品格教育与运动教育——兼谈奥林匹克教育的重要性
	故意触身球的伦理争议
	运动中物种对待观的合理性——以康德的定言令式检视
	运动禁药禁令理由的道德正当性反省——以麦金泰尔的德性论检视
五、运动文化研究篇	从文化理路看大众文化与运动的关联
	再访游戏精灵——运动身体文化的后设研究
	文凭氛围下的摇摆人——一个人类学观点的探讨
	街头篮球场上权力运作之探究
	"运动促进健康"之语意的批评与诠释
	女性体育教师性别角色之符号意涵
	透过当代女性的运动形式省视女性参与运动的身体观

附录十九：北京体育大学出版社出版的《体育哲学研究》 （于涛，2009.4）的体系框架

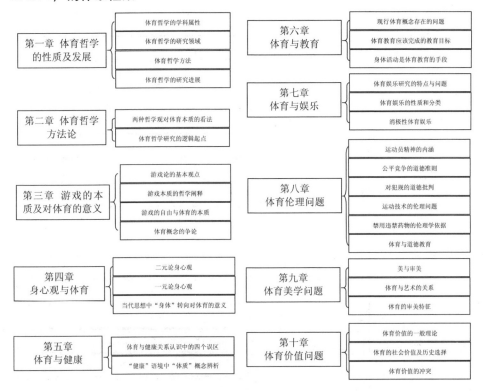

附录二十：台北师大书苑出版的《运动哲学：愉悦＋智慧之旅》（石明宗，2009.11）的体系框架

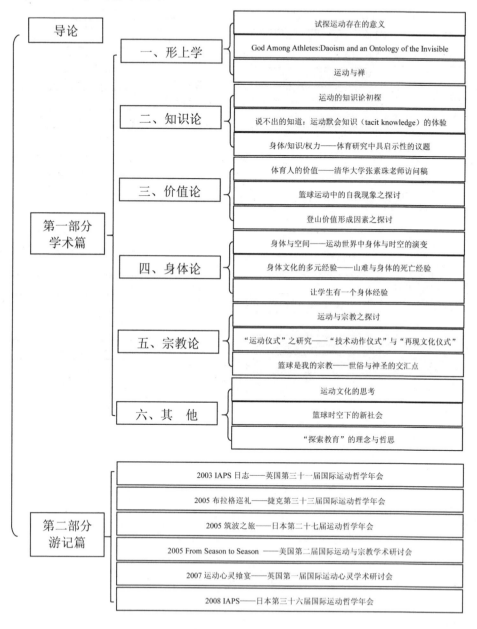

导论

一、形上学
- 试探运动存在的意义
- God Among Athletes:Daoism and an Ontology of the Invisible
- 运动与禅

二、知识论
- 运动的知识论初探
- 说不出的知道：运动默会知识（tacit knowledge）的体验
- 身体/知识/权力——体育研究中具启示性的议题

三、价值论
- 体育人的价值——清华大学张素珠老师访问稿
- 篮球运动中的自我现象之探讨
- 登山价值形成因素之探讨

四、身体论
- 身体与空间——运动世界中身体与时空的演变
- 身体文化的多元经验——山难与身体的死亡经验
- 让学生有一个身体经验

五、宗教论
- 运动与宗教之探讨
- "运动仪式"之研究——"技术动作仪式"与"再现文化仪式"
- 篮球是我的宗教——世俗与神圣的交汇点

六、其　他
- 运动文化的思考
- 篮球时空下的新社会
- "探索教育"的理念与哲思

第一部分 学术篇

第二部分 游记篇
- 2003 IAPS 日志——英国第三十一届国际运动哲学年会
- 2005 布拉格巡礼——捷克第三十三届国际运动哲学年会
- 2005 筑波之旅——日本第二十七届运动哲学年会
- 2005 From Season to Season ——美国第二届国际运动与宗教学术研讨会
- 2007 运动心灵飨宴——英国第一届国际运动心灵学术研讨会
- 2008 IAPS——日本第三十六届国际运动哲学年会

附录二十一：北京体育大学出版社出版的《和谐体育的哲学探索——现代体育的文化哲学批判与建构》（布特，2011.1）的体系框架

第一章 导论	选题缘起
	研究意义
	文献述评
	研究思路与方法
第二章 现代体育的文化哲学批判	现代体育科技异化的批判
	现代体育道德失范的批判
	现代体育制度缺失的批判
第三章 和谐体育的理论源流	文化哲学与体育文化
	格伦的生物人类学与兰德曼的文化人类学
	马克思的两种尺度理论与和谐体育理论
第四章 和谐体育的理论构架	和谐体育的逻辑起点：人的生态化
	和谐体育的理论体系：体育的人性化
	和谐体育的当代主题：和谐、发展
第五章 和谐体育内涵维度	和谐体育物质维度：绿色、生态
	和谐体育价值维度：人本、和谐
	和谐体育制度维度：自由、创新
第六章 和谐体育与人的全面发展	和谐体育在人的全面发展中的作用
	构建社会核心价值体系的意义
	提高国民素质的价值
第七章 结论	基本结论
	需要进一步探讨的问题

附录二十二：世界图书出版公司出版的《思考体育：关于百多年来中国体育思想演化的梳理和反思》（金光辉，2013.9）的体系框架

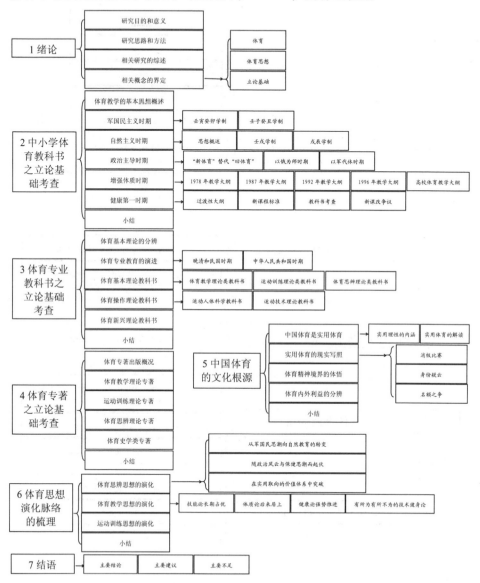

附录二十三：湖北人民出版社出版的《中欧体育哲学思想比较》（王宏，2014.3）的体系框架

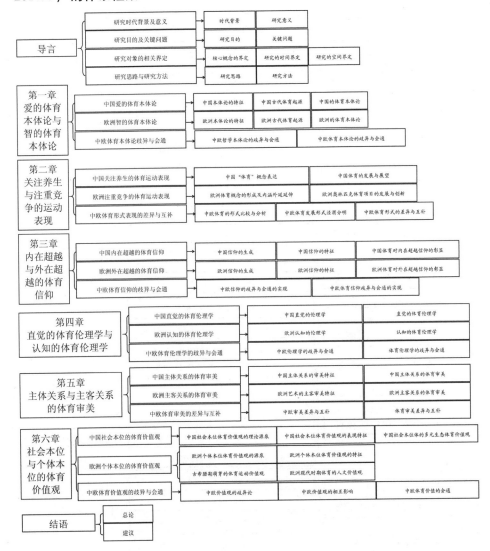

附录二十四：北京体育大学出版社出版的《生命行为的存在——体育哲学、历史与文化的线索》（刘欣然，2014.5）的体系框架

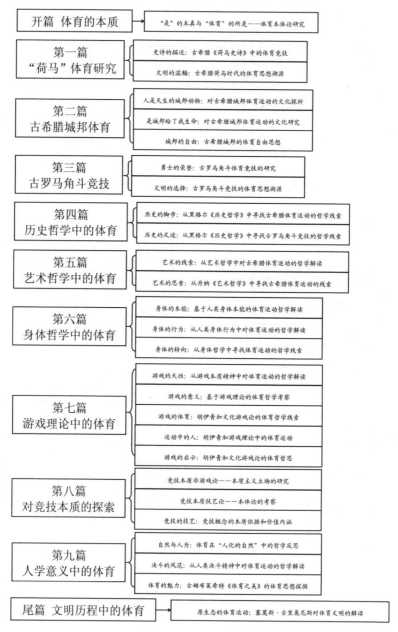

附录二十五：北京体育大学出版社出版的《体育哲学》 （马卫平，2015.4）的体系框架

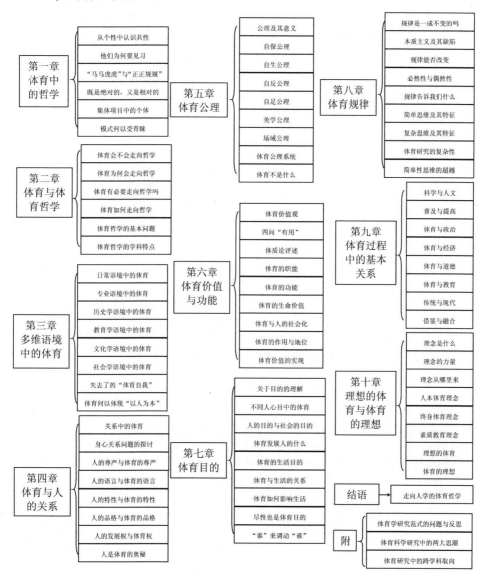

附录二十六：学苑出版社出版的《运动训练的哲学》（邓运龙，赵昆华，邓婕，2015.10）的体系框架

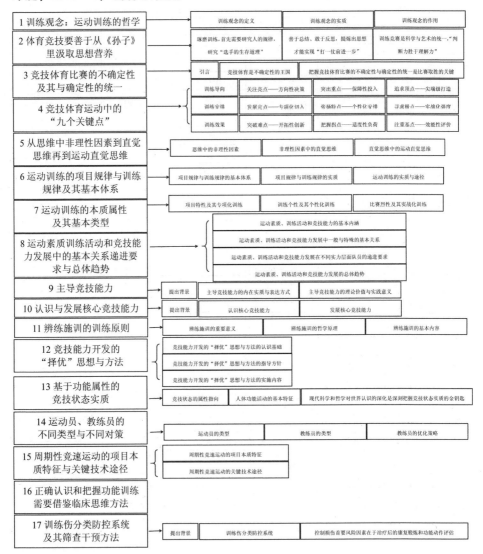

附录二十七：北京体育大学出版社出版的《体育与哲学》（薛亚刚，梁林，吴光远，2015.11）的体系框架

第一章 哲学与哲学家
- 哲学就是"爱智慧"
- 天行健，君子以自强不息
- 先热爱生活，再热爱运动
- 走出黑暗，走向光明
- 只有那些从不仰望星空的人，才永远不会跌入坑中
- 世界上有没有鬼
- 哲学和体育，哪个更有用
- 我思故我在
- 闭上眼睛就是天黑
- 如果没有哲学，生活就会黯然失色
- 吾爱吾师，但吾更爱真理

第二章 生存与死亡
- 苏格拉底之死：用生命捍卫法律
- 官员放生，反而害生
- 生老病死，人生无常
- 冠军是修炼出来的
- 苦中长生，不如乐中短命
- 快乐总是短暂的，要好好珍惜
- 怎样才能"不杀生"
- 放下屠刀，立地成佛
- 快乐，比冠军更宝贵
- 小术有限，大道无形
- 本来无一物，何处惹尘埃
- 拔一毛利天下而不为
- 有所为，有所不为
- 生也自然，死也自然
- 心动不如行动
- 赖活百年，不如好活一天
- 世人都晓神仙好，唯有功名忘不了
- 与死亡对话，领悟人生真意义
- 保持平常心

第三章 自我与社会
- 乌龟在泥水中最自由
- 运动员离天道更近
- 过分拘于小节，成不了大器
- 我们生活在一个错乱的世界上
- 人是生而自由的，却无往不在枷锁中
- 知识就是力量
- 按道行事，游刃有余
- 诚于中而形于外
- 酸甜苦辣非至味，至味只是淡
- 名利是人生之大放
- 螳螂捕蝉，黄雀在后
- 长本事，不能长脾气
- 游戏规则是怎么确立的

第四章 情感与幸福
- 人，只需要"像狗一样活着"
- "未婚的老年男人往往比已婚的男人更能保持年轻的风貌"
- 鄙弃道德，做性情中人
- 我们为什么不快乐
- 柏拉图式的爱情：精神愉悦胜过肉体交欢
- 权力和荣耀不过是一场空
- 地位、权利和财富会使人幸福吗
- 你快乐或不快乐，世界就在那里
- 祸兮福所倚，福兮祸所伏
- 冠军，不是人生的顶点
- 境由心造，幸福源自你的内心
- 他们为什么选择独身
- 无欲无求无烦恼
- 身体比天下贵，更比金牌贵
- 自然，是我们最好的老师
- 失恋了，不必悲伤
- 婚姻的秘诀在于宽容

第五章 意志与命运
- 竞技场勇于拼搏，生活中随遇而安
- 守住最初的想法
- 逆境，是造就天才的最好环境
- 就是刀架在脖子上，也要淡定
- 不馁，是成功的必经之路
- 既要积极进取，又能知足常乐
- 学会自控，尊重他人
- 磨炼的不是体育，磨炼的是寂寞
- 活在当下，懂得放下
- 上善若水，以柔克刚
- 学会宽容，包容他人缺点
- 排除杂念，活得纯粹一点
- 人穷志不短
- 保持个性，弥足珍贵
- 内心强大是怎样炼成的
- "三军可以夺帅，匹夫不可夺志！"

第六章 知识与智慧
- 运用智慧，善于识别生活中的各种陷阱
- 长跑英雄阿基里斯追不上乌龟
- 柔弱胜刚强
- 高手过招，无影无形
- "现在的我，已不是以前的我"
- 无为，无不为
- 顺之则喜，逆之则怒
- 掌握了制胜规律，方能立足于不败之地
- "不射之射"是射之最高境界
- 大智若愚，大巧若拙
- 说谎者悖论，做炼出来的思维
- 知者不言，言者不知
- 冠军是由量变到质变炼成的
- 小胜靠智，大胜靠德
- 鳄鱼悖论，知识的妙用
- 天才，离疯子只有一步之遥
- 舍小胜，得大胜
- 万殷神通皆小术，唯有空空是大道
- 智者千虑，必有一失

第七章 心灵与世界
- 谣言止于智者
- 是庄周梦蝶，还是蝶梦庄周
- 理想不仅仅是金牌
- 无欲的最高境界不武之武
- 万物有界到无界
- 人不能被欲望控制
- 敢做自己最骄傲
- 道生一，一生二，二生三，三生万物
- 内心要像猪一样淡定
- 面对失败，也要寻找人生的意义
- 难得糊涂，学会忘记
- 天下无武，人间太平
- 天地与我并生，而万物与我归一
- 保持人的天性最重要
- 向大自然学习

附录二十八：Robert A. Mechikoff, Steven G. Estes. 《A History and Philosophy of Sport and Physical Education》（第3版，2002）的体系框架

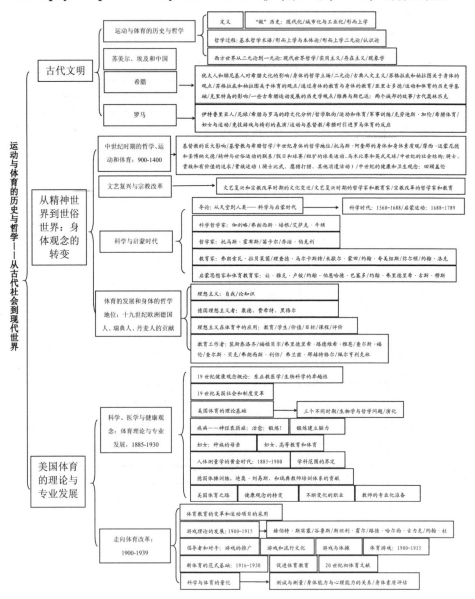

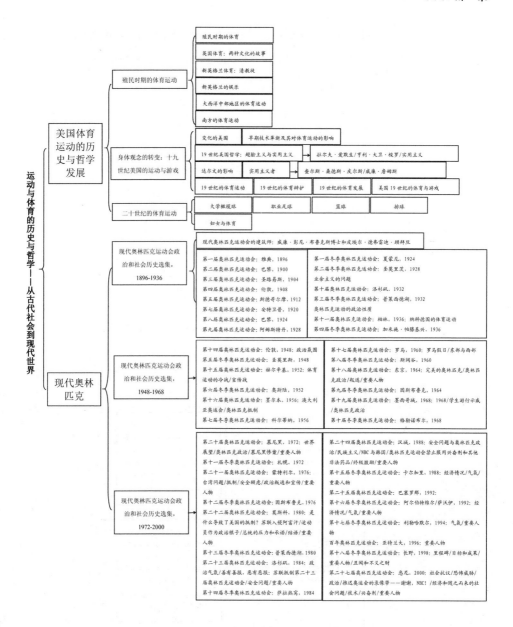

附录二十九：William A. Harper，Donna Mae Miller，Roberta J. Park，Elwood Craig Davis，Ruth Abernathy.《The Philosophic Process in Physical Education》（1977）的体系框架

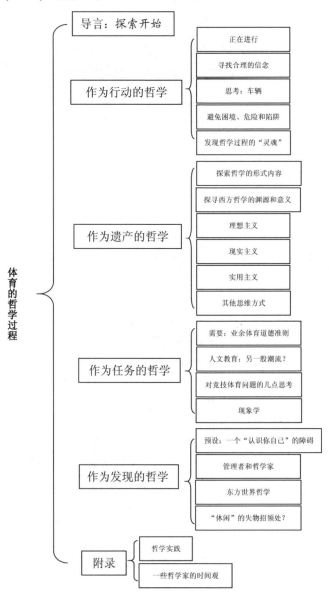

附录三十：**Steven A. Stolz. 《The Philosophy of Physical Education：A new perspective》**（2014）**的体系框架**

该书是石艳博士在留学美国期间为我传递回来的美国最新的体育哲学研究专著。下面将概览性翻译并展示其主体框架，提供当今世界最前沿的研究体例和国际化的研究视野。

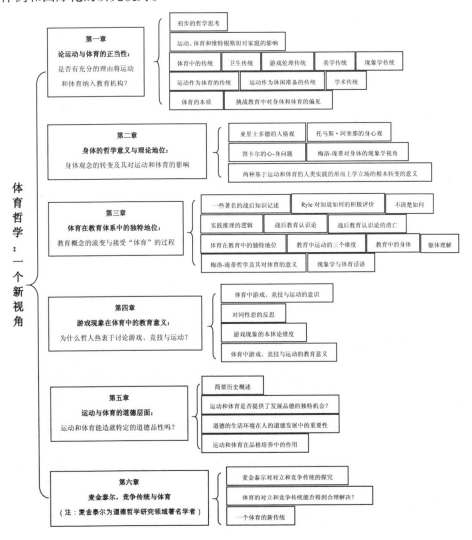

附录三十一：［日］久保正秋《体育・スポーツの哲学的見方》（2010）
的体系框架

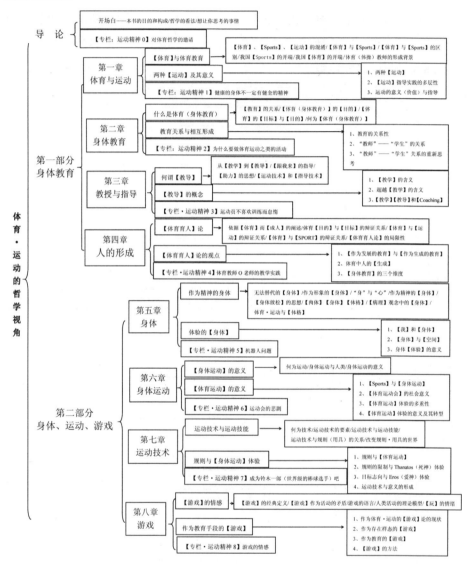

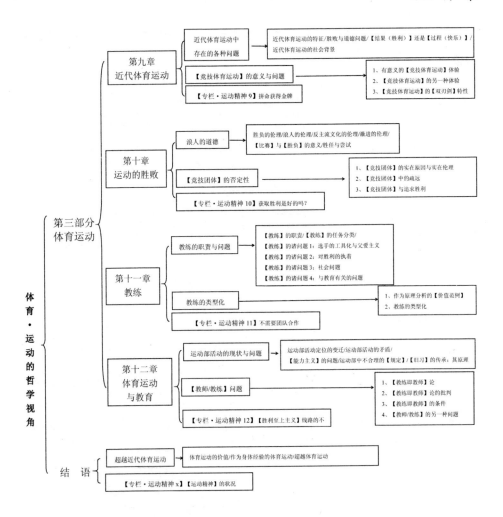

附录三十二：［日］佐藤臣彦《身体教育を哲学する》（2010）的体系框架

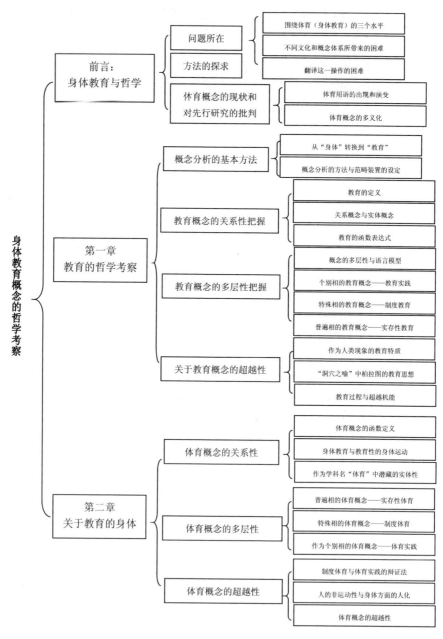

后　记

在写本书后记之前，我特意翻看了当年博士后出站时候的后记，不禁感慨生活的感受果然是经不起时间洗刷的，但这也恰恰是书写的价值。所以我决定把其中大部分的"初心"誊写在本书的后记中，希望尽可能保鲜那一期一遇的心理感受。

两年的博士后研究生活由于十分繁密的任务而如白驹过隙，每天都如同在和时间在赛跑，跟时间抢时间，仿似一场没有中场休息的球赛，而且是那种结果异常重要的决赛。然而在我用拮据的时间完成了研究报告，获得了师资博士后协议要求的各类课题、论文成果，以及较顺利地完成了体育哲学专题、体育思想史、体育文史研究、体育学基本理论、体育教学论几门课程的教学，甚至在博士后在研期间惊喜地解决了婚姻大事，此刻回望之际，方觉这段过程是我31年人生履历中最疯狂的一段旅程——疯狂学习、疯狂挑战、疯狂收获、疯狂成长。

人往往在获得某个阶段性结果之时才会有心情反观来时的路，就好像没有人在百米比赛的过程中要求慢动作回放，而是在撞线后的片刻才对慢镜回放最为关心。在我这两年的博士后研究生活中，时时与我为伴的除了书籍，就是"压力"。可是这份压力并不主要来自对任务的紧张和工作的渴望，更多的来自"导师之爱"。

我是跨学科进入体育学研究领域的教育学博士，在我一生中最改变我命运的就是不在意我出身平凡、读书欠勤而始终对我充满信心、持续勉励、无条件支持我的硕士、博士导师于伟教授。他推荐我到体育学院做博士后研究，并在两年间依旧持续指导我的科研和工作，为我淘书，为我推送好的文献，提醒我劳逸结合注意健康，还是我婚礼的证婚人，不夸张地讲，敬爱的于老师见证了我人生全部最重要的时刻。记得读博士的时候，我是遇见困境会比较脆弱的学生，有时候面对压力或瓶颈会大哭、会退缩，老师说过一段话我一直记得："完成一本优秀的博士论文，取得博士学位，是人一生中最大的幸运，你为研究吃的苦都很值得，因为博士学位会跟你一辈子，你的研究会跟你一辈子，甚至你没了，它都还在，它是你创造出来的，永远不会离开你，在某种程度上，甚至比婚姻更稳定。"正是这个鼓励给我勇气和信念，受用至今，我几乎全部的安全感都来自学习和工作。

如果说，人一辈子遇到一位好导师是幸运，我觉得我可能透支了下辈子的幸运。来到体育学院，遇到了我的博士后合作导师，跟于伟老师一样，都是长白山学者、我校首批 PI 制学科带头人——张守伟教授。他的气场、能力、智慧、魅力令认识他的人无不称许，而我想强调的是他能给予学生最温暖的力量。记得我在申报国家社科基金项目的时候，第一年失败了，第二年经过重新思考和改善再次申报，作为一个外行人、"85 后"小学者，我是心虚且没什么信心的，申报书改了又改，先后修了八稿，就在最后截止日的前一天（已经絮烦且无力感满值），张老师在牺牲个人时间指导所有申报课题的教师的情况下，在我跟老师说我觉得已经没有空间不想再改了的时候，没有批评，没有斥责，没有教训，而是温和而又耐心地通过微信一字一句帮我斟酌，跟我和我爱人讨论修改方案直至凌晨，我在感到惭愧的同时恢复了精益求精的斗志，连我爱人都觉得很感动，认为告别学生时代之后还能遇到这么有指导力、有格局的导师和领导，太值得庆幸和珍惜了。虽然两年里跟张老师的谈话都不足十次且很短暂，但是每次都是精神的拔擢，而且导师对学生的鼎力相助与默默支持也不会因为鲜有联络而显得淡薄，反而总是能知道我的困惑、我的需要、我的烦恼是什么，并只言片语就可以点醒我，给我指路。张老师在一次全院大会中，谈了对于教育者的爱的理解，他讲"爱的最高境界是引路"，我很幸运，感受得到。

除了这两位我自己的导师外，还有很多导师是十分给力的，比如何劲鹏教授，总是以谦逊、亲和、诚恳的态度指导我的教学、科研，给我提供思路、推荐书籍、审阅文章，给我最大的信任带我这个最没有资历、最缺乏经验的小老师加入他的授课团队，给我锻炼的机会，还亲自全程听我的课，给我最中肯的意见。

陶玉晶教授从我进入体育学院起，就像亲姐姐一样照顾我的生活和学习，为我创造安静的学习环境。由于我当时住宿舍总不吃早饭就上班，她就在为自己儿子带早饭的时候请她丈夫为我多做一份带来给我；为我的一切事情操心，不惜辗转求人帮我解决问题；为了让我母亲放心我的健康，经常带我锻炼身体。她的妹妹陶玉婷老师也是我的师姐，在我研究期间多次为我提供书籍借阅、查询、远程传输等帮助，为我的研究贡献了大量重要文献。

柴娇教授在我入院研究初期就吸纳我为她的教学团队和国家社科项目团队成员，第一学期我听了整整一学期柴娇教授的课程，参与专题授课。此外每周一下班之后在柴老师组织下，留出两个小时进行课题的研讨与汇报。经过一学期的熏陶和学习，我写出了一篇关于体育教学理论的文章，并在CSSCI类期刊发表，柴老师为我的科研工作做了非常切实的引领。

张晓义教授是我所在的体育文化研究中心的导师，还是《中国学校体育》东北分社的主编，我在其手下做专栏的小编。在体育人文社会科学方向，尤其是社会学研究领域，我从张老师处受益颇多，张老师每隔一段时间即为我推荐他遴选过的书单，并考察我的阅读情况，在我申报课题、撰写学术论文、职业生涯规划等方面给出了不少建议，使我坚定了从事较为擅长的体育哲学研究的发展方向，为我引荐与我研究方向相关的青年学者交流学习。

杨光教授是体育学院引进的杰出的运动人体科学方向的知名学者，也是放弃了优厚的待遇选择回到母校为体育学院学科教学改革贡献力量的有梦想、有责任、有担当的学者。在我遇到日本的体育哲学文献看不懂的时候，杨光教授以最快的速度帮我翻译，在我遍寻一本早年的《体育哲学》专著而不得之时，杨老师特意联系沈阳的朋友帮我从以前的资料库中翻出我要的文献快递给我，怕耽误我的研究进度，设身处地为我着想。

张铁民教授是近一年回到体育学院工作的资深教师，虽然相识很晚，时间又短暂，但是张老师总是竭尽所能创造机会，培养我们青年教师。张老师认为我们青年教师是该重点培养的，是体育学院良好发展势头的接力人，更是体育学科发展的未来，所以每次体育学科召开全国会议、体育学科博士研究生研讨会，总是推荐我们提交论文、申请参加，争取在全国的会议上为东北师范大学体育学院发出声音，带我们开阔眼界、革新理念、拓展人脉。如果遇上阻碍失去一些机会，他本人会比我们青年教师更惋惜、更难过。看到张老师无私地培养我们，为了我们年青一代拼尽全力争取平台所做的每一次努力，都觉得如果不努力，很对不起他。

此外特殊需要鸣谢的是台湾屏东大学的教务长简成熙教授。在台湾，他是教育学界学贯中西、研究领域宽广、知识底蕴深厚、躬亲教育教学实践的教育家。早年间他受邀来长春讲座的时候曾有短暂交流，之后就一直会有学术上的互通有无，就在我苦于无法收集到我国台湾地区的体育哲学资料之时，简教授通过朋友圈得知我现在的研究方向，而他曾经在他的学校受邀为体育系学生讲授哲学课程，因而收集到了一些国外三四十年代的体育哲学著作以及台湾地区十分有代表性的体育哲学专著，令人感动的是简教授主动提出把他的资料赠予我，他讲："台湾是中国不可分割的一部分，你若要研究我们中国的体育哲学，如果没有台湾的部分，是万万不行的。"听完这段语音，我深刻地感受到了什么是一位有情怀的学者，什么是对真理的尊重。简教授辗转通过东北师大交流生隔山跨海帮我带回长春，所以我想若有朝一日我的报告可以出版为专著，一定亲自送去给简成熙教授，答谢他的书籍与精神的双重馈赠。

广州华南师范大学的郑植友老师也是一位对我的体育研究有重要意义的人。在2015年9月我去中国人民大学参加第二届全国高校女子体育论坛的时候意外地结识了郑老师。由于我被会议组织方选中在分论坛做主题汇报，因而有机会在全国女性体育研究领域的学者们面前展示我的研究；在汇报之后，有几位老师向我提问；由于对问题的回应比较精彩，获得了在场各位老师的赞许；茶歇期间郑老师碰巧遇到我，就鼓励我说我对问题的回答很精彩，是个很有潜力的青年人，并提出如果有适合的文章希望能投稿给他们编辑部。在一个陌生的环境中，能够得到这样的认可和鼓励，对我而言是最有效的增长信心的良药，如果没有当时张老师的认可和鼓励，以及后来的指导和帮助，我的科研之路恐怕要崎岖很多，感谢这次偶遇，成了我生涯中一次重要的机遇。

学院里还有很多老师都不同程度对我提供了帮助，陶萍、王战歌、刘俊一、覃晓红、杜放、马子刚、范尧、关博、李健梅、杨志、韩文娜等都在不同程度上给我支持。

还要特别鸣谢一些在学习工作生活中关心我鼓励我的老师们，他们是东北师范大学的苏忠民教授、王占仁教授，白冰师兄、魏琳娜老师、米睿老师、关丰富老师、吕春雨老师、宋强师兄，文学院的王确教授、王军老师，历史学院的王邵励教授，我的"学术母家"——教育学部的亲人杨兆山、盖笑松、石艳、陈欣、高晓文、马卓、蒋汉耘、王丹，长春师范大学许适琳教授、孙中华副教授，长春职业技术学院李国庆校长，吉林动画学院的郑立国董事长和夫人刘欣副校长，师大附中的韩爽校长，省教育学院张旺教授、张胜利老师，我的同门兄弟姐妹孙诗尧、赫宸、尹璐、杨晶、栾天、张敬威、吴春薇、王雁、陆露等。他们默默做了很多至亲之举，言语在这些亲友们的关怀面前都苍白。

除了上述"当年"的感恩，距离博士后出站已经四年了，这四年里我的生活发生了一些新的变化：例如自己的博士论文已经出版了，陆陆续续获了一些学术上的奖励和认可；例如我带的第一届研究生已经顺利毕业，其中一个还考取了博士继续深造；例如我在进产房的前一周带着足月的爱酱（女儿的小名）去做了述职报告，月子里收到了晋升为副教授的喜讯，大家都恭贺我是"双喜临门"……虽然真实的生活总是喜忧参半，但是女人就是一种奇怪的存在，喜欢把好的改变道与人听，所以无法逃离俗套，最后的感恩总是要落脚于"家"——我的父母公婆、爱人和孩子。只不过照比四年前对父母感念，在从"女儿"变成了"女儿的妈"之后，更能体会作为"女儿"的家长的复杂心绪和奋斗的意义。尤其是多年来我父亲为了给母亲治病且保障我能安心读书实现我的梦想，常年在异地他乡工作，一年累计回家时间不足一个月，自己在外面吃了不少辛苦，却永远把我和我的母亲摆在第一位，以满足我俩的一切需求作为他奋斗的宗旨。由于博士、博士后的研究和工作都很忙，基本上对父母的关心和电话的频率被挤占到最吝啬的程度，多年来我心里最大的愧疚就是工作后也没能力及时把爸爸换回来让他安享退休生活，还得为生活奔波，庆幸的是就在上个月这种局面已经改变，希望能用未来时光里高质量陪伴，尽可能地弥补曾经三人三地的无奈、缺失和遗憾。还要感谢的是我的爱人马韧石博士和我们刚刚一岁的女儿马御泽，如果说我的安全感都来自学习和工作，那么幸福感主要来自我们共同为之奋斗的小家。我的爱人目前也在从事医学和生物力学交叉领域的博士后研究。结婚最初几年我认为最浪漫的事情就是在他不值夜班的时间里一起学习，只是有了宝贝女儿之后，就被另一种"浪漫"——带娃替代了。回想带着工作和科研压力的怀孕生产和产后带娃过程显得格外漫长而艰辛，一年多的碎片睡眠及由此引发的身心状态失衡等产后问题让我感受到了前所未有的失控感、无力感与崩溃感，很多事情被迫停摆，修订书稿的工作也在挣扎中蠕行，幸运的是我有父母、爱人的支撑，通过自身积极地调整，以及自己喜欢的哲学的精神救赎，相信最难的时期已然熬过去了。唯盼未来的日子里，我们能每天看着女儿茁壮成长，携手共同践行教师与医生的使命——"国运所系，命运之托"，"健康所系，性命相托"，在互相勉励中度过有意义的一生。

关景媛

吉林·长春

2020 年 8 月 28 日